O Método Reset da Ansiedade

Georgie Collinson

O Método Reset da Ansiedade

Controle sua mente ansiosa em 12 semanas

EDITORA ALAÚDE
Rio de Janeiro, 2024

O Método Reset da Ansiedade

ISBN: 978-85-7881-784-8

Translated from original The Anxiety Reset Method. Copyright © 2023 by Georgie Collison. *ISBN 978-0-306-83478-3. This edition is published by arragement with Affirm Press, the owner of all rights to publish and sell the same. PORTUGUESE language edition published by Alaúde, Copyright ©2024 by STARLIN ALTA EDITORA E CONSULTORIA LTDA.*

Impresso no Brasil — 1ª Edição, 2024 — Edição revisada conforme o Acordo Ortográfico da Língua Portuguesa de 2009.

Dados Internacionais de Catalogação na Publicação (CIP)
(BENITEZ Catalogação Ass. Editorial, MS, Brasil)

C672m
1.ed. Collison, Georgie
O método reset da ansiedade :controle sua mente ansiosa em 12 semanas / Georgie Collison ; tradução Christiano Sensi. – 1.ed. – Rio de Janeiro : Alaúde, 2024.
288 p.; 15,7 x 23 cm.

ISBN 978-85-7881-784-8

1. Ansiedade – Aspectos psicológicos. 2. Performance. 3. Psicologia. 4. Saúde mental. I. Título.

08-2024/198 CDD 158.1

Índice para catálogo sistemático:
1. Ansiedade : Psicologia 158.1

Aline Graziele Benitez – Bibliotecária – CRB-1/3129

Produção Editorial: Grupo Editorial Alta Books
Diretor Editorial: Anderson Vieira
Editor da Obra: Ibraíma Tavares
Vendas Governamentais: Cristiane Mutüs
Gerência Comercial: Claudio Lima

Produtora Editorial: Gabriela Paiva
Tradução: Christiano Sensi
Copidesque: Renata Vetorazzii
Revisão: Evelyn Diniz
Diagramação: Joyce Matos

ALTA BOOKS
GRUPO EDITORIAL

Rua Viúva Cláudio, 291 — Bairro Industrial do Jacaré
CEP: 20.970-031 — Rio de Janeiro (RJ)
Tels.: (21) 3278-8069 / 3278-8419
www.altabooks.com.br — altabooks@altabooks.com.br
Ouvidoria: ouvidoria@altabooks.com.br

Editora **afiliada à:**

Para minha falecida avó Lois, em quem o espírito vivo e amor incondicional refletiam o seu verdadeiro eu interior

Nota da Autora

As informações deste livro não constituem aconselhamento médico. Elas servem apenas para fins informativos e não se destinam a diagnosticar, tratar, curar ou prevenir qualquer doença. O diagnóstico e o tratamento de qualquer condição demandam a atenção de um médico ou profissional de saúde mental devidamente qualificado. Por favor consulte um profissional de saúde ou de cuidados médicos antes de aplicar qualquer informação deste livro em sua vida, a fim de garantir que as orientações se adequam a você. Todos os estudos de caso se originaram de clientes reais, cujos nomes e detalhes foram alterados para proteger a privacidade destes. Embora eu tenha usado certos termos que indicam gênero nesse livro, como hormônios masculinos e femininos e energias masculinas e femininas, eu o fiz para manter o texto conciso. Apesar disso, ainda que esses elementos possuam gênero, eles se referem a qualquer pessoa. Por fim, no que diz respeito a gênero, sexualidade e raça, este livro foi escrito para incluir a todos, e espero que todo e qualquer leitor possa se sentir familiarizado com os exemplos que aqui foram incluídos.

Agradecimentos

Fazemos nosso melhor trabalho quando pedimos e aceitamos ajuda e, portanto, este livro é o ápice dos esforços de muitas pessoas pacientes, talentosas e amorosas em minha vida. Muito obrigado à minha mãe, Jane, à minha irmã, Kate, ao meu primo Sam, ao resto da minha família e às minhas queridas amigas Steph, Bec e Laura, que me apoiaram de inúmeras maneiras, para que eu pudesse parir este livro para você.

Minha assistente e amiga, também chamada Steph, vem sendo uma defensora tenaz na concretização de tantos dos meus projetos, e sou muito grata por isso.

Gostaria de expressar minha gratidão à Lola Berry, que é uma mentora e amiga fabulosa, e à maravilhosa Sarah Wilson, que teve a gentileza de endossar o livro com suas palavras sinceras.

Obrigado aos meus colegas autores da Affirm Press, cujo apoio e carinho foram as boas-vindas à autoria dos meus sonhos.

À minha comunidade de coaches, curadoras, hosts de podcast e terapeutas, obrigado por serem o tipo de mulher que apoia outras mulheres e por adicionar um pouco mais de magia à minha vida.

Aos meus amigos em Portugal, na Austrália, em Bali e outros lugares, obrigado por me apoiarem em cada passo do caminho. Vocês tornaram esse processo muito agradável.

Aos meus clientes que confiaram em mim e me ajudaram a refinar minhas habilidades como curadora ao longo dos anos, permitindo-me a grande honra de lhes proporcionar um trabalho tão gratificante, obrigado.

À equipe da Affirm Press (particularmente Kelly Doust, Martin Hughes, Keiran Rogers e Armelle Davies), obrigado por acreditarem na minha voz e visão para este livro e por me proporcionarem a oportunidade de compartilhar meu trabalho com o mundo. Obrigado também à minha editora, Brooke Lyons, que tratou minhas palavras com tanto cuidado.

Finalmente, meu caro leitor, sou muito grata a você por ser corajoso o suficiente e confiar que pode haver outro modo de vida para si. Que a ansiedade sempre sirva como um guia leal, chamando-o de volta ao seu verdadeiro eu.

Com amor, Georgie

Sumário

Introdução

Quando eu converso com uma pessoa e ela descobre que ajudo pessoas com ansiedade de alto funcionamento, frequentemente ela replica: 'Meu Deus, eu me sinto assim. Preciso de você!' Se você também é assim, saiba que não está sozinho.

A ansiedade de alto funcionamento é aquela que induz ao perfeccionismo, alimentada pela pressão, mas que ainda permite que as obrigações diárias sejam realizadas, geralmente bem executadas, apesar dos sentimentos ansiosos. É uma experiência comum para muitos que buscam se destacar naquilo que fazem. Ser perfeito e trabalhar o máximo que puder são ideias praticamente já incorporadas aos valores da sociedade. Mas o fato de esse comportamento ser normalizado não significa que seja bom para nós, ou que não possamos mudá-lo.

Às vezes, tento imaginar todas as pessoas ao redor do mundo vivendo com ansiedade de alto funcionamento, e a sensação que tenho é de algo incrivelmente esmagador. Acho que as pessoas merecem algo muito melhor. O fato de ter escolhido este livro indica que é muito provável que você seja uma delas. Quando o imagino abrindo a primeira página e encontrando estas palavras, não posso deixar de sorrir, animada por você. Eu sei que a possibilidade de uma nova vida o aguarda.

Talvez você esteja exausto. Talvez esteja cansado de estar em guerra consigo mesmo na busca pela perfeição, o tempo todo. Talvez esteja esgotado de buscar em outras pessoas o amor que deseja. Talvez não tenha ideia do rumo que deseja para sua vida. Talvez deseje que seus relacionamentos o façam se sentir mais conectado.

Talvez seu coração esteja ferido, cheio de marcas causadas pelas decepções da vida. Talvez você tenha começado a desenvolver problemas de saúde, que teimam em não desaparecer. Talvez esteja cansado de colocar os outros em primeiro lugar e deixar-se em último. Talvez você sinta que seus sonhos mais loucos e que os desejos mais profundos do seu coração estão distantes do seu alcance.

Talvez sinta que nunca tem o suficiente: não tem tempo suficiente, não tem dinheiro suficiente, amigos o suficiente, elogios o suficiente, amor o suficiente. Talvez tenha resolvido parar de fazer as outras pessoas felizes e decidiu colocar um ponto final em sua preocupação excessiva com aquilo que elas pensam de você. Talvez o seu crítico interior esteja berrando, rasgando-o e deixando-o aos pedaços toda vez que se olha no espelho. Talvez a voz da dúvida seja a única coisa que consegue escutar, em mais dias do que gostaria de admitir.

Se você se vê repetindo hábitos que realmente não funcionam, poderá encontrar respostas nestas páginas. Ficar entorpecido com emoções desconfortáveis e não saber como evitar isso é muito comum; é algo que eu mesma experimentei. Muitas coisas boas acontecem nas nossas vidas, mas elas não nos fazem felizes da maneira que a sociedade promete. Muitas vezes, algo em nossa vida parece estar fora do lugar, mas não conseguimos definir exatamente o quê. Se deseja viver de uma maneira que não a do "hamster correndo dentro da rodinha", vivendo sob o controle da sua mente ansiosa, estou muito feliz por você ter escolhido este livro.

Sei como é a sensação de não conseguir confiar o suficiente na vida para se deixar levar e aproveitar a viagem. Eu também vivi nesse lugar assustador, carregando um peso enorme no pescoço e nos ombros. Sei como é se sentir hiperconsciente sobre o que os outros pensam e ter uma mente consumida por preocupações recorrentes que prometem mantê-lo seguro no mundo – mas que nos impedem de levar uma vida livre, de seguir nosso coração.

Se você ainda não tem certeza de como é seguir o seu coração, não se preocupe: trabalharemos isso. Por agora, saiba que é aquela sensação sutil, chamando você para algo novo, atraindo-o para uma solução diferente. É aquele pequeno vislumbre de esperança que às vezes surge na nossa mente, aquele ânimo e aquela sensação de alegria que brota espontaneamente dentro de nós. Talvez essa sensação pareça uma memória distante, mas está lá e isso é o suficiente para começarmos.

Escrevi este livro para aqueles que estão em um lugar semelhante ao qual eu mesma estive – para lhe dar esperança de que você *pode* tomar medidas positivas e criar uma vida cheia de alegria e poder. Você *pode* se tornar o mestre da sua mente ansiosa. Eu ajudei milhares de pessoas a reivindicar esse tipo de poder para si, e ele está à sua disposição também.

Dito isso, este não é um livro sobre como "curar" ou "consertar" a ansiedade. Eu sei que você gostaria de poder simplesmente se livrar dela e do desconforto que ela traz – mas a chave é mudar totalmente a forma como você se relaciona com ela. A ansiedade não é algo que você *gostaria* de remover da sua vida. Deixe-me explicar.

Uma abordagem que busca "erradicar a ansiedade" simplesmente não funciona. Quanto mais você tentar silenciá-la, mais alto ela vai rugir em resposta. Ela é uma criatura melindrosa, muito parecida com uma gata que se recusa a ser afetuosa, quando afeto é tudo que você mais deseja. Desafiadora, a gata vai pular para longe de seus dedos angustiados. Nesse ponto, muitas pessoas desistem e dizem que gatos são bichos muito difíceis. E dizem o mesmo a respeito da ansiedade depois de apenas algumas tentativas de melhorá-la. A gata virá ronronando quando você compreender como lidar com as regras e o temperamento dela. É necessário aprender a abordar a gata do jeito que ela quer: logo depois de um cochilo, pronta para uma coceirinha no queixo. A ansiedade funciona de maneira muito parecida.

Temos que aprender como eliminar a percepção de "erro" da ansiedade. Este estado emocional intenso não é um tumor a ser extirpado, é uma bússola que aponta para a direção na qual você pode crescer, encontrar mais amor-próprio e construir o tipo de autoconfiança que o fará reivindicar tudo o que deseja para a sua vida. A ansiedade é o barulho alto que você ouve quando seu carro se desvia das linhas brancas da estrada da sua vida. Ela diz: 'Ei, você deveria endireitar um pouco a direção. Desse jeito não dá!' Em vez de tentar calá-la, aborde-a com curiosidade. Enxergue o valor que ela pode oferecer à sua vida: o combustível que ela fornece para um crescimento transformador e as mensagens importantes escondidas no desconforto que ela causa. Aprecie a forma como ela indica a necessidade de dormir mais, de melhorar a alimentação e cuidar do corpo físico.

Devemos aprender a enxergar além dos medos e limites da mente ansiosa e encontrar a nossa natureza subjacente a eles. Nossa verdadeira natureza é confiar na jornada da vida, sem nos importarmos com o quão incerto o caminho à nossa frente possa parecer. Nossa verdadeira natureza é nos sentirmos confortáveis e vivos em nossos corpos. Nossa verdadeira natureza é nos sentirmos seguros, expansivos, como se a vida fosse cheia de oportunidades e possibilidades. Nossa verdadeira natureza é amar os seres humanos ao nosso redor, com compaixão e sem julgamento. E, mais importante ainda, nossa verdadeira natureza é amarmos a nós mesmos. É navegar através dos desafios da vida usando a capacidade de deixar o medo de lado e escolher o amor-próprio, que vai nos trará os melhores resultados. É isso que significa dominar nossa mente ansiosa.

Logo vou compartilhar detalhes da minha história e de como aprendi a reorganizar minha mente ansiosa, mas como tenho certeza de que você quer saber a respeito desse detalhe imediatamente, vou pular para o final e assegurá-lo de que, atualmente, a ansiedade não tem poder sobre mim. Eu sei exatamente o que fazer quando a ansiedade aparece (o que ainda acontece de vez em quando). A diferença crucial é que a ansiedade passa por mim silenciosamente e consome pouco da minha energia ou do meu espaço mental. Não tenho interesse nas histórias horripilantes que ela oferece e não presto atenção às suas dúvidas ou julgamentos. Toda essa energia está disponível para mim, para que eu a invista em relacionamentos importantes, para que eu possa colocar minha saúde em primeiro lugar, sonhar novos projetos, atuar nos meus negócios, pintar e cantar, viajar pelo mundo, ajudar os outros, seguir os desejos do meu coração e priorizar o que realmente importa na vida.

Este modo de vida expansivo e de coração aberto também pode ser vivido por você, se concordar com uma regra: seu objetivo *não* deve ser nunca mais se sentir ansioso. Não se culpe mais quando se sentir ansioso de novo. Essa é outra maneira sorrateira pela qual o perfeccionismo pode impedir seu crescimento e a cura que você busca. Ao se comprometer a seguir minhas instruções, você alcançará um ponto em que experimentará muito menos ansiedade, por menos tempo, e não sentirá que falhou ao sentir momentos de ansiedade ao longo da sua vida. Como eu disse, às vezes também sinto a ansiedade. A pergunta mais importante a se fazer, porém, é a seguinte: naquele momento de ansiedade, qual foi sua resposta?

Por vezes, conforme avança no processo de cura deste livro, você se sentirá ansioso. Por favor, saiba que isso vai acontecer, e saiba que ficará tudo bem. À medida que avançarmos, vou guiá-lo através desses momentos de ansiedade. A verdade é que você tem muito mais poder sobre ela do que imagina. A cura é um processo em que reconhecemos esse poder e fazemos uso dele, mais e mais – às vezes o perdemos , e depois o encontramos novamente. Essa é a jornada de nossas vidas. Não existe nenhum conto de fadas em que a lagarta entra num casulo de cura, e depois emerge como uma borboleta e pronto, ela vive feliz para sempre, sem desafios ou sem dor. O processo nunca se encerra. Você voltará para o casulo e será levado a reencontrar suas asas por várias ocasiões. Algumas vezes vai ser cansativo, mas lembre-se de que o processo de cura também é belo. A cada vez, você emergirá mais sábio, mais forte e, se aceitar sua cura, mais em paz com aquilo que a vida realmente é. Quando você percebe que não existe um pico da montanha para ser alcançado, aceita muito mais o processo e passa a se contentar com o ponto do caminho onde está. Essa aceitação torna a jornada muito mais fácil, pois a ansiedade não tem nada a que se agarrar. Os meios pelos quais praticamos essa arte serão delineados em breve. Por enquanto, acredite em mim; de verdade, você não é a pessoa ansiosa e tensa que pensa que é. Você é muito mais do que isso, e juntos vamos provar que sim.

Entendo que provavelmente esteja há muito tempo em busca de respostas e de um estilo de vida melhor. Eu já estive nesse ponto. Era uma vez uma pessoa que só conseguia ver em seu futuro um buraco negro... Era como se uma catástrofe vaga, iminente, se aproximasse e eu deveria estar preparada. Eu vivia esperando pelo próximo grande evento que abalaria o mundo e me acertaria em cheio. Experimentei consultas com psicólogos, mas nunca encontrei o certo para mim. Não saía das consultas com ferramentas que pudesse usar prontamente, nem vivia a transformação profunda que desejava viver. Tentei me apoiar na nutrição. Achei que, se eu consumisse todos os alimentos certos, meu cérebro funcionaria de maneira diferente e a ansiedade iria embora. Mas exagerei nas regras e restrições e a ansiedade piorou. Depositei todas as minhas esperanças nos cuidados com minha saúde intestinal, meio que esperando que minha vida entrasse nos eixos. A saúde digestiva é importante, mas, por si só, não teve um grande impacto. Essas soluções mágicas podem ser atraentes, mas se levarmos em conta apenas uma peça do quebra-cabeça, certamente terminaremos decepcionados. Precisamos examinar cada uma das intrincadas peças da ansiedade.

Compreender e ensinar a respeito dos componentes que constituem uma vida calma, cheia de confiança e de autossuporte se tornou a meta da minha vida. Desenvolvi o Método Reset da Ansiedade como uma forma de juntar todos esses componentes em um sistema holístico que realmente funciona. Essa abordagem considera o impacto de seus pensamentos, de sua alimentação, da sua saúde intestinal, seus hormônios e a maneira como você leva sua vida diária. Ela leva em conta que não deixaremos nada de lado, enquanto você se fortalece para superar a ansiedade.

Tirar as pessoas desse estado limitado, cheio de estresse e medo, e trazê-las de volta aos seus corações, com os braços abertos, para tudo o que a vida tem a oferecer é a parte mais gratificante do meu trabalho. O mundo precisa de mais pessoas bonitas como você levando a vida com coragem, não acha?

Como Usar Este Livro

O Objetivo é o Autodomínio

Para dominar sua mente ansiosa, você deve compreender como ela funciona e usar essa compreensão para se fortalecer e escolher a sua experiência. A ansiedade não pode sobreviver por muito tempo quando você tem o conhecimento, as ferramentas e as habilidades necessárias para ver através das mentiras e truques da mente, que o tentam a voltar ao medo, repetidamente.

O verdadeiro domínio da mente é um processo de se aprender a viver com consciência, depois esquecer dela e retornar à falta de consciência, e depois pegar a si mesmo no pulo e voltar à consciência, e assim sucessivamente. É fazer a escolha de enxergar as falhas na sua resiliência (porque você é humano!) e trabalhá-las. É perguntar à ansiedade o que ela está tentando lhe dizer, e oferecer a si mesmo, com carinho, aquilo que você necessita em resposta.

Ao praticar o domínio de sua mente ansiosa, você sentirá uma sensação profunda de confiança e estabilidade que ninguém pode roubar. Os desafios que você enfrentar servirão apenas para fortalecer sua capacidade de superar qualquer coisa que aparecer no seu caminho – porque você sabe que pode encontrar uma maneira de se sentir poderoso na sua vida, não importa o que aconteça.

Um Roteiro Holístico para a Ansiedade

O Método Reset da Ansiedade combina uma variedade de modalidades que reuni ao longo dos anos, criando uma experiência curativa única. Sou coach em mindset contra ansiedade, hipnoterapeuta, e sou graduada em nutrição e naturopatia. Tenho o privilégio de trabalhar com clientes de todo o mundo, abordando a ansiedade de alto funcionamento através de uma perspectiva holística, e, como resultado, observá-los florescer.

O método pelo qual trabalharemos neste livro aborda todos os fatores que levam à ansiedade de alto funcionamento – da sua forma de pensar e suas crenças até os cuidados com seu corpo físico. Você pode segui-lo como um modelo para seu próprio crescimento e autodesenvolvimento. Se tiver a determinação necessária para aplicar essas ferramentas em sua vida, você será guiado de volta ao seu verdadeiro eu – que está por baixo da pressão, do perfeccionismo e das críticas exasperantes da mente ansiosa, que, neste momento, sente que o controla.

Escrevi esse livro com a intenção de que você trabalhe o Método Reset da Ansiedade de maneira linear, semana após semana; mas depois de lê-lo todo, poderá retornar a um capítulo específico ou até mesmo abrir uma página aleatoriamente quando desejar uma orientação ou suporte rápido.

Antes de começarmos, aí vão algumas recomendações:

1. **Use um diário de anotações:** Tenha um caderno por perto: um lugar para escrever e refletir, em resposta às perguntas e exercícios deste livro. Evite usar aparelhos e telas para essa finalidade; colocar a caneta no papel traz benefícios terapêuticos por si só, então eu realmente o encorajo a usar a antiga tecnologia para esse fim.
2. **Faça anotações mentais:** Ao trabalhar no capítulo de cada semana, você encontrará seções intituladas Notas Mentais. As Notas Mentais são lembretes rápidos de pontos importantes paraserem revisitados. Estes conceitos-chave costumam ser

particularmente úteis para pessoas que cursam meu programa. São as ideias que muitas vezes os lembro de rever. Eu o convido a também escrever suas próprias Notas Mentais, e copiar em seu diário qualquer uma das minhas que venha a repercutir com você.

3. **Reserve tempo para praticar:** As práticas apresentadas em cada capítulo são seus planos de ação semanais. Nos capítulos, você encontrará instruções detalhadas para o trabalho necessário a cada prática. Ler este livro é uma coisa, mas implementar de verdade as etapas de ação é outra. Se realmente deseja mudar, você precisa agir. Para agir, é preciso dedicar espaço em sua vida às ações. O tempo gasto em cada prática vai variar. Agende uma hora de dedicação às práticas por semana e encare esse tempo como um momento estimulante, de descanso, para você se reconectar consigo mesmo. Muitas pessoas que passaram pelo meu programa on-line acham que as manhãs ou tardes de domingo servem bem a esse propósito. Há também uma lista de verificação no final de cada capítulo para você marcar depois de concluir o trabalho.
4. **Dê um tempo das notícias:** recomendo que você cancele a assinatura de qualquer fonte de notícias e evite programas de noticiários enquanto estiver trabalhando nesse material. Exclua todos os aplicativos de notícias que lhe enviam notificações ao longo do dia. Os noticiários e os meios de comunicação podem alimentar nossas preocupações e ansiedades de uma forma que, na maioria das vezes, não nos é útil. Vemos neles uma versão distorcida da realidade e do mundo, com ênfase na negatividade. Ouvimos falar de eventos chocantes que acontecem do outro lado do mundo, sobre os quais nada podemos fazer. Nós nos sentimos impotentes diante disso. Isso afeta nossa saúde mental. Se você nunca tirou férias das notícias antes, encorajo-o a aproveitar ao máximo essa oportunidade para ver como se sente. Se algo importante acontecer

no mundo, acredite, você saberá. Quando não buscamos esse tipo de informação mais do que o necessário, surgem a paz e a clareza. Lembre-se, esse momento de transformação diz respeito a você – não ao mundo externo ou a qualquer outra pessoa.

A Hora de Começar é Agora

Você sempre vai encontrar alguma desculpa para não realizar esse processo. Sempre haverá problemas em sua vida, que farão parecer que agora não é o momento certo. A sua própria mente é especialista em encontrar esses problemas. Quase sempre será um "momento ruim" para começar o trabalho interno. O ilusório momento pacífico e perfeito para realizar o processo não existe. Na verdade, a maioria das pessoas acha que o apoio que eu proporciono com meu programa online, no qual este livro se baseia, facilita o gerenciamento dos grandes desafios da vida conforme elas passam por eles. Mas se não houver aplicação daquilo que tenho para ensinar a você, e não houver comprometimento com esse trabalho, você simplesmente não obterá resultados.

Esse é um alerta sutil para que você não permita mais que os problemas da sua vida e do mundo o desanimem. Essa é a sua oportunidade de começar, onde quer que você esteja, não importa o quão confuso tudo ao seu redor pareça estar. Dê aquele passo à frente e pise na lama, e depois dê o passo seguinte, e depois mais outro. Esse processo foi elaborado pensando em pessoas bem ocupadas, portanto, os exercícios não devem demandar horas e horas da sua semana. Com o tempo, esses ajustes sutis simplesmente se integrarão à forma como você vive sua vida, de modo que sua resistência à ansiedade aumentará a cada dia.

Não Vai Ser Confortável

Serei realista agora, apenas um pouquinho, prometo. Se você quiser progredir e parar de sentir que não consegue controlar o estresse e a ansiedade, precisa estar pronto para permitir algum desconforto em sua vida. Este trabalho não é para os fracos. Toda aquela determinação que você prontamente canaliza à sua carreira, à sua família ou a um relacionamento será bastante útil aqui. É necessário que você esteja pronto para olhar para as partes de si mesmo que tenta evitar. Esse trabalho demanda que você questione coisas que não quer questionar. Ele solicita educadamente que você seja curioso e abra espaço para sentimentos que não deseja sentir. Ele o convida a se conhecer íntima e profundamente, para que, assim, você possa se sentir muito melhor.

Se essa ideia o faz querer recuar, lembre-se, você já se sente desconfortável vivendo o ciclo de ansiedade e insegurança. Já existe muito desconforto em sua vida, como também a sensação de não ter poder ou escolha perante a isso. Você já alcançou o estado mais desconfortável em que poderia estar. Este livro pede que uma escolha consciente do sabor de desconforto que deseja sentir – o que é muito melhor do que apenas se sentir desconfortável, atolado, impotente. Apoiar-se num desconforto consciente para explorar e testar maneiras novas e desconhecidas de se relacionar com a ansiedade trará as maiores recompensas. Sem dúvidas, foi isso que descobri, depois de anos tentando de tudo para evitar me sentir desconfortável.

A Ansiedade na Minha Vida

Da Segurança à Incerteza

Quando tinha dezenove anos, eu tinha certeza de que a minha família era a melhor. Nós cinco tínhamos um laço tão forte, no qual eu podia confiar tão profundamente, que não pensava muito sobre o assunto. Minha unidade familiar sempre esteve lá para me apoiar. Naquela época, nós ainda morávamos juntos. Meu pai costumava me fazer rir com suas declarações estranhas quando chegava a casa depois do trabalho, gritando à porta, "Eu sou o cara!". Nós costumávamos brincar, dizendo que ele nunca funcionaria no mundo sem a nossa mãe. Ela arrumava a mala dele, deixava o jantar pronto toda noite, preparava suplementos para ele tomar toda manhã e organizava todas as tarefas essenciais de bastidores que mantinham nossa vida funcionando. Ele era um homem leal, mas sua prioridade sempre foi o trabalho. Ele até organizou seu escritório de forma que pudesse dormir lá, se fosse preciso. Fora o trabalho, nós éramos o resto do mundo dele. Minha mãe tem um coração de ouro e ela foi o exemplo de mãe que se sacrifica pelos filhos. Eu era muito próxima dos meus irmãos. Meu irmão era meu melhor amigo e minha irmã e eu brincávamos juntas com o violão, cantando as melodias de nossos musicais favoritos. Eu era a mais nova e, por mais que seja um estereótipo, sempre era a que escapava impune das traquinagens. Eu, a pequena e inocente, era a última a ser culpada nas brigas entre irmãos, e sempre acreditei que era a favorita do meu pai.

Em julho daquele ano, dois meses depois do meu aniversário de dezenove anos, tivemos nossas últimas férias juntos, em família. Meus irmãos e eu estávamos contando piadas à beira da piscina, enquanto, a poucos metros de nós, em um quarto de hotel com ar-condicionado e protegidos do calor intenso de Bali, nossos pais levavam uma conversa muito diferente. Meu pai contava à minha mãe que estava tendo um caso com outra mulher – uma mulher tão nova, apenas dois anos mais velha que minha irmã.

Naquela noite, minha mãe não conseguiu esconder sua angústia de mim e de minha irmã enquanto observávamos as vitrines das lojas, no caminho para o jantar em família. Ela não conseguiu fugir das nossas perguntas. Em nossa família havia poucos segredos. Guardar informações para nós mesmos era considerado algo altamente suspeito, quase um absurdo. Quando minha mãe finalmente contou o que nosso pai havia dito, mal conseguimos acreditar. Não fazia sentido. Não, nosso pai precisava da nossa mãe. Havíamos sempre imaginado que, se algo semelhante acontecesse, seria nossa mãe que o deixaria Toda a minha realidade desmoronou. Eu me lembro do entorpecimento e da onda rápida e doce de negação que senti. Naqueles primeiros momentos, foi fácil fingir que nada tinha acontecido. Com os olhos fixos nos meus pés enquanto caminhava pela rua de terra, eu me consolava com a ideia de que talvez tudo aquilo fosse um pesadelo.

Mas o pesadelo nunca terminou. Meu pai voltou para casa em um voo mais cedo, sem nós. Fomos deixadas na umidade sufocante daquele filme de terror em um paraíso tropical por mais alguns dias. E, dessa forma, meu coração se partiu pela primeira vez.

Em apenas uma semana, meu pai saiu de casa. Aquele laço se desfez e a sensação ruim permaneceu por muito tempo. Apesar de ele ter dito que sua decisão não tinha nada a ver comigo, eu não me sentia assim. Todo meu conceito sobre o tipo de homem que ele era foi amassado e rasgado como uma folha de papel. Havia o meu bom e velho pai, leal, respeitável e bobo; e agora, essa outra pessoa, esse estranho vil que eu não conhecia. Um homem capaz de despedaçar sua própria família.

Com essa experiência, enfrentei uma dura verdade que todos devemos aprender ao longo da vida: que a certeza é um mito. Nada é certo, e tudo muda. Que joguinho confuso que é a vida, não?

Nos dias, semanas e meses que se seguiram, tive plena consciência do terreno instável em que me encontrava. A vida havia dado um mergulho em um campo de batalha cinzento e sombrio. Durante meus anos de ensino médio, eu experimentei certa ansiedade em relação a impressionar os meninos, me sentindo insegura com meu corpo e por ter notas altas. Meu crítico interior e meu perfeccionismo já estavam bem amadurecidos. Mas, agora, uma ansiedade que eu nunca havia experimentado despertava dentro de mim. E ela tinha um certo fervor bestial. Eu não era mais ingênua. Eu havia ficado mais esperta. E eu sabia que o próximo choque da vida viria. Agora eu me via me escondendo para me proteger das bombas de medo feitas pela mente. Alguém que eu amo poderia morrer, ou talvez eu pudesse ficar sem dinheiro, ou... E se eu nunca mais encontrasse paz em minha vida? Eu não conseguia definir com exatidão o cenário do desastre que se aproximava, mas algo estava por vir. Algo ruim. E, por precaução, eu precisava estar preparada. Eu não era totalmente consciente disso na época, mas, olhando para trás, vejo agora como um forte desejo de lutar contra as incertezas foi crescendo dentro de mim. Eu precisava criar algum tipo de estabilidade no meio do caos. Era a única maneira pela qual eu poderia sobreviver.

O que eu poderia fazer para criar estabilidade? Bem, essa parte não estava tão clara. Mas aquela ansiedade, que me acordava todas as manhãs e me lembrava de como minha vida havia dado terrivelmente errado, estava certamente disposta a tentar. E eu passei a criar um plano atrás do outro.

'Talvez eu pudesse encontrar estabilidade na dieta perfeita', sugeria a ansiedade. Então eu tentei. Li todos os livros de nutrição e passei por muitos blogs de receitas escritos por mulheres de biquíni naturalmente magras. Experimentei ser vegana, fiz dietas, da cetogênica à paleo e todas as outras entre elas. Até decidi estudar nutrição e naturopatia, uma paixão minha que, honestamente, foi inicialmente motivada pelo meu desejo de ser perfeita. Porque talvez, se eu me alimentasse de forma perfeita, teria o corpo perfeito. E com o corpo perfeito, eu me sentiria mais confiante – mais desejável, mais merecedora. Talvez isso me trouxesse uma sensação de segurança. Talvez aliviasse essa sensação que é como um zumbido desconfortável incessante (alerta de spoiler: não aliviou).

Conforme continuava meus estudos, aprendi que a nutrição poderia aumentar as substâncias químicas calmantes em meu cérebro, e assim eu poderia ser mais resistente aos desafios da vida. Essa foi uma maneira conveniente de convencer a mim mesma e aos outros de aquele smoothie verde viscoso que eu bebia (naquela época, era na verdade de uma cor meio marrom esquisita) era em função da minha saúde física e mental. 'Não é uma dieta. É um estilo de vida', eu dizia às pessoas.

Mas, na verdade, sendo honesta comigo mesma, eu buscava pelo corpo perfeito. Como muitas outras pessoas, eu havia sido seduzida pela crença de que, se comesse todos os alimentos "certos", a vida seria maravilhosa. Os influenciadores de Instagram comedores de açaí – as modelos sorridentes perfeitas e os gurus do bem-estar famosos que eu admirava – garantiam que esse sonho poderia se tornar realidade para mim. O corpo perfeito me prometia felicidade e amor, e com certeza não existia maneira melhor de criar certezas do que isso.

Eu tinha uma longa lista de coisas que não podia comer. Se familiares ou amigos me oferecessem alimentos com certos ingredientes que eu havia rotulado como 'o diabo', eu me afastava. Mas não havia como enganar meu cérebro e dizer que minhas regras alimentares eram um estilo de vida e não uma dieta. Meu cérebro respondeu da mesma forma que os cérebros estão programados para responder a dietas restritivas. No caminho para casa depois das aulas de nutrição, eu me pegava comendo pacotes de chocolate vegano no carro, e depois jogava as embalagens na lixeira pública escondida antes de entrar em casa. Eu ia para a cama à noite me sentindo uma fracassada; jurava para mim mesma que só o que me faltava era mais força de vontade. E a ansiedade só crescia.

'Talvez eu possa encontrar certeza e segurança em um relacionamento', sugeria a minha ansiedade. 'Se ele nunca abandoná-la, issocompensará a terrível dor que você sente pelo seu pai ter ido embora. Você terá alguém que sempre a amará e que a fará feliz.' Então, fiz questão de escolher um parceiro que não me abandonasse, em quem eu pudesse confiar e que desse o mundo por mim. E então, a minha ansiedade começou a se preocupar, porque, por estar em um relacionamento seguro, eu vinha perdendo muitas coisas interessantes na vida. E eu precisava ter mais experiências para aproveitar minha preciosa vida ao máximo (e pela implacável contagem regressiva da juventude). No início, era só um sussurro, mas logo a minha mente ansiosa gritava comigo: 'E se você não estiver aproveitando ao máximo os seus vinte anos? E se você se arrepender da forma como está vivendo esses anos?' Com o passar do tempo, passei a chorar no chão do quarto com mais frequência – presa entre paredes, triste e ansiosa. De alguma forma, eu agora desvelava uma estabilidade cuidadosamente tecida com meu parceiro e desfazia tudo, fio por fio. Eu me censurei. Nada daquilo fazia sentido, e estava claro que eu ainda não estava feliz. Eu não gostava de quem eu era. Não gostava da minha vida. E nada daquilo fazia com que eu me sentisse estável.

'Talvez a estabilidade esteja em ter dinheiro suficiente', tentou a ansiedade em seguida. 'Com dinheiro, poderá viajar o tempo todo e ter muitas coisas interessantes acontecendo em sua vida; assim, você nunca vai precisar enfrentar a desolação do campo de batalha, ou a realidade da incerteza. Você pode ter uma vida tranquila, comprar roupas lindas e ficar numa boa para fazer o que quiser.' Não demorou muito até que meu objetivo de construir uma carreira ou ter uma ideia brilhante para montar um negócio se tornasse uma obsessão que a ansiedade adorava alimentar. A segurança financeira era a luz no fim do túnel que eu buscava, mas parecia nunca alcançar. Nunca era o suficiente. Eu nunca chegava lá. Não importava o quanto minha conta bancária crescesse, ou estagnasse, ou quantos passos eu conseguisse dar na minha jornada. E, assim, minha busca incessante por uma saída da ansiedade continuou.

Uma Compostura Inabalável

Desde aquela época, encontro alívio ao enxergar que, por mais sinuosa que seja a estrada, de alguma forma, estamos sempre no caminho certo. No fim, os pontos se juntam, mesmo que, em um primeiro momento, pareça tão estranho. Olhando para trás, sinto que minha vida se encaixou facilmente, como se eu a tivesse planejado. Eu não poderia estar mais longe de um plano enquanto navegava pela lama, procurando uma maneira de me sentir bem comigo mesma e acalmar a tormenta que era minha mente ansiosa.

Minha relação não tão saudável com a comida não me ajudou a encontrar as respostas imediatamente, mas sou grata por ela ter me levado a estudar nutrição e naturopatia. Minha graduação de quatro anos foi apenas o começo e, em última análise, a base para o desenvolvimento do Método Reset da Ansiedade. Aprendi sobre nutrição, saúde intestinal, hormônios, fitoterapia e a discernir entre pesquisas de qualidade e estudos desleixados que não têm muito impacto no mundo da ciência. Durante esse período, também fiz muitas coisas boas para o meu corpo. Trabalhei em todos os aspectos da minha saúde, desde meus hormônios até minha saúde digestiva. Parei de tomar pílulas anticoncepcionais e aprendi a acompanhar, compreender e encontrar o fluxo da minha vida de acordo com meus ciclos naturais. Comecei a adicionar verduras ao meu café da manhã, passei a evitar a cafeína e a tomar uma dose de vinagre de maçã todas as manhãs. Aprendi a construir refeições proteicas e incorporei algumas diretrizes importantes que ensinarei a você mais adiante neste livro.

A nutrição se tornou uma língua que eu conseguia falar fluentemente, sem muito esforço mental. Conforme eu trabalhava profundamente nas minhas emoções, crenças e formas de pensar, aliviei minhas regras em relação ao que comia e comecei a ver a alimentação como combustível para o meu corpo novamente. Por meio das mesmas práticas que ensinarei neste livro, desenvolvi minha resistência fisiológica à ansiedade. Como meu cérebro passou a receber mais nutrientes, pude passar a pensar com calma e clareza. À medida que me tornei mais nutrida e resiliente, a ansiedade passou a surgir com menos frequência. Porém, como mencionei, trabalhar os elementos físicos relacionados à ansiedade também não foi a resposta completa.

O outro aspecto da minha cura foi um pouco mais complexo, unindo os aspectos científico e espiritual. Eu tive que descobrir como construir um profundo senso de confiança na vida. Tive que aprender sobre o funcionamento interno da mente. Precisei me questionar a respeito daquilo em que eu acreditava, e reordenar os padrões habituais de pensamento que impulsionavam meu medo. Trabalhei muito por conta própria, e você também pode fazer isso. Também trabalhei com curandeiros e coaches e certamente o encorajo a buscar mais pessoas na jornada, se isso o ajudar e fizer com que se sinta mais confiante. Uma perspectiva de fora é algo inestimável para mudar crenças muito arraigadas. Porém, preciso deixar uma coisa clara: mesmo que a ideia de alguém passar uma varinha mágica sobre sua cabeça e resolver seus problemas pareça brilhante, a cura não é algo que outra pessoa possa fazer por você. É preciso estar totalmente aberto a ela, e escolher passar por isso por si mesmo. A cura requer trabalho contínuo.

Como espero ter deixado bem claro, nem sempre fui uma pessoa positiva. A pessoa que sou agora é aquela em que me tornei, e fiz isso deliberadamente. Usei a mesma determinação que uma vez me fez estudar a noite toda para uma prova, ou passar fome, em uma espécie de desintoxicação de três dias à base de sucos, mas, desta vez, eu o fiz com muito mais carinho por mim mesma. Você pode fazer essa escolha por si mesmo, amar a si mesmo da mesma forma intensa com que trabalhou em outras áreas de sua vida. E se você leu este livro até aqui, é provável que já tenha começado a fazê-lo.

Aprendi muitas técnicas ao longo do caminho. Meu diário de anotações também desempenhou um papel importante. Como mencionei anteriormente, tentei a psicoterapia tradicional, mas não consegui encontrar um psicólogo com quem me conectasse bem ou que me levasse às profundezas às quais eu estava disposta a ir (embora esta não seja necessariamente a experiência que todos almejam). Isso me levou a procurar em outros lugares e outras soluções, além das tradicionais. É por isso que hoje, no meu trabalho de coaching, posso proporcionar uma abordagem diferente para quem estiver em um caminho mais parecido com o meu, para quem sente um chamado para algo além. Uma curiosidade cheia de esperança e a determinação de que minhas primeiras experiências não seriam a história de minha vida me ajudaram nesta cura (e você também tem essas habilidades dentro de si). Avancei, passo a passo, fiz perguntas diferentes, alimentada pela crença de que algo adiante me ajudaria.

E então, o que eu buscava me encontrou. Você já teve aqueles momentos em que você ouve a mensagem certa, na hora certa, e aquilo ressoa lá dentro do peito? Até mais do que isso; parece que a mensagem foi feita para você? Algo que o leva a uma compreensão totalmente nova, que você simplesmente não pode desaprender, depois de conhecê-la? Isso aconteceu comigo na época em que eu pensava em terminar meu relacionamento. A pergunta que fiz era: devo permanecer aqui com segurança e conforto, ou partir e encontrar segurança no futuro para poder dizer que realmente vivi minha vida? Eu contemplava essa questão, olhava para minha estante, sentindo-me triste e perdida, e um livro antigo que alguém me havia recomendado anos antes me chamou a atenção e me fez abri-lo. Era '*O Livro do Viver e do Morrer Tibetano*', de Sogyal Rinpoche. Na minha primeira tentativa de lê-lo, completei um quarto do livro e tive que largá-lo. Ensinamentos mais profundos faziam com que eu me sentisse atacada. É um texto tão intensamente verdadeiro que dá um tapa na cara do seu ego, da sua compreensão de si mesmo. E meu ego não havia gostado muito. Eu não estava pronta para a prática do desapego e da verdade rígida do budismo quando peguei aquele livro pela primeira vez, aos 21 anos de idade. Durante anos ele esperou que eu voltasse – e por alguma razão, naquele dia em particular, encontrei o livro novamente e abri-o numa página aleatória. A página que abri descrevia a mensagem exata que eu precisava ouvir. Era o que eu procurava. Dizia:

Assim como quando as ondas batem na costa, as rochas não sofrem danos, mas são esculpidas e erodidas e adquirem belas formas, nossos caráteres podem ser moldados e nossas arestas amaciadas pelas mudanças. Através de mudanças desgastantes, podemos aprender como desenvolver uma compostura gentil, mas inabalável.[1]

Uma paz tomou conta de mim e uma visão surgiu em minha mente. Era uma versão futura de mim mesma, com a qual eu sonhava às vezes. Eu escrevia sobre ela. Ela estava calma e com os pés no chão e simplesmente fluía por sua vida. Seu coração derramava amor sem esforço. A vida trabalhava para ela, não contra ela. A terra estremecia sob seus passos confiantes, as solas de seus pés estavam ligadas a ela com raízes invisíveis. Sua energia era quente e tropical, com perfume de coco e rosas, e ela havia acabado de nadar, com água salgada pingando do cabelo. Ela sorria, refrescada, brilhante e deliciosamente livre. Ela conhecia as verdades da vida e, de alguma forma, as aceitava. Ela havia desenvolvido uma compostura inabalável.

E assim, sabendo com clareza o que eu buscava agora, fui atrás disso.

Se eu quisesse encontrar essa nova versão futura de mim mesma, precisava ir além do modelo físico, psicológico e bioquímico de compreensão da ansiedade. Essa parte é útil, claro, mas se eu realmente quisesse encontrar minha compostura inabalável, sabia que também teria que olhar para dentro e me fazer perguntas mais profundas. Tive que ouvir a parte mais profunda de mim mesma e me conectar com minha verdadeira natureza e com o observador consciente dentro de mim, que eu vinha negligenciando há muito tempo. E não demorou muito até a essência dessa versão futura de mim mesma se fundir à minha realidade presente.

Semana Um: o Ajuste de Sintonia

De onde vem a ansiedade?

Na vida moderna, a ansiedade de alto funcionamento é algo que somos levados a vivenciar. Principalmente se não tivermos ferramentas para evitar sermos controlados pelo mundo que nos rodeia, que nos provoca estresse com tanta facilidade. Por toda parte, há razões para nos sentirmos ansiosos e oprimidos, entremeadas ao tecido de nossa história, da nossa cultura, nos nossos sistemas e valores familiares. Nós vivemos em um ambiente ansiogênico (um ambiente que induz à ansiedade).

Nossa sociedade valoriza o trabalho duro e a cultura empreendedora. Nós nos sentimos culpados por tirar uma folga para descansar. Mais do que nunca, sentimos pressão para termos uma vida perfeita. Na vida diária, existem muitas circunstâncias que podem facilmente pressionar o botão da ansiedade, e a maioria das pessoas não percebe que o impacto dela pode ser reduzido. É aqui que entra a resistência, cuja construção vamos trabalhar juntos através deste livro. Você tem um nível de resistência dentro de si, que pode ser consertado, fortalecido e ampliado – ou pode ser ainda mais desgastado. Qualquer pessoa com um baixo nível de resistência à ansiedade será afetada pelas pressões e experiências da vida moderna mais facilmente. E você não está sozinho nisso: muitas pessoas que você conhece já devem vivenciar a ansiedade ou vão experimentá-la em algum momento das próprias vidas.

Trabalho em Excesso

Para começar, considere a pressão depositada em nossa vida profissional. Os horários de trabalho se estenderam para muito além das nove às cinco. Mais do que nunca, espera-se que as pessoas façam hora extra, respondam e-mails à meia-noite e acordem cedo para checá-los novamente. A quantidade de trabalho que um funcionário assume é cada vez mais alta do que a de um emprego individual.

A semana de trabalho de 40 horas foi desenvolvida na década de 1940, numa época em que uma pessoa da família era a responsável por trabalhar e obter a única renda da família. As outras tarefas domésticas eram geralmente realizadas pelo cônjuge. Agora, muitas vezes vemos pessoas sobrecarregadas, dando conta de demandas tanto profissionais quanto domésticas. Criamos listas de tarefas que nunca conseguiremos completar, exigindo de nós mesmos algo impossível. Nosso trabalho se infiltra em nossas vidas privadas. Os rendimentos estagnaram, enquanto o custo de vida e os preços das casas na Austrália aumentaram. Uma única renda não é suficiente para nos mantermos, principalmente para quem tem filhos. A noção de viver para trabalhar, em vez de trabalhar para ter liberdade para viver e desfrutar da vida se tornou o normal.

Falta de Tempo

A sensação que temos é de que nunca há tempo suficiente. Com que frequência ouve seus amigos e familiares dizerem que estão ocupados – ou você mesmo reclama disso? Com que frequência você se pega desejando ter mais tempo para concluir a montanha de tarefas que tem pela frente? Embora possa parecer que seus dias ficam cada vez mais curtos e você não é produtivo o suficiente, há algo mais profundo por trás disso. Nós estamos vivendo uma incompatibilidade entre nossas expectativas irrealistas do quanto deveríamos cumprir e as horas do nosso dia. Se escolhermos ver as coisas dessa forma, nunca haverá tempo suficiente. Vamos abordar o assunto em detalhes mais à frente, mas, por enquanto, saiba que, se continuar a viver sua vida como uma corrida contra o relógio, estará fadado a criar ansiedade.

Traumas

Muitas pessoas têm traumas não processados, não examinados e enterrados nos seus sistemas nervosos. Algumas experiências traumáticas podem ser sutis e é possível que você nem perceba o efeito duradouro que elas têm sobre si. Traumas abrangem mais do que abuso sexual, guerra, acidentes de carro e violência física. Podem resultar de experiências mais cotidianas, como a falta de apoio emocional de um dos pais, o rompimento de um relacionamento, um diagnóstico médico, bullying na escola ou um chefe intimidador. Não há dúvida de que o mundo inteiro passou por algum grau de trauma durante a pandemia. Traumas são parte da vida, mas a maioria das pessoas não tem ideia de como identificá-los ou do que fazer com eles. Podemos até causar traumas em outras pessoas acidentalmente, quando entramos em conflito. Mesmo que compreender nossos traumas e crescer a partir deles seja algo a nosso alcance, muito da nossa ansiedade surge de crenças criadas a partir dessas experiências dolorosas não examinadas, mas sempre presentes.

Sobrecarga de Notícias

Vemos crises que causam impacto a comunidades distantes prontamente relatadas nas notícias. Sentimo-nos impotentes, pois, na maioria dos casos, nada podemos fazer para ajudar diretamente nestas situações. Todos os dias, o retrato de um mundo perigoso, imprevisível e inseguro nos é apresentado. Frequentemente, o mundo parece piorar e a humanidade parece estar condenada. Observe que usei a palavra 'parece'. Essa perspectiva não é necessariamente verdadeira.

Distanciamento e Pouca Socialização

Mesmo antes da pandemia, estávamos mais isolados da socialização do que nunca, e grande parte do nosso contato já vinha ocorrendo através das telas. Fazer contato olho no olho quando no transporte público é algo malvisto; e é muito mais apropriado que não existam interações. Máquinas agora substituem os seres humanos nos caixas dos supermercados. Não nos conectamos mais com pessoas na rua com um sorriso e um aceno de 'bom dia'. Conhecer nossos vizinhos demanda muito tempo e energia. Atualmente, muitas pessoas fazem compras online, perfeitamente capazes de administrar suas vidas sem sair de casa. Como resultado, nós nos sentimos mais sozinhos nas nossas preocupações, menos capazes de compartilhar os nossos fardos e de contar com o apoio tranquilizador de uma comunidade.

Redes Sociais

As redes sociais e a publicidade se aproveitam das nossas inseguranças para nos vender montes de coisas, com a promessa de que é isso que nos fará mais felizes. Estamos excessivamente expostos a representações falsas da vida, e nos comparamos a ideais de beleza editados, cheios de uma maquiagem elusiva, cílios postiços e estilos de vida luxuosos. Tiração de sarro e julgamento são os outros produtos do lado venenoso das redes sociais. Mais do que nunca, somos levados a buscar valores materiais, e perseguir a mentira de que o novo carro, o novo celular, aquele vestido, aquele corpo ou uma nova reforma nos trarão felicidade. É certo que isso tudo alimenta uma mente ansiosa.

Separação da Natureza

Nós perdemos nossa conexão com a natureza. Ignoramos e condenamos seus ritmos e ciclos inconvenientes, detonando nossos sistemas de aquecimento e de refrigeração, permanecendo em casa quando cai uma chuvinha lá fora. Estamos alienados da natureza sazonal das colheitas de alimentos frescos. Passamos mais tempo dentro de casa do que nunca, longe da terra, da luz solar, do ar fresco e das paisagens verdes que estavam sempre disponíveis para os cérebros dos nossos antepassados. Nossos olhos estão privados dos benefícios calmantes da vegetação e da nutrição reconfortante da Mãe Natureza, e nossas mentes ansiosas sofrem com isso.

O Escudo de Resistência

Além de todas as pressões listadas aqui, é possível que você ainda esteja vivenciando tensão financeira, estresse no seu relacionamento, o trabalho em tempo integral de criar filhos ou outras responsabilidades de cuidado, e ainda ter as expectativas da sociedade e seu estilo de vida sempre ocupado para conciliar com tudo. Não é de admirar que se sinta ansioso. Não é de admirar que tenha construído crenças que perpetuam as respostas de ansiedade e medo em seu cérebro. Entenda aqui que a maneira como seu cérebro reage é perfeitamente saudável, dado o tipo de ambiente em que você vive. Essa ansiedade não é um sinal de fraqueza ou de uma deficiência inerente. Você está cercado de gatilhos. Alguns de nós são mais vulneráveis a estes gatilhos do que outros, mas todos temos a oportunidade de construir o nosso Escudo de Resistência, para sermos menos reativos e mais conectados com quem realmente somos.

Embora, em geral, só seja possível mudar parte das suas circunstâncias, você tem o poder de mudar sua experiência do mundo internamente. Uma maneira de reduzir o impacto do mundo exterior é voltar-se para dentro, trabalhar sobre si, e criar resistência àquilo que dispara seus gatilhos. Você pode aprender a sair das ideias da sociedade e dos antigos sistemas de crenças que não o servem, e tornar-se quem realmente é. Pode se tornar mais conectado ao seu próprio senso de segurança e verdade. Estou falando de aprender a se colocar no ponto calmo no olho do furacão, em vez de girar sem rumo no caos sem fim da vida ao seu redor.

O Escudo de Resistência é um conceito muito útil para ajudá-lo a encontrar essa sensação de paz dentro de si. Incluí uma representação visual de cada um dos componentes que podem ajudá-lo a desenvolver resistência a esses gatilhos de ansiedade, para que se sinta mais calmo e mais aterrado em si mesmo, na maior parte do tempo – e mais prontamente capaz de responder aos desafios que aparecem em seu caminho, no lugar de reagir a eles. Esses componentes incluem: ser consciente dos seus pensamentos; criar relações significativas; conectar-se à natureza; priorizar o sono, o descanso e a diversão; comprometer-se com movimento; usar estimulantes com prudência; equilibrar hormônios; otimizar a saúde digestiva e atender às suas necessidades nutricionais.

Sempre que sentir o chamado da ansiedade, volte para o Escudo de Resistência. Permita que ele lhe ofereça algumas respostas práticas para explicar por que a ansiedade pede por sua atenção. Ele pode ajudá-lo a destacar aspectos a serem nutridos que estão esquecidos, nos quais é possível investir um pouco de energia e melhorar. Neste livro, analisaremos detalhadamente cada componente, dedicando a maior quantidade de tempo à consciência sobre os pensamentos – já que este é o que requer mais atenção e prática todos os dias.

Embora seja importante observar sua mente e tirá-la de suas histórias horripilantes, alguns dias, talvez você se sinta tão carregado que se torna muito difícil se sentar e meditar, ou mesmo reunir forças para estar consciente de seus pensamentos. É aí que ter uma fisiologia trabalhando a seu favor pode ajudar. Significa que você está atendendo às demandas nutricionais para conseguir criar e liberar substâncias químicas cerebrais calmantes, como o ácido gama-aminobutírico (GABA), a serotonina e a dopamina. Significa garantir que sua saúde digestiva esteja em um nível ideal, para que as bactérias intestinais possam trabalhar no seu melhor e, assim, enviar sinais químicos ao longo do nervo vago e direcionar o cérebro a um estado mais calmo. Significa perceber e abordar o seu equilíbrio hormonal, o que diminui o impacto das flutuações hormonais que podem aumentar a ansiedade e estragar o seu humor. Significa analisar de forma sóbria o uso de estimulantes, como a cafeína, e priorizar movimentar-se na maioria dos dias. Significa reservar um tempo adequado e estabelecer as condições necessárias para ter um boa noite de sono. Significa reservar tempo para descanso e diversão, sem pressão ou culpa, e conectar-se novamente com a natureza, a família e os amigos.

Quando todos os componentes-chave do Escudo de Resistência forem trabalhados, todo o seu corpo o apoiará no trabalho interno de explorar suas crenças limitantes, questionar seus medos e processar emoções negativas. Cada componente do Escudo de Resistência se tornará muito mais familiar conforme avançarmos no Método de Reset da Ansiedade.

Apresento-lhe... A Mente Ansiosa

Já percebeu que existe uma voz dentro da sua cabeça que vai narrando toda a sua vida? Ao escovar os dentes pela manhã, ela comenta como você está pouco atraente. Ela prevê como será o seu dia, muitas vezes com um viés negativo. No meio da aula de ioga, ela começa a planejar o que você vai escrever em um e-mail. Até teima em querer preparar o que você dirá ao seu amigo quando ele lhe contar uma história que não tem nada a ver com o momento. Costumamos chamar essa voz de mente. Com frequência, os pensamentos que passam por ela não têm nenhum propósito útil para o momento em que nos encontramos. Como os letreiros vermelhos no pé da tela do noticiário, essas frases que passam pela nossa mente geralmente são distorcidas para o lado negativo, inúteis e falsas. Os pensamentos e opiniões da nossa mente não são a melhor fonte de informação. Compreender que não somos os nossos pensamentos é o presente mais libertador que podemos nos dar. De repente, estamos livres.

Quando a minha ansiedade estava no pior nível, eu acreditava em cada palavra que minha mente me dizia: "você não é bonita o suficiente. Não está trabalhando duro o suficiente. Eles não gostam de você. Você nunca será feliz. Isso aí que deseja não é possível. Você é tão preguiçosa! Provavelmente vai fazer um péssimo trabalho. Você é tão burra!" E assim por diante. Você também acredita em tudo o que sua mente diz? Você *precisa* acreditar nos seus pensamentos? E se os pensamentos que passam por sua cabeça não são realmente verdadeiros?

Minha mente ainda tenta me fazer acreditar em meus pensamentos todo dia, mas, atualmente, percebo rapidamente o que aconteceu, e opto por não me deixar levar por eles. Aprendi que ela sempre me contava certas histórias em particular, e tentava me proteger com seus medos e dúvidas. À medida que aprendi a identificar essas histórias, a frequência com que se repetiam se tornou óbvia – eram como discos riscados, que repetem sempre o mesmo trecho – até o ponto em que comecei a ver esses pensamentos como mais do mesmo, repetitivos, bem desinteressantes. "Ah, aí vem a história de como não sou boa o suficiente. De novo. Olha aí, como se estivesse marcado no relógio, comecei a duvidar da minha capacidade, como já fiz tantas vezes antes, e isso sempre acaba sendo falso. Que chato." Aprendi a me colocar do lado de fora de todo aquele barulho e ver que eu era muito mais que aquilo. E você também é.

Seria ótimo se tivessem nos ensinado desde o início a operar o maquinário das nossas mentes de forma eficaz, lá do começo, no início dos tempos de escola. Se der permissão, a mente se tornará sua prisão – se nunca aprender como se desligar dela e acessar a verdade. A mente também pode ser uma serva leal, ajudando-o a ter mais confiança, liberdade e novas oportunidades em sua vida, dependendo do que você permitir que ela pense. Deixada à solta de forma inconsciente, essa mente cuspirá todo tipo de ideia prejudicial acerca de si. Eu obedientemente acreditava no que minha mente me dizia – que não era capaz, ou boa o suficiente; que a vida era uma luta e que coisas ruins aconteceriam comigo. Quando aprendi a me separar da minha mente, tudo mudou. De repente, descobri que, longe desses pensamentos, eu poderia sentir uma sensação de paz sempre que precisasse. Melhor ainda, poderia começar a mudar meus pensamentos para influenciar meu estado emocional. E há algumas coisas importantes que você precisa entender se também quiser fazer isso.

Pense que a forma como experimentamos a vida é semelhante a olhar através de um par de óculos. Os óculos representam a perspectiva da sua mente enquanto ela pensa, julga, critica e resolve problemas. Os óculos podem estar embaçados ou cobertos por poeira e impressões digitais de outra pessoa, ou desfocados de medo. Quando percebemos que estamos usando esses óculos e os tiramos por um segundo, conseguimos enxergar a partir do nosso verdadeiro eu – um eu que sente e percebe a verdade para além do que a mente diz. Esta é a nossa parte pura e amorosa. Outras maneiras de se nomear o nosso verdadeiro eu são a nossa intuição, o observador, o nosso coração, o nosso eu superior, a nossa alma ou a testemunha. Posso intercalar esses termos de vez em quando, mas, para simplificar, eles todos significam o nosso verdadeiro eu. Em suma, há uma parte nossa que é a mente baseada no medo, e outra parte é o nosso verdadeiro eu amoroso, através do qual podemos observar tudo de forma pacífica. As diferenças entre essas duas perspectivas vão ficar mais claras conforme eu explicar mais sobre a mente.

A mente é a parte geradora de pensamentos do nosso cérebro, que tagarela o tempo todo. Ela frequentemente imagina as situações dando errado. Ela o critica constantemente. É como viver com nosso pior inimigo na cabeça. Você conhece esse sentimento?

A mente é especialista em encontrar problemas. E em alguns aspectos, isso a torna importante, porque você precisa da sua mente para ajudá-lo a funcionar na vida e a permanecer vivo. Chamamos isso de *pensamento útil.* Nos tempos pré-históricos, precisávamos saber como apanhar lenha, fazer fogo e nos manter aquecidos. Precisávamos saber como conseguir alimento para nutrir nossos corpos, e como consertar uma ferramenta quebrada. Se houvesse um tigre dentes-de-sabre à espreita, precisávamos que nossas mentes respondessem ao perigo e garantissem segurança para dormirmos à noite. A mente é a razão pela qual evoluímos e sobrevivemos tão bem ao longo de dezenas de milhares de anos.

Mas, hoje em dia, nós coletamos nossa comida (muitas vezes já preparada) no supermercado, ou pedimos que seja entregue à nossa porta com nossos celulares. Mantemo-nos aquecidos ao pressionar um botão na parede para ligar o sistema de aquecimento. Quando se trata de nossas necessidades de sobrevivência física, a maioria delas é prontamente atendida. No aspecto físico, vivemos com muitíssimo mais conforto do que os nossos ancestrais.

No entanto, a mente ainda é boa em encontrar problemas e em nos "proteger". Quando não existem ameaças físicas com as quais trabalhar, ela precisa de um novo alvo. E então, começa a se concentrar em *você.* Ela lança firmes argumentos que dizem por que você não é bom o suficiente. Avalia se as pessoas gostam ou não de você. Faz você questionar se está no caminho certo ou se está realmente feliz com sua vida. E imagina todos os futuros cenários que podem dar errado.

E então vêm grandes eventos na vida. Um divórcio. Alguém fica doente. Você perde seu emprego. Ao ser afetado por acontecimentos da sua vida, entra no modo de sobrevivência. A mente tenta encontrar algum tipo de segurança, certeza e controle, incessantemente. Mas, para a maioria dos seus problemas, não existe uma solução satisfatória que possa ser aplicada imediatamente. Não importa quanta análise e quanta preocupação transite pela sua cabeça – quase sempre não há resposta que possa acalmá-lo no curto prazo. Por exemplo, depois de um término, às vezes simplesmente ficaremos mal durante um tempo, e não há nada que possamos fazer para resolver o problema, a não ser superá-lo e processar a dor emocional. Muitas das crenças profundamente enraizadas que o vêm deixando infeliz e ansioso também estão ocultas. Você provavelmente não está nem ciente de todas as formas pelas quais seus pais e sua cultura lhe causaram impacto enquanto crescia, programando sistemas de crenças fechados que limitam sua mente (mesmo que inconscientemente).

E depois, há o problema dos problemas intermináveis. Resolva um e outro aparecerá, como aquele jogo de fliperama chamado Whac-a-Mole, no qual precisamos dar uma marretada no bichinho que sai de um dos vários buracos numa superfície, mas eles nunca param de surgir dos outros buracos. A vida será cheia de problemas, se permitirmos que a mente os procure constantemente. É aqui que o pensamento útil se torna inútil, ruminante e ansioso.

A mente é importante e útil, até o ponto em que deixa de ser. Em boa parte do tempo, o fluxo interminável de pensamentos vindos da mente é completamente inútil. Surge nela um pensamento fútil, como, "Não sou tão bom quanto eles" ou "Sou muito tímido" ou "Sou um idiota", e você passa a levar isso como um fato. Adiciona essa característica ao perfil do seu personagem, e decide quem é – mesmo quando isso não é verdade. É apenas uma história que começou a contar a si mesmo – um arquivo de trabalho editável que você acredita já estar finalizado e impresso. Essa história pode ser mudada, se escolher quais pensamentos deixar entrar e quais deixar passar. Entenda, pensamentos são apenas pensamentos. Eles não são a realidade. São ideias e lixo mental, jorrando do seu fluxo de consciência. A mente gera pensamentos que o fazem se sentir ansioso e inseguro, mas a maioria deles é um drama, é irrelevante e nem mesmo é verdade. Comece a ver através deles agora. Ao perceber que lhe causam mal, diga a si mesmo, 'Ah, olha, isso é medo. Isso é dúvida. Essa é a mente. Não sou eu.' Você consegue se lembrar de tirar os óculos embaçados da sua mente e enxergar com seu verdadeiro eu.

A primeira história que deve parar de contar a si mesmo é a que diz: você é uma pessoa ansiosa. É hora de parar de usar os rótulos que a mente dá à ansiedade. Evite se referir à ansiedade como algo que você tem –chamando-a de '*minha* ansiedade', por exemplo. Você não é dono daquela ansiedade, da mesma forma que não consegue segurar a empolgação do prazer que sente quando ri de uma piada. Você é uma pessoa que vivencia momentos de ansiedade, junto com momentos de muitas outras emoções.

Recoste-se no alívio espaçoso que surge quando ao se abrir para essa ideia. Você é muito mais do que aquilo que sua mente limitada e ancorada no medo gostaria que você acreditasse que é.

Notas Mentais

- Os pensamentos e opiniões da sua mente muitas vezes não são uma fonte confiável de informações.
- Seus pensamentos não são quem você é. São apenas pensamentos.
- A mente pode se dedicar a pensamentos úteis, ou a pensamentos inúteis e ansiosos.
- Ao perceber que está tendo pensamentos prejudiciais, ancorados no medo, traga-os à consciência dizendo para si mesmo, 'Essa é a mente. Não sou eu.'

Não Fique com Raiva da sua Mente

Quando ensino esse conceito em meu programa online, percebo que muitas pessoas começam a insultar suas próprias mentes. Mas ficar com raiva da sua mente é lutar contra a sua humanidade inata e sua experiência de vida. Idealmente, esta não é a direção que devemos seguir. Em vez disso, encorajo-o a rir de sua mente, como se ela fosse uma criança que não sabe executar muita coisa direito ainda, mas tenta fazer coisas de adulto. Pense em sua mente como um cachorrinho aprendendo a andar na coleira, saltando no meio de uma rua movimentada com trânsito no sentido contrário. 'Ah, olha lá a minha mente boba!' – é o que você pode dizer a si mesmo quando perceber que ela decidiu se fixar no que cozinhar para o jantar, mesmo que ainda sejam nove horas da manhã e você não está nem perto de um mercado. Ou talvez sua mente imagine quão estressante será fazer aquela apresentação de trabalho, trazendo à vida em seu corpo a pressão daquele momento agora mesmo – mesmo que o evento real seja daqui a um mês. É possível que pense, 'não é importante que minha mente tenha levantado o assunto?' Você acha divertido que a mente visualize todos os piores cenários possíveis como aquele? Consegue pelo menos achar curioso que a mente deseje colocar foco lá, quando aquilo nem tem relevância para sua vida nesse momento?

Você pode ser grato à sua mente pelo trabalho importante que ela realiza na resolução de problemas lógicos da vida. Mas também pode reconhecer que, em quase todas as outras empreitadas, a sua mente – com seu fluxo de pensamentos que o leva para longe do momento presente – é, essencialmente, inútil. Reduzir a importância da mente é realmente importante para deixar de lado os pensamentos incessantes e encontrar mais presença na vida. Claro, nem sempre é fácil fazer isso quando você se sente ansioso. E isso acontece porque a sua relação com o seu modo de pensar ansioso está bem confusa.

O Cachorro à Porta da Casa

Compreender a forma como a ansiedade funciona é a coisa mais poderosa que você pode fazer para se tornar mais esperto que ela e, em última instância, dominá-la. O problema é que a maioria de nós responde à ansiedade de um jeito que somente alimenta o medo e torna-o pior.

Ao sentir ansiedade, deve ter notado que seu instinto é se livrar dela o mais rápido possível. Isso ocorre porque sua mente o quer afastar da dor e direcioná-lo ao prazer ou ao alívio daquela dor. Você quer fugir do desconforto rapidamente, porque é muito desagradável permanecer sentado quieto ao se sentir ansioso ou estressado. Você tenta se distrair ou entorpecer seus sentidos – qualquer coisa que simplesmente aplaque a ansiedade. Você naturalmente acelera sua mente e vive no futuro, para poder planejar com antecedência e antecipar o que acontecerá a seguir. De alguma forma, isso traz uma sensação de mais segurança. Imagina que se sentirá melhor se souber quais perigos podem estar no seu caminho. Ou pensa demais, tentando, dessa forma, obter algum controle. Acredita que, se simplesmente pensar bastante e por um longo tempo sobre o problema, encontrará a solução. E então se sentirá em paz. Então poderá adormecer. Depois que todos os problemas forem resolvidos, tudo ficará bem.

Mas, como uma ilusão de um exuberante oásis no deserto, a paz do outro lado se afasta mais e mais, a cada vez que tenta se aproximar dela. Você nunca encontrará paz com essa abordagem. O que acontece é que você alimenta a mente ansiosa com mais daquilo que ela deseja: mais problemas, mais angústia, mais energia e resistência. A ansiedade só aumenta.

É totalmente normal reagir à sua ansiedade dessa forma. No entanto, precisa compreender que todas essas ações são tentativas ineficazes de encontrar o tipo de controle que procura. Se perceber que está repetindo esse comportamento, execelente! Parabenize-se. Apenas por adquirir consciência sobre isso, você já progrediu em relação à ansiedade. Agora sua mente pode começar a entender que essa não é a melhor maneira de se afastar da dor.

Vamos olhar para isso de outro ângulo. Imagine que deixou seu cachorro de estimação na chuva. Ele está arranhando a porta e latindo, tentando chamar atenção para que o deixe entrar. Você grita para ele parar, tenta ignorá-lo e depois tenta pensar em novas maneiras de fazê-lo se acalmar. Se jogar algo para ele comer, talvez ele pare. O cachorro se distrai por um instante, mas não demora muito para voltar à porta e fazer mais barulhos desagradáveis. Quanto mais o ignora, mais angustiado o cachorrinho fica. A única maneira de ele se acalmar é permitir que ele entre em casa para ficar com você. Talvez precise dar um pouco de atenção a ele, e enxugá-lo para que fique seco. Só então, dentro de casa, próximo e conectado a você, o cachorro ficará em paz. Talvez nem demore muito e ele adormeça aos seus pés.

Notas Mentais

- Ao lutar contra a sensação de ansiedade, você alimentará o medo e tudo ficará pior.
- Você tem a capacidade de permanecer com o desconforto da ansiedade.
- A maneira mais eficaz de parar de se sentir ansioso é se mover em direção a esse sentimento e convidá-lo para mais perto de si.

O cachorro nessa historinha é a sua ansiedade, e é provável que você a venha administrando de uma forma bem ineficaz há bastante tempo. Há uma maneira garantida de encontrar controle verdadeiro sobre a ansiedade, que contraria todos os nossos instintos. Eu me pergunto se você já se perguntou antes: e se você permitir que aquele sentimento de ansiedade simplesmente esteja ali? E se for normal sentir desconforto?

E se você até o receber bem, como se deixasse o cachorro entrar em sua casa?

Você é o Céu Azul

É normal acreditar que a ansiedade que sente faz parte de si: um monstro que o envolve, engolindo-o inteiro. Isso é o que acontece quando lhe falta consciência sobre aquilo que a ansiedade realmente é. Assim que passa a ter esse novo entendimento, você rapidamente se desloca para uma posição de poder em relação à ansiedade, pois percebe que a ansiedade não é você, mas algo separado de si.

O primeiro passo é reconhecer que a ansiedade é apenas uma sensação no seu corpo. Sim, é um sentimento intenso que surge em uma parte de seu corpo – talvez no seu peito, ou no seu estômago – mas não o constitui por inteiro. A sensação desconfortável não pode machucá-lo. Ela só funcionará como uma onda intensa em movimento, que sempre mudará, a cada momento que passar. O nível de intensidade nunca permanece o mesmo por muito tempo. Sempre vai passar. A sobrecarga de emoções que você sente surge a partir da sua imaginação, dos pensamentos e histórias que sua mente conta (sejam eles conscientes ou inconscientes) e da liberação de adrenalina e outros hormônios estressores em sua corrente sanguínea. No nível físico, momento a momento, a ansiedade não causará nenhum dano real ao seu corpo. Ela apenas gera uma aceleração no seu batimento cardíaco, um peso no seu peito, uma sensação apertada no estômago, uma inquietação nos seus braços e pernas, um nó na garganta e um padrão respiratório curto e superficial – e quaisquer outras sensações que costuma experimentar.

A única maneira de realmente superar uma experiência de ansiedade é aprender a se desapegar dela e vê-la da forma como ela é. Apenas uma sensação, uma experiência. A ansiedade nem é uma coisa ruim de se sentir, o que acontece é que você a rotula como algo ruim. É simplesmente uma sensação que atinge um pico de intensidade e, após alguns momentos, desaparece, como uma onda no oceano. Consegue ver a ansiedade como uma experiência neutra e interessante, movendo-se pelo seu corpo?

Lembre-se, a mente só se sente confortável com a ideia de afastá-lo da dor, em direção ao alívio. Ao praticar o suficiente, sua mente aprenderá que o verdadeiro alívio está lá do outro lado, depois que você se acostuma com a sensação de ansiedade. Ao escolher rotular a ansiedade como neutra, e evitar palavras como "insuportável" ou "ataque" para descrevê-la, você realmente ajudará sua mente a aceitar a ideia toda. Quando você entende isso, percebe que é mais do que a ansiedade – e pode relaxar mentalmente e observá-la à distância. É aí que você encontra o controle.

Notas Mentais

- A ansiedade é uma sensação neutra que se move pelo seu corpo. Não é boa, nem ruim.
- Uma vez que comece a observar o sentimento de ansiedade dessa forma, perceberá que existe aquém desse sentimento, e se sentirá muito mais no controle.

Meus clientes frequentemente acham útil usar uma imagem de céu azul aqui. Você, seu verdadeiro eu, é o céu azul. As emoções que sente, incluindo quaisquer emoções negativas como tristeza, raiva, decepção, frustração ou ansiedade, são apenas variações passageiras do clima. Talvez uma tempestade represente a ansiedade que você sente. O céu azul existe o tempo todo, por trás dessas nuvens de tempestade. A pessoa que você realmente é, seu verdadeiro eu, ainda está lá, por baixo da sensação barulhenta e vibrante em seu estômago, do furacão de pensamentos em sua mente. Quando você simplesmente deixa a ansiedade passar pelo seu céu azul, sabendo que ela existe separada de si, alcança uma sensação de desapego em relação a ela. Você pode observá-la de uma certa distância, vendo-a passar de um local abrigado, em vez de ser pego pela tempestade. Essa ideia não lhe parece poderosa? Esse poder está dentro de você e vamos praticá-lo. É assim que você assume o controle.

Como Ajustar sua Sintonia

As palavras deste livro conseguirão apenas guiá-lo em sua própria experiência de conseguir domínio sobre sua mente ansiosa. É preciso implementar as práticas para vivenciar o que essas palavras estão tentando lhe ensinar. Então, eu o convido a fazer esse pequeno experimento que chamo de Ajuste da Sintonia. Leia as instruções a seguir até o final, depois feche os olhos e faça tudo o que conseguir recordar em sua cabeça. Você também pode manter a página aberta à sua frente e dar uma espiada nessas linhas se precisar. Comece fechando seus olhos. Respire fundo com a parte baixa da barriga, como já deve ter feito em alguma meditação anterior. Respire lenta e profundamente, quantas vezes forem necessárias para alcançar um estado mais calmo. Preste atenção ao movimento de suas roupas ao inspirar, à maneira como seu peito se expande, à sensação do ar que passa pelas narinas e do oxigênio fresco que inunda sua corrente sanguínea. Quando se sentir mais tranquilo, de olhos fechados, estará pronto para focar na tela preta à sua frente.

No início, a mente estará muito ativa, fazendo-o recordar o que precisa fazer depois, ou aquele grande problema que você tem e que ainda precisa ser resolvido. Note esse desejo dentro de si, puxando-o de volta para pensar: 'Talvez, se eu continuar pensando nisso, encontre a solução.' Lembre-se de que esse é um pensamento ansioso e inútil. Ele não lhe dá o controle que deseja. Apenas perceba a sensação de compreender que não há problema em deixar aquele pensamento de lado por enquanto, descartá-lo, permitir que ele seja menos importante. Os pensamentos não precisam parar por completo. Eles nunca farão isso. Não ter nenhum pensamento na cabeça não é o objetivo aqui. A única coisa a se buscar é uma consciência maior acerca desses pensamentos, como se você saísse deles e os observasse à distância. O que são exatamente essas frases que se movem na tela preta, como os letreiros com as últimas notícias na parte inferior da tela de um noticiário na TV? Que história sua mente está informando agora? Se tivesse que escrever uma ou duas frases de pensamento, que palavras colocaria no papel? Consegue realmente ver seus pensamentos como palavras?

Não importa quais sejam os pensamentos, quão mundanos ou inúteis eles pareçam. O que está fazendo agora é praticar a observação deles. Durante esse processo, você vai perder o foco, esquecer, e vai se perder mais uma vez em algum pensamento. Isso é normal. Quando finalmente perceber que perdeu o foco, gentilmente e com carinho consigo mesmo, traga sua consciência de volta para os pensamentos. Observe-os como folhas caídas flutuando na superfície de um rio. Deixe-os passar.

Você pensa seus pensamentos o dia todo, todo dia. A grande maioria deles escapa totalmente da sua consciência. Eles podem estar tão escondidos da sua percepção consciente que você nem percebe que são apenas frases: diversos agrupados de palavras e imagens aleatórias na sua mente.

À medida que se sentir mais confortável com o conceito de observar os pensamentos, comece a imaginar que é um falcão, alerta e focado. Você está voando sobre uma paisagem ampla, buscando movimentos nela, esperando que um ratinho apareça. Aproveite essa atenção concentrada, o descansar da sua consciência naquele ponto central que você encontrou na tela preta. O roedor representa seu próximo pensamento. Enquanto espera um ratinho aparecer, experimente uma outra parte de si. Consegue notar aquele vazio entre cada pensamento? Mesmo que por um momento, na espera pelo próximo, há espaço. Há uma pausa breve, um momento de nada, de imobilidade, pouco antes do pensamento seguinte chegar. Aquiete-se com a sensação de estar conectado a um *você* que não está preso no fluxo de pensamentos de sua mente, mesmo que a sensação dure apenas um segundo. Nesse segundo, o peso do mundo, de se importar com o que as pessoas pensam, de precisar ser responsável ou de fazer algo produtivo para provar o seu valor desaparece. A vida fica leve. Há alívio, paz e presença. É como tirar férias da sua mente ocupada.

Se você conseguir fazer isso, terá consciência das duas partes de si mesmo que discutimos anteriormente. Se existe uma parte da sua mente que pensa e outra presença dentro de você que enxerga a mente pensante, quem é essa presença que observa a mente? Existe a mente que pensa os pensamentos e existe a parte de si que os observa conforme eles se movem por ela. Esta parte é o que eu chamo de verdadeiro eu amoroso.

Agora examine seu corpo e procure perceber alguma sensação de ansiedade ou qualquer tipo de emoção negativa. Permaneça com a sensação enquanto ela se move por você, observe-a com curiosidade e sem julgamento. Você consegue permitir que essa ansiedade que está sentindo seja simplesmente uma sensação? Nem boa nem ruim? Consegue manter seu foco de falcão ligado a ela? Consegue permitir que o sentimento de ansiedade se suavize, enquanto continua a observá-la com atenção pura? Consegue sentir o alívio à medida que o sentimento enfraquece e é liberado por si só, sem que precise fazer nada além de observá-lo?

Se você se conectou a esse conceito e por um momento experimentou o que é incorporar a sua versão do eu superior, o verdadeiro eu, que se eleva acima da mente pensante, você acabou de ser bem-sucedido nesse primeiro passo importante para dominar sua mente ansiosa efetiva e profundamente.

Logo você começará a usar esta ferramenta poderosa para se relacionar com qualquer momento de ansiedade, o que proporcionará uma sensação consistente de que é possível tolerar o desconforto sempre que o sentir. Só de saber que possui essa habilidade, você terá menos medo da ansiedade, e ela passará a visitá-lo com menos frequência e menos intensidade do que antes.

Prática

Durante essa semana, pratique o Ajuste de Sintonia com a experiência da ansiedade. Sugiro que gaste dois minutos praticando ao acordar, em algum outro momento do dia, como antes de uma das refeições, e antes de dormir. Basta conseguir vivenciar cerca de um minuto de consciência concentrada com os olhos fechados, como uma minimeditação. Se ainda não experimentou uma liberação da ansiedade, continue praticando. Vai acontecer, conforme você entrar no processo a partir da confiança calma do seu verdadeiro eu, observando a sensação como se a iluminasse com uma tocha de consciência, dando-lhe toda a sua atenção, sem julgá-la como algo ruim ou tentar mudá-la.

Mudando Suas Crenças

Conforme aprende esses novos conceitos, passa por essas palavras, desafia seu pensamento e aplica essas práticas, você ativamente desmantela e reconstrói seus sistemas de crenças. Mudar suas crenças é um fator crucial para gerar transformações em sua vida e dominar a ansiedade.

Apesar de que seria ótimo permanecer separado de seus pensamentos o dia todo, não é algo realista para a maioria das pessoas. A mente sempre estará lá, pensando seus pensamentos. É impossível desligá-la, não importa o quanto medite. Diferentemente, você pode se fortalecer ao começar a influenciar alguns desses pensamentos e a sensação que eles lhe causam. Você pode começar a escolher os hábitos de pensamento pelos quais sua mente circula.

Lembre-se que os pensamentos são lixo mental aleatório, geralmente irrelevantes para o momento em que estiver, e não necessariamente verdadeiros. As crenças que você possui são os pensamentos que surgem repetidamente. Todos os dias você acorda e pensa praticamente os mesmos pensamentos. Vê a si mesmo no espelho e os mesmos pensamentos sobre sua aparência vêm à mente. Precisa se apressar, porque seus pensamentos lhe dizem que a corrida da vida recomeçou. Revê a própria agenda e pensa em como o dia será terrível. Esses pensamentos se infiltram em sua mente, tornando-se crenças. Você começa a acreditar que sua vida é tão sombria, triste e assustadora quanto seus padrões de pensamento fazem-na parecer.

Porém, um pensamento é literalmente apenas, um pensamento. É uma ideia não física flutuando em algum lugar na sua mente. Um pensamento como 'Eu sou uma pessoa tão ruim' tem tanto peso quanto um pensamento como 'O que elefantes cor de rosa comem de café da manhã?' E como você já sabe, a mente não é lá uma grande fonte de informações confiáveis.

Em sua mente sempre haverá pensamentos negativos e inúteis, que você não escolheria para estarem ali. Embora não seja possível escolher todos os seus pensamentos, isso não significa que você *não* tenha poder sobre isso. Você pode ativamente escolher *alguns* pensamentos. Na verdade, ao escolher ativamente pensamentos todos os dias, você pode exercer uma grande parcela de poder sobre seu bem-estar emocional e sobre a forma como responde ao mundo.

Cada vez que seu cérebro recebe um novo pensamento, que você nunca teve antes, suas células cerebrais formam novas redes. Esse processo ocorre em milissegundos. É impossível ser consciente desse processo, pois ele acontece muito rapidamente. Cada célula cerebral pode formar milhares de redes em resposta a novas informações.

A princípio, essas redes não são muito fortes. São mais como um único fio elétrico, diferentemente de um cabo elétrico espesso, feito de feixes de fios enrolados juntos. Um novo pensamento se forma inicialmente como um desses fios únicos mais fracos. Não é familiar para a mente e pode parecer estranho. Porém, com o tempo, à medida que você pratica deliberada e consistentemente a nova maneira de pensar, o fio fica mais forte e se agrupa com outros fios, e forma um cabo grosso. Esse cabo é forte e não será removido.

Considere o quão fortes podem ser os cabos elétricos em seu cérebro em relação ao medo, ansiedade e padrões de pensamento negativos. No presente momento, como estamos apenas começando este trabalho, seus cabos antigos são realmente resistentes. Quando você passa a priorizar deliberadamente novas formas de pensar, suas antigas redes podem ser reduzidas em questão de dias, ou até horas. Formar novos hábitos leva tempo. Sempre instruo meus clientes a ouvirem seus arquivos de áudio de hipnoterapia por pelo menos vinte e um dias. Com esse período de tempo, você para de usar os caminhos antigos e começa a usar os novos. Os fios que se conectam ao antigo modo de ser literalmente se despedaçam pela falta de uso. Como é emocionante pensar que essas velhas crenças não precisam voltar, a menos que você deliberadamente as escolhas novamente! É por isso que o trabalho de mudar crenças é tão transformador e perene (e aplicar as práticas deste livro vale todo o esforço).

E se você se concentrasse e construísse suas conexões cerebrais preferidas diariamente? E se começasse a alimentar sua mente com pensamentos de que já *é* a pessoa calma, confiante, mais presente e relaxada que deseja ser? E se começasse a acreditar que já é uma versão totalmente nova de si mesmo?

É assim que você muda as próprias crenças e reorganiza sua mente ansiosa. Tornando-se mais consciente de seus pensamentos antigos, você para de tê-los com tanta frequência. Começa a ter novos pensamentos e a passar mais tempo imerso neles. Você não precisa fazer isso de forma perfeita. Não precisa ter pensamentos novos o dia todo, todos os dias. No entanto, se você abrir sua mente para novos pensamentos e permitir-se acreditar neles por dez segundos a mais hoje do que ontem, começará a mudar seu cérebro. Se passar dez segundos a menos tendo pensamentos inúteis e limitantes, você começará a mudar. É tudo uma questão de construir aquelas novas redes em seu cérebro. À medida que gasta seu tempo lendo este livro, está ativamente absorvendo novos pensamentos e novas informações, construindo novas conexões nele e, durante este processo, criará uma versão totalmente nova de si mesmo.

A crença mais importante, aquela que você precisa começar a mudar, é a crença de que é uma pessoa ansiosa – como se fosse um traço da sua personalidade, de sua identidade ou uma parte intrínseca de si. Observe que já mencionei isso várias vezes. É intencional, porque a cada vez que esse pensamento passar pela sua mente, ele se tornará mais familiar. A ansiedade é uma experiência que às vezes será vivida . É uma sensação que você está acostumado a sentir no seu corpo. Ela está ligada a pensamentos que você está acostumado. A ansiedade é um hábito desenvolvido, mas não é quem você é. E nós quebraremos esse ciclo.

Notas Mentais

- Uma crença é um pensamento que você tem repetidamente, todos os dias.
- As crenças mudam quando você se torna consciente dos pensamentos antigos, para de pensá-los, e ativamente escolhe ter novos pensamentos.

O Poder do Movimento

Embora ajustar a sintonia seja uma ferramenta fundamental que recomendo ser usada regularmente, existem outras maneiras de reduzir a suscetibilidade à ansiedade. Existe uma ferramenta para reduzir a ansiedade totalmente gratuita, que qualquer pessoa pode acessar, sem efeitos colaterais desagradáveis. Ela pode o ajudar a se sentir ainda mais forte e com mais controle. Parece bom demais para ser verdade?

O movimento é o primeiro componente físico que abordaremos na construção de sua resistência à ansiedade. Os componentes fisiológicos desse trabalho são tão importantes quanto os conceitos mentais que exploramos até agora. E este é tão importante que precisa vir primeiro – antes da cura intestinal, do equilíbrio hormonal e da nutrição.

Você se lembra do seu cachorro de estimação, que comentamos anteriormente? O que aconteceria se deixasse de levá-lo para passear por alguns dias? Imagine que você não tem um quintal grande para ele explorar. Uma caminhada diária seria sua única oportunidade de gastar muita energia, mas ele não tem essa oportunidade. Ele fica dentro de casa. Como seu cachorro responderia? Ficaria calmo, relaxado, dormindo no chão o dia todo? Ou ficaria inquieto, nervoso ou até mesmo destrutivo, e roeria seu novo par de sapatos? Isso não soa bem como ansiedade?

Lembre-se de que você também é um animal. Se não fizer caminhadas ou não movimentar o corpo de alguma forma, provavelmente se sentirá mais ansioso. Considere por um momento a forma como a ansiedade por vezes parece uma necessidade de se mexer, como se você precisasse seguir em frente. Ao se mover regularmente, você proporciona o movimento que seu corpo deseja. Existe uma energia armazenada dentro do seu corpo que precisa ser usada de maneira saudável, todos os dias – e não apenas para pensar demais.

Num estudo importante, os pesquisadores avaliaram o impacto do exercício físico em sintomas de ansiedade. Eles combinaram os resultados de 49 ensaios diferentes, reunindo evidências de 3.500 pessoas, e descobriram que o exercício físico por si só é eficaz no controle da ansiedade.[2] Não é preciso mais nada. Isso significa que, para muitas pessoas com ansiedade, a medicação e a psicoterapia convencional não são necessariamente necessárias para que se sintam melhor. O movimento é poderoso.

Em seguida, os pesquisadores desejavam saber como as pessoas experimentavam a ansiedade ao utilizarem o exercício físico como fonte única de terapia, em comparação com aquelas que recebiam apoio de psicoterapia e medicação convencionais. Curiosamente, descobriram que o exercício é tão eficaz quanto a psicoterapia e remédios para controlar a ansiedade. Os resultados em cada grupo foram mais ou menos os mesmos. Eu fico surpresa com o fato de que essa informação não seja mais amplamente discutida. Raramente ouvimos falar de exercícios como a primeira opção terapêutica para a ansiedade – e certamente não ouvimos isso se comparado à psicoterapia tradicional e às prescrições de medicamentos. Mais recentemente, outro grupo de pesquisadores sugeriu que médicos deveriam encorajar o exercício físico como tratamento de primeira linha para a ansiedade, por ser tão seguro e eficaz.[3]

Tomar decisões e agir pode ser um desafio quando se está experimentando a ansiedade. O exercício físico melhora a cognição, aumenta o fluxo sanguíneo para o cérebro e até faz o córtex pré-frontal crescer – a parte do cérebro que toma decisões e que nos ajuda a definir objetivos, trabalhar para alcançá-los e agir. Exercícios também aumentam nosso fator neurotrófico derivado do cérebro (BDNF, do inglês *brain-derived neurotrophic factor*). O BDNF é como uma almofada cerebral para o estresse, protegendo-o de danos. Ele dá base à sobrevivência, ao crescimento e ao funcionamento das células cerebrais. Células cerebrais saudáveis facilitam um pensar mais calmo e claro. Níveis mais elevados de BDNF diminuem a resposta de ativação do medo. É menos provável que você reaja com ansiedade a um gatilho estressante. Aqueles que praticam exercícios físicos também tendem a se recuperar melhor do transtorno de estresse pós-traumático e de ataques de pânico recorrentes.[4] Um cérebro saudável e em bom funcionamento contribui para sua resistência à ansiedade.

Então, que tipo de exercício é mais eficaz para a ansiedade? O movimento dos exercícios aeróbicos pode ser benéfico, como uma caminhada rápida, a natação, a corrida, a dança, andar de bicicleta e o treinamento intervalado de alta intensidade (HIIT). No entanto, qualquer movimento que aumente as frequências respiratória e cardíaca é bom. O mais importante é aproveitar o movimento que escolher. É para você, para melhorar seu estado de espírito. Seja qual for a atividade que você goste, caminhar, surfar, fazer trilhas na natureza ou praticar kickboxing, escolha uma que possa praticar e torne-a uma rotina sagrada, executada com compromisso. Se você sempre se interessou por pilates, ioga ou artes marciais, aguce sua curiosidade e veja como essas atividades podem ser divertidas. Talvez agora seja a hora de entrar numa academia ou procurar um personal trainer para lhe dar orientações.

Procure fazer algum tipo de movimento todos os dias, mesmo que seja uma caminhada de quinze minutos ou cinco minutos de dança no seu quarto. Você conhece seu corpo, seu nível de condicionamento físico e suas habilidades, e pode escolher o que mais combina com suas preferências. Eu o encorajo a entrar em sintonia com seu corpo e fazer o que sinta que é bom. Praticar exercícios em excesso e forçar-se até a exaustão pode aumentar a carga de estresse do corpo. Se você já é muito ativo e se exercita diariamente, examine-se. Pode ser necessário recuar um pouco e permitir-se um ou dois dias de descanso.

Prática

Se estiver ansioso hoje, será que não precisa movimentar seu corpo? Você consegue começar a se movimentar com mais regularidade, de maneira agradável?

LISTA DE VERIFICAÇÃO PARA A

Primeira Semana

Nessa primeira semana, você tem duas práticas para trabalhar. Revisite as seções 'Ajuste de Sintonia' e 'O Poder do Movimento' e veja a explicação detalhada.

☐ Pratique o Ajuste de Sintonia por dois minutos, três vezes por dia. Observe como a maneira com que você se relaciona com os momentos de ansiedade muda com esta poderosa ferramenta.

☐ Estabeleça a intenção de movimentar o corpo regularmente para mover a energia ansiosa. Quando ficar ansioso, pare para pensar sobre o quanto você se mexeu naquele dia.

Semana Dois: Compreenda a Ansiedade

A Ansiedade Traz Uma Mensagem

Agora que você entende a base do funcionamento de uma mente ansiosa, deve estar se perguntando por que a sensação desconfortável de ansiedade surge com tanta frequência. Existe alguma razão para as nuvens tempestuosas que estragam nossos lindos céus azuis? Da mesma forma com que precisamos da chuva para nutrir a terra, precisamos da ansiedade e do medo para nos guiar em direção ao que precisamos ir; para chamar a nossa atenção, para nos manter equilibrados, para nos colocar de volta no caminho certo.

Sua ansiedade chama por você, goste desse fato ou não. Ela sempre tem algo a dizer – só que a maioria de nós não a escuta, porque é desconfortável demais e tudo que queremos é que ela vá embora. Nós a odiamos. Nós a empurramos para longe. Nós negamos à ansiedade a sua voz.

Estou com você ao reconhecer que essa parte da ansiedade é uma porcaria. Não vamos fingir que é divertido. Mas é possível construir uma relação mais saudável com a ansiedade que você sente se reconhecer que há algo muito útil e verdadeiro escondido nela. Se pretende dominar sua mente ansiosa, precisa perceber o valor dela.

Já parou para perguntar à ansiedade por que é que ela está presente? E se você ouvisse o que ela está tentando lhe dizer? Há algum problema com o qual precisa lidar? Existe algo não autêntico na maneira como vive sua vida, sua carreira ou seus relacionamentos, que faça esse sinal de alerta disparar?

Prática

Quais são as mensagens mais comuns que sua ansiedade lhe traz? Você consegue pensar em alguma delas? Se você não sabe quais são, incite sua curiosidade - e pergunte-se o que você anotaria se realmente soubesse.

Por exemplo, pode ser que a ansiedade queira dizer que você precisa cuidar melhor de si mesmo, aprender a ser mais gentil consigo, sair daquele emprego num local de trabalho degradante, cultivar amizades que se alinhem com o seu verdadeiro eu ou seguir o chamado do seu coração.

Por enquanto, não se preocupe em fazer isso da forma perfeita. Você terá chance de desenvolver essas ideias conforme seguirmos em frente.

Nossos corpos estão equipados com um sistema de alarme para nos avisar quando nossas necessidades fundamentais não são atendidas. Quando nos sentimos ansiosos, sempre há uma razão. Essa razão pode ser espiritual, psicológica ou física. O Escudo de Resistência que eu lhe apresentei na primeira semana pode já ter deixado para trás algumas pistas significativas. Entender e pensar suas necessidades básicas de saúde mental (falaremos sobre elas mais adiante neste capítulo) também trará insights. Independentemente disso, a mensagem contida na ansiedade é algo a que devemos estar abertos e que devemos tentar compreender.

Talvez você se sinta ansioso às vezes simplesmente porque seu corpo precisa de mais sono ou por não fazer refeições regulares e seus níveis de açúcar no sangue estarem instáveis. Às vezes, a ansiedade acontece porque você está em uma situação favorável a si mesmo. Talvez você esteja convivendo com pessoas que não são lá muito gentis ou esteja ignorando o chamado para seguir um sonho grande mas assustador, que o ajudará a crescer. Em vez de voltar à resposta fácil – que a ansiedade acontece sem motivo – vamos nos aprofundar um pouquinho mais. Acreditar que a ansiedade não tem sentido pode fazer com que se sinta desamparado, em vez de se sentir encorajado a retomar o seu poder e aprender a como colher os presentes da ansiedade.

Quando Você Ignora a Mensagem

Você sabe que está preso no ciclo da ansiedade há muito tempo. A sensação é aquela de estar sentado em um carrossel de pensamentos dos quais não conseguimos nos livrar. Agora que você começou a ajustar sua sintonia e perceber que pode encontrar alguns momentos de quietude, distante daquele carrossel, pode estar se perguntando por que ficou preso neste ciclo por tanto tempo. Como você agora sabe, seus pensamentos não o definem; mas quando alguém não tem essa consciência e é pego pela tempestade de pensamentos ansiosos, é desconfortável e às vezes doloroso – e tudo que se passa a desejar é uma pausa. Que a tempestade passe.

Ao buscar uma saída rápida para a ansiedade, você perde a mensagem. O cachorro na porta late mais alto, mas você consegue acalmá-lo um pouco com seus mecanismos próprios para lidar com a situação. Para alguns de nós, lidar com isso é sair comendo por razões emocionais. Para outros, é comprar coisas, é navegar na Internet, fumar, tomar bebidas alcoólicas, jogar, trabalhar mais horas que necessário, usar drogas, pornografia, sexo ou se perder nos altos (e baixos) de um relacionamento romântico, ou, ainda, de uma sucessão de relacionamentos. Seus mecanismos de escape para lidar com a ansiedade podem muito bem incluir vários desses exemplos – qualquer coisa que proporcione uma dose de distração ou de dopamina, ou alivie a dor. Vale esclarecer que muitas dessas atividades não são inerentemente ruins, e isso depende apenas do contexto em que elas são realizadas. Você as usa apenas para se distrair de ter que estar presente aos sentimentos desconfortáveis? Ou são celebrações e prazeres genuínos em sua vida? Também pode haver maneiras mais saudáveis de se distrair, como praticar exercícios, mas a maioria dos mecanismos de escape não são saudáveis e têm um efeito degradante em você – e às vezes nas pessoas ao seu redor – ao longo do tempo.

Esses mecanismos que você usa para enfrentar as situações são suas tentativas de encontrar paz, de se sentir conectado a algo, de se sentir amado e contente por alguns momentos, quando não há nenhuma ferramenta melhor à sua disposição. Agarrar-se neles é a sua maneira particular de regular o sistema nervoso.

Todo mundo tem certos comportamentos para enfrentar essas situações. Você não precisa se envergonhar deles, porque todos buscamos por conexão, é algo inato. Se estiver se sentindo desconectado de si mesmo, como acontece com muitas pessoas, desenvolverá essas tendências. Quando você não deseja sentir as sensações desconfortáveis das emoções negativas em seu corpo, você se desconecta dos sentimentos. Finge que não está sensibilizado, que não está exausto, triste, decepcionado ou assustado. Foge de seus verdadeiros sentimentos. Você se desconecta de si mesmo.

Algo que está enraizado em nós como a maneira mais rápida de nos sentirmos melhor é o comer, desde cedo – como quando uma criança chora e ganha um pirulito. A gula emocional, ou o comer como uma reação aos sentimentos, é um dos mecanismos de escape mais comuns que vejo em pessoas com ansiedade de alto funcionamento. A ansiedade que você sente é o desejo de se conectar consigo mesmo novamente, um sinal de alerta que o avisa que não está conectado ao seu verdadeiro eu. É claro que a comida só aplaca a sensação por um instante. O tipo de conexão para a qual a ansiedade o chama é mais profundo, uma conexão que só você pode proporcionar a si mesmo. Exploraremos isso com mais detalhes em breve.

Para descobrir por que você está preso no ciclo de ansiedade há tanto tempo, primeiro, considere o seguinte: há quanto tempo você ignora a mensagem para se reconectar consigo mesmo?

Prática

O que você faz para dar conta das situações? Você se entorpece, ou se distrai da ansiedade? Escreva algumas ideias em seu diário de anotações para trazer mais consciência acerca dos seus comportamentos para lidar com aquilo que sente. Lembre-se, isso não é um convite para se repreender com julgamentos. É uma oportunidade de aprender sobre seus hábitos inconscientes. A partir daí, com compaixão por si mesmo, você crescerá em sua capacidade de fazer escolhas diferentes (na maioria das vezes).

Atenda às Suas Necessidades Básicas de Saúde Mental

Cada um de nós tem um medidor de saúde mental que pode subir ou descer, que depende de quão bem atendemos ao que chamo de nossas necessidades básicas de saúde mental. Sempre que um cliente meu está com dificuldade para encontrar a mensagem em sua ansiedade, rever as necessidades básicas de saúde mental pode ser uma maneira realmente útil de encontrar respostas rapidamente e enxergar formas de fazer mudanças proveitosas.

Essas necessidades são:

- Conexão e pertencimento
- Certeza, segurança e controle
- Crescimento e aprendizado

- Autovalorização e relevância
- Escolha e liberdade
- Propósito e contribuição

Quando você entende quais são essas necessidades, consegue enxergar quais lhe faltam. Agora analisaremos em detalhe cada uma delas. Volte a essa seção sempre que não tiver certeza daquilo que a ansiedade está tentando dizer. Munido desse conhecimento, você poderá traçar seu plano de ação e dar passos na direção que melhor atenda a cada necessidade e melhorar sua saúde mental nos dias em que sentir o chamado da ansiedade pela sua atenção.

Conexão e Pertencimento

Por que dói tanto quando alguém nos deixa? Por que o bullying é tão prejudicial? Por que a rejeição machuca demais? Por que as situações sociais podem ser tão estressantes?

Sentir-se conectado a um grupo é uma necessidade de saúde mental que todos nós temos. Isso vem de nossos profundos instintos de sobrevivência. Nos tempos pré-históricos, se você ficasse sozinho na natureza selvagem, suas chances de sobrevivência seriam muito pequenas. Por outro lado, se fizesse parte de um grupo de humanos que trabalhavam juntos em uma tribo, haveria alguém para ajudá-lo a coletar alimentos, alguém para cuidar de você se ficasse doente ou fosse ferido, além da presença de outras cabeças que colaborariam para resolver o problema do desafio diário de permanecer vivo. É por isso que pertencer a um grupo envia ao seu cérebro a mensagem de que você está seguro e vai sobreviver. Quando você é intimidado, rejeitado, deixado, abandonado, isolado ou deixado de fora, algo em seu cérebro diz que você não conseguirá continuar vivendo. Aquela segurança se foi. Para a mente, soa como uma questão de vida ou morte.

Podemos alcançar um sentimento de conexão se mantivermos relações sociais saudáveis, e, da mesma forma, uma conexão com nós mesmos a nível espiritual. Ao se conectar com seu verdadeiro eu, aprenderá a confiar que essa conexão está sempre presente dentro de si, quando precisar. Isso não quer dizer que você deva se tornar totalmente autossuficiente e ignorar os relacionamentos com os outros, mas se, para ajudá-lo a se sentir conectado, depende dos outros a um ponto em que perde todo o seu poder, talvez seja melhor trabalhar para fortalecer essa conexão consigo mesmo. Você entrega seu poder ao outro quando, por exemplo, não consegue aguentar uma semana longe de seu parceiro, porque fica com medo de não ter sua necessidade de conexão atendida durante esse tempo. O poder de sentir essa conexão dentro de si mesmo já está com você, o tempo todo. E também há a responsabilidade de satisfazer seu cérebro de sobrevivente e curtir a companhia de outras pessoas. Existe um equilíbrio.

Então, como podemos atender à nossa necessidade de conexão? A resposta pode variar de um momento a outro, mas você precisa priorizar a construção de uma conexão consigo mesmo. É possível fazer isso com uma prática regular de registro no diário, trabalhando para ajustar sua sintonia, e ao refletir sobre suas emoções e permitir que elas sejam sentidas. Você também pode precisar se envolver mais ativamente com uma comunidade e entrar em contato com amigos, em vez de esperar que alguém ligue primeiro.

Prática

Responda a cada uma das seguintes perguntas em seu diário de anotações:

- Quão conectado você se sente consigo mesmo?
- Você tem um círculo íntimo com o qual pode contar para ter apoio?
- Você se sente pertencente ou parte de uma comunidade?
- Como você poderia se sentir mais conectado em sua vida?

Certeza, Segurança e Controle

Por que estamos constantemente planejando para o futuro? Por que recorremos tantas vezes a regimes ou exercícios de forma obsessiva quando a vida parece ficar fora de controle? Por que permanecemos em nossas zonas de conforto? Por que nos sentimos tão ansiosos quando nos afastamos de nossas agendas e rotinas ocupadas?

Se você conhece a ansiedade de alto funcionamento, provavelmente não é surpresa para você que ter uma sensação de controle, de segurança e certeza seja uma necessidade fundamental de saúde mental. Gostamos de saber que tudo dará certo. Queremos enxergar o que nos aguarda no futuro próximo para que possamos fazer planos e estar preparados. Queremos a garantia de que a nossa sobrevivência não está mais sendo ameaçada. Quando nosso senso de certeza e segurança é prejudicado, a ansiedade certamente aparece. Foi exatamente isso que aconteceu comigo quando meus pais se separaram e, como descrevi anteriormente, aquela sensação de um laço forte e confiável em minha vida se desfez em um instante.

A segurança é mais facilmente encontrada como um sentimento nutrido dentro de si, e não como uma circunstância exterior. Se você conseguir mudar uma circunstância para se sentir mais seguro, é claro que deve agir para que isso aconteça. Mas, muito frequentemente, as circunstâncias exteriores mudam e saem do nosso controle.

Nesse processo, examinaremos mais à frente práticas que constroem sua sensação de segurança, para que você possa reduzir seu apego ao controle. Por enquanto, apenas comece a considerar algumas mudanças que poderiam ser feitas facilmente para criar mais segurança em sua vida – especialmente se houver circunstâncias óbvias que você vem ignorando e que pode mudar. Por exemplo, pode não ser mais seguro atuar num local de trabalho depreciativo neste momento. Procurar apoio, fazer um plano para melhorar a situação e conversar com alguém que possa ajudar pode ser uma forma de aumentar a sua sensação de segurança.

Prática

Responda a cada uma das seguintes perguntas em seu diário de anotações:

- Quão seguro você se sente em sua vida?
- Qual é seu nível de certeza de que as coisas funcionarão?
- O que você precisa para aumentar sua sensação de segurança?
- Como você poderia se sentir mais seguro e no controle da sua vida?

Crescimento e Aprendizado

Fazemos parte de um universo em expansão. Não há nada mais natural do que crescer e seguir em frente. Não é de admirar que desejamos isso para nossas vidas e que a nossa saúde mental seja prejudicada quando não sentimos nenhum progresso. Abrace a ideia de que a expansão é o seu estado natural. O progresso é gostoso. Se não houver crescimento e aprendizado, você se sentirá preso, estagnado. Isso pode vir à tona como uma inquietação ansiosa. É como se você tivesse energia e potencial não utilizados que não têm para onde ser direcionados.

Crescer e aprender pode significar ler um novo livro, explorar um novo assunto que o fascina ou seguir sua curiosidade. Pode ser praticar um novo hobby, desenvolver uma habilidade ou tentar algo diferente. Pode ser dar abertura para o outro lado de uma discussão ou questão que lhe interessa, ou aprender sobre uma cultura ou perspectiva diferentes.

Ao optar por ler este livro e trabalhar sua ansiedade, você já está, até certo ponto, atendendo a essa necessidade. Em que outra área você poderia crescer? Considere seu trabalho, sua vida social e relacionamentos, seu caminho espiritual, sua saúde e desenvolvimento pessoal.

Prática

Responda a cada uma das seguintes perguntas em seu diário de anotações:

- Você sente que há crescimento e aprendizado em todos os aspectos da sua vida?
- Como você pode crescer ou aprender mais nas áreas que demandam crescimento?
- O que o impede de expandir e crescer?

Valor Próprio e Relevância

Todos nós queremos nos sentir especiais. Embora desejemos fazer parte da multidão e nos encaixar no grupo, também temos uma necessidade contrastante: ser diferente e único. Queremos nos destacar e ser reconhecidos pela grandeza que existe dentro de nós.

O ego precisa ser mantido sob controle aqui. Atender à necessidade de valor próprio e relevância não significa postar um monte de selfies ou focar na sua aparência exterior. Não estamos falando de exibir suas posses e de quanto dinheiro você possui, ou de tentar impressionar os outros. Como discutiremos mais à frente, essa abordagem não é sustentável: não sacia a sua necessidade mais profunda de se sentir valorizado. A empolgação que vem com um elogio de um estranho ou amigo dura pouco, e logo o deixará vazio e com sede por mais. A validação externa é um ciclo viciante ao qual precisamos estar atentos se quisermos construir uma autoestima profunda, na qual validamos a nós mesmos e nos elogiamos.

Atender a essa necessidade de uma maneira saudável demanda que você aprenda a se conectar com seu lado observador: aquela parte que assiste seus pensamentos enquanto passam pela mente e vê as histórias que eles contam. Essa parte verdadeira de si é sempre suficiente, pontual, amada, pacífica e segura. Existe grandeza nesta parte de si, mas o importante é compreender que essa grandeza que está em você também está nos outros. Sim, você é inerentemente especial e relevante, mas isso não precisa vir de uma percepção de superioridade sobre os outros.

Prática

Responda a cada uma das seguintes perguntas em seu diário de anotações:

- Quão relevante e merecedor você se sente?
- Você gosta de si mesmo? Ama a si mesmo?
- Do que você gosta ou não gosta em si mesmo? Que partes de si você considera inaceitáveis? (Por enquanto basta trazer um pouco de consciência para a prática, e depois, deixe de lado. Trabalharemos com mais profundidade nisso mais tarde.)

Escolha e Liberdade

Embora o pensar de forma ansiosa o leve a se apegar às certezas e à segurança da previsibilidade a todo custo, há outra demanda que contradiz isso: a necessidade de escolha e liberdade. O alternar entre essas duas necessidades pode fazer com que se sinta incrivelmente confuso e inquieto. Ansiamos por liberdade, por ter escolhas variadas e, até certo ponto, um pouco de incerteza – ter uma sensação de surpresa e aventura em nossa vida. Você já esteve em um relacionamento e percebeu o quanto aprecia a segurança que uma pessoa pode oferecer, mas também sentiu que isso é um pouco entediante? Que não há aventura suficiente nisto? É um processo de pensamento muito comum em relação a relacionamentos. Queremos alguém que seja nossa base, mas, ao mesmo tempo, também desejamos uma aventura. É importante estar ciente dessa necessidade, sem deixar que ela destrua todos os seus relacionamentos.

Essa necessidade pode se aplicar a muitos aspectos de nossas vidas. Por exemplo, pensar que sua carreira ou seu trabalho não são muito empolgantes, embora proporcionem uma renda segura. E não, você não está pedindo muito ao desejar emoção em sua vida. Mas existem formas destrutivas de satisfazer essa necessidade, como pular de um relacionamento para outro ou mudar constantemente de carreira. Existem abordagens mais saudáveis para atendermos a essa necessidade.

Prática

Responda a cada uma das seguintes perguntas em seu diário de anotações:

- Você acredita que tem escolhas e liberdade na sua vida?
- Acha que existem oportunidades esperando para serem descobertas?
- Será que há surpresas maravilhosas reservadas para você?
- Em que área da sua vida poderia haver mais liberdade, mais possibilidade de escolha e aquela sensação de que surpresas inesperadas o aguardam?

Gosto de usar o exemplo de um jogo de computador em que conhecemos todos os atalhos e códigos para pular de fase. Quão rápido o jogo fica entediante quando temos total controle, sabendo que a vitória é inevitável, não é? O jogo ainda parece bom mesmo depois de eliminar o elemento surpresa da forma como ele se desenrola? Ou imagine assistir novamente a um filme que você já viu cinco vezes. Reassistir não traz o mesmo sentimento, pois sabemos que tudo se resolverá no final. A mesma perspectiva pode ser aplicada às nossas vidas. Consegue notar o apelo de se ter um pouco de incerteza na vida? Não saber como tudo acontecerá é um grande presente. Sem isso, nunca experimentaremos a incrível sensação de admiração e maravilha perante a vida.

Por enquanto, basta compreender que gostamos de saber que surpresas nos aguardam. Gostamos de ter opções para escolher. Considere não ter opções em sua vida e entenderá. Nós nos sentimos vivos quando nos abrimos para possibilidades e oportunidades. Gostamos de aventuras, de seguir por trilhas menos percorridas, de escolher que caminho seguir numa bifurcação e de explorar o mundo.

Propósito e Contribuição

Gostamos de transitar pelo mundo com propósito. Precisamos de um motivo para acordar pela manhã, uma razão pela qual estarmos aqui nesse planeta. Gostamos de saber que nossas ações são valiosas. Queremos fazer a diferença.

Durante alguns períodos da vida, é muito normal que busquemos um propósito ou uma forma de contribuir. É importante que você não se julgue se sentir que, nessa área, está aquém. Muitas, muitas pessoas também lidam com isso em suas vidas. No entanto, isso não significa que não seja possível criar uma vida profundamente gratificante por conta própria, independentemente das suas circunstâncias. Não existe uma fórmula perfeita para encontrar o seu propósito, a não ser se permitir pensar a respeito dos seus sonhos, aprender a se conectar com a sua sabedoria interior e romper com crenças limitantes sobre o que é possível ou não. Vamos explorar cada um desses conceitos detalhadamente ao longo deste livro.

Você decide o propósito da sua vida. É bom ter consciência sobre isso, pois é uma ideia muito poderosa. A maioria das pessoas escolhe ideias sobre o quanto nossa vida é significativa de forma automática, a partir do que os outros ao nosso redor nos dizem. Buscamos a aprovação e validação deles. Um lado nosso espera ouvir, 'Ah, você tem uma estátua erguida em seu nome, ou milhões de dólares, você é famoso. Agora você contribuiu para o mundo'.

Escolher um propósito criará as evidências necessárias em sua vida para apoiá-lo. Portanto, se eu decidir que o significado da minha vida está em ajudar as pessoas, procurarei essa presença automaticamente em minha vida, e selecionarei mais evidências para apoiar essa crença. Se eu decidir que minha vida não tem sentido, as circunstâncias ao meu redor revelarão naturalmente uma falta de propósito na vida. A vida reflete as crenças em sua própria mente. Esta é possivelmente a informação mais poderosa que se pode aprender sobre a vida e sobre como retomar o controle dela. Você tem muito mais poder do que imagina.

Prática

Responda às seguintes perguntas em seu diário de anotações:

- Você acredita que sua vida tem propósito?
- Sente que a contribuição que faz ao mundo também é gratificante para si?
- Qual é o seu propósito? Quais são seus sonhos e paixões? (Não se preocupe se não tiver respostas, ou se tiver algumas ideias malucas que nunca contaria a ninguém. Esse exercício é somente seu. Haverá o momento de voltar a essa questão e explorá-la mais adiante neste livro.)

Seja Gentil Consigo Mesmo

A mente – aquela voz que narra sua vida – geralmente está empenhada em encontrar tudo aquilo que pode estar errado em você. Ela coleta cada vez mais evidências para provar que você não é suficiente da forma como é. Esse é o crítico interno. Eu tenho um crítico interno, e você também.

É aquela voz que diz, 'estou uma merda hoje,' ou, 'que idiota, por que eu disse isso?' É o desagradável caçador de defeitos. Ele mantém um registro de cada feedback negativo que você já recebeu na vida, e costuma lhe dizer que cada um provavelmente é verdade.

Às vezes, ele é mais sutil e dá apenas uma cutucadinha com a ponta do dedo, e diz que você deveria ser mais produtivo, ou que realmente deveria ter ido à academia, mesmo exausto. Ele o mantém na busca infinita pela perfeição, empurra você para os mais altos padrões e o faz sentir vergonha ao falhar, sempre. 'É claro que você não chegou lá', diz o crítico interno, 'porque existe alguma coisa terrivelmente errada com você.' Sempre que se vir nadando nesse mar de defeitos – não ser inteligente o suficiente, não ser bonito o suficiente, não ser magro o suficiente, não ser agradável o suficiente, não ser espirituoso o suficiente, não ser produtivo o suficiente, não ser bem-sucedido o suficiente, não ser popular o suficiente e simplesmente não ser bom o suficiente em geral – precisa entender que esse é seu crítico interior em plena atividade.

Se ainda não dedicou algum tempo para tomar consciência sobre seu crítico interior, agora é um ótimo momento para começar a percebê-lo. Dê um nome a ele, como João ou Mona Lisa. Já percebeu que a voz do seu crítico interior pode parecer muito com a de alguém que você conhece? Pode ser sua mãe, seu pai, um irmão, um professor, um avô ou qualquer pessoa que o tenha influenciado durante seu crescimento. Você pode até rotular seu crítico interior com o nome de algum deles, o que vai ajudá-lo a sentir a distância entre si e essa parte da sua mente.

A questão é que, à sua estranha maneira, o crítico interior tenta ajudá-lo – da mesma forma que a mente – a resolver seus problemas. O crítico interior quer controlar o que as outras pessoas pensam de você. A lógica é mais ou menos assim: 'Se eu conseguir identificar e corrigir todas as minhas falhas primeiro, antes que qualquer um as perceba, ninguém vai encontrá-las e me rejeitar por causa delas.' Para o crítico interior, rejeição é a pior coisa que poderia acontecer. A rejeição é dolorosa. Significa ser marginal, ser solitário, ser abandonado para morrer e não ter aquela necessidade tão vital de conexão e pertencimento atendida. Todo mundo conhece esse sentimento.

A ironia é que, ao fazer isso, você rejeita a si mesmo, e se desconecta do seu próprio coração, isolando-se da fonte ilimitada de amor que existe em você. E a parte mais louca de todas é que *você mesmo* é a pessoa de quem você mais precisa de aceitação. Você precisa da sua própria aprovação, bem mais do que a aprovação de qualquer outra pessoa.

O crítico interior se apoia no medo. Ele tem medo de que você não seja suficiente da forma como é. É a parte infantil e assustada de si que precisa de amor, conforto e apoio. E se, de fato, você perceber que seu crítico interno soa como um dos seus pais ou cuidadores, entenda que as críticas que recebeu deles também vieram do próprio lado infantil e assustado deles.

Embora, até certo ponto, o crítico interior sempre esteja presente, você pode aprender a acalmar essa voz e se reconectar com sua própria gentileza interior, que chamo de 'o pai amoroso' dentro de você. Tornar-se mais gentil consigo mesmo não é algo natural para a maioria das pessoas. Isso é algo aprendido, como a decisão de aprender a jogar golfe, por exemplo. É uma habilidade para ser treinada por toda a vida. Você precisa de paciência e prática. A princípio, será estranho; você moverá os braços de uma nova maneira ao segurar o novo equipamento. Você precisa aprender passo a passo e terá que acertar a bola várias vezes e perder algumas delas em alguma lagoa, antes de dominar a técnica. Não acontecerá da noite para o dia e não será confortável. Não espere ser imediatamente bom ou consistente nisso. Talvez você se sinta atrapalhado ou uma farsa e que não está fazendo certo, ou como um idiota. Tive clientes que não conseguiam nem dizer as palavras "eu te amo" para si mesmos sem se encolher ou sussurrar. No entanto, quando se tratava de me contar tudo o que havia de errado com eles, o monólogo fluía facilmente.

Tudo se resume ao que é familiar à mente. Neste momento, a crítica é aquilo que é familiar à sua mente. Você foi condicionado desta forma, ao longo de anos e anos de repetição dos mesmos pensamentos habituais. Você aprendeu a se criticar. Aprendeu a duvidar de si mesmo. É ótimo reconhecer isso, porque se você já aprendeu a falar duro consigo mesmo, significa que também pode aprender a falar com gentileza.

Compreender a percepção é a chave para desbloquear a voz gentil e amorosa dentro de si. A maneira pela qual você se percebe depende totalmente de você. Ao comer chocolate, não é o doce que cria a experiência prazerosa. São seus pensamentos a respeito de como comer chocolate pode ser algo delicioso e agradável. Algumas pessoas adoram chocolate, outras odeiam. Eu não entendo como alguém poderia odiar chocolate, mas é verdade. O chocolate não é inerentemente bom e delicioso. É a maneira como você o percebe. É por isso que posso usar hipnoterapia para treinar as pessoas para desgostarem de alimentos nos quais se sentem viciadas; é por isso que pessoas que têm uma ressaca muito forte depois de consumir uma bebida alcoólica específica descobrem que nunca mais conseguirão bebê-la. A mente diz: 'este é o veneno que me deixou mal'.

Notas Mentais

- A forma como você se percebe depende inteiramente de si mesmo. Ninguém mais pode escolher por você.
- Por que não escolher ativamente sua percepção de si mesmo, de forma que aumente sua autoestima?

Da mesma forma, nenhuma pessoa e nenhum objeto nesse mundo é inerentemente belo. Quando menina, idolatrava a Angelina Jolie e achava que ela era a mulher mais bonita que existe, mas meu irmão discordava. A beleza dela não era o tipo de beleza que ele gostava. Os críticos de arte debatem o tempo todo sobre o significado da arte e a genialidade dos artistas. Todos nós já olhamos para uma obra de arte famosa e pensamos: 'Sério? Todo esse dinheiro e atenção para *isso*? Uma criança de cinco anos poderia ter feito uma igual'. Cada um tem preferências, gostos e coisas de que não gosta, experiências passadas e condicionamento social únicos, que distorcem a nossa percepção. E você ainda pode ter uma percepção diferente dependendo do seu humor do momento. A percepção é constantemente mutável e totalmente subjetiva.

Em outras palavras, cabe a você decidir o valor, o merecimento e o prazer de qualquer coisa em sua vida. E isso inclui tudo a seu respeito.

Então, se você é livre para escolher a percepção que tem sobre si, por que não escolher uma percepção positiva? Por que não contar a si mesmo uma história que lhe sirva e encoraje a ir atrás dos seus sonhos, que tornará sua vida muito mais agradável?

Prática

Escreva uma carta carinhosa de duas páginas para si mesmo, respondendo à pergunta: de que forma sou adorável, perfeito e suficiente, bem desse jeito que sou? Considere suas realizações, os elementos de sua personalidade que você gosta, as partes de sua aparência física que aprecia, as razões pelas quais é uma boa pessoa, seu conhecimento, suas experiências e os desafios que você superou. Pode parecer difícil, mas vá em frente. Peça ajuda a alguém que ama se ficar com dúvidas.

Você poderia pegar qualquer ser humano no planeta e dizer a ele que não é suficientemente atraente, ou que é velho demais, ou chato, que não é inteligente o suficiente ou que é grande demais. Da mesma forma, poderia pegar qualquer ser humano e dizer a ele que é maravilhoso, interessante, forte e inteligente. Você poderia dizer à pessoa que ela tem um sorriso bonito, um grande coração e uma alma linda. A escolha é sua; olhar para si de forma crítica e deixar a voz da Sheryl ou da sua mãe assumir o comando, ou falar consigo mesmo como um melhor amigo e se motivar

Pesquisadores da Universidade de Melbourne descobriram que as mulheres em transição para a menopausa que também obtinham pontuações altas em um teste de autocompaixão tinham uma probabilidade muito menor de sentir ansiedade.[5] Essencialmente, autocompaixão é não pegar no próprio pé e ser gentil consigo mesmo. Ela proporciona um efeito protetor. Tomar consciência dos seus pensamentos e da maneira como conversa consigo mesmo também é um componente-chave do Escudo de Resistência.

Chegará um momento em sua vida em que você simplesmente começará a praticar a autocompaixão, em que tentará fazer isso, mesmo que se encolha ou que soe falso, mas você continuará tentando. Você está aqui, trabalhando com este livro. Este momento pode muito bem ser agora.

Torne-se o Pai Amoroso

Você pode ficar surpreso (ou revirar os olhos) ao saber que quase todas as suas crenças e sentimentos de ansiedade de alguma forma remontam à sua infância. Mesmo que não tenha notado essa ansiedade até os tempos mais recentes, e mesmo que considere que teve uma infância saudável e feliz, ainda há uma criança assustada dentro de você que anseia por sua atenção.

Por exemplo, a ansiedade que sente quando adulto sobre a possibilidade de seu parceiro o deixar pode ter resultado da dor de ter sido abandonado por um pai ou uma mãe que não foi consistente em sua infância. A pressão que você sente para produzir trabalho de alta qualidade o tempo todo pode vir de um pai ou uma mãe que o elogiou por suas notas na escola e sempre o incentivou a ser o melhor. Não ser capaz de se sentar quieto e relaxar pode ser resultado das palavras de uma mãe ou um pai que sempre lhe dizia para se manter ocupado quando você estava chateado ou entediado quando criança. As experiências que vivenciamos no início da vida podem nos deixar ansiosos mais tarde, mesmo que nossos pais tenham tido as melhores das intenções.

Todos temos uma parte de nós, a criança interior, que espera pelo elogio ou aprovação dos pais. Nossa criança interior ainda anseia por ouvir um deles dizer algo como: 'Estou orgulhoso de você. Estou tão feliz por ser seu pai. Você é incrível. Eu te amo. Você é muito importante para mim.' Isso ocorre até mesmo com aqueles que tiveram pais atenciosos e amorosos, da mesma forma como acontece com pessoas cujos pais não atenderam às suas necessidades. Cada um de nós passou por um momento em que nossos pais não conseguiram nos tranquilizar usando exatamente aquilo que precisávamos ouvir. Éramos crianças pequenas, sem uma maturidade emocional desenvolvida, e não conseguíamos comunicar aquilo de que precisávamos.

A boa notícia é que não importa que tipo de experiências de infância você tenha tido, ou se teve pais amorosos e solidários ou pais instáveis. Agora que é adulto, você tem a capacidade de se tornar o Pai Amoroso que proporcionará a cura e o carinho que precisa. Só você sabe exatamente o que precisa ouvir para se sentir amado e seguro. Só você sabe o que precisa a cada instante.

Notas Mentais

- Só você pode dar a si mesmo o amor e o elogio que realmente deseja.
- Você pode, a qualquer momento, começar a se dar apoio e tudo aquilo que sempre precisou, basta decidir se tornar seu próprio Pai Amoroso ou Mãe Amorosa.

Comece a se ver como se tivesse duas partes: seu Pai Amoroso e sua criança interior. O Pai é o seu verdadeiro eu amoroso, e a criança é sua mente ansiosa que se apoia no medo. Sempre que estiver com medo, preocupado ou chateado, você também terá uma parte de si que vê a criança assustada e dá amor e apoio a ela.

Tornar-se um Pai Amoroso significa reservar algum tempo para ouvir a si mesmo da maneira que sempre desejou ser ouvido, e falar em voz alta ou anotar suas preocupações. Significa reservar espaço para si no qual pode desabar e chorar. Ou envolver a si mesmo em um abraço. Coloque suas mãos sobre o esterno e tente sentir esse apoio. Ou talvez dizer palavras de bondade, amor e elogio para si, oferecendo a si mesmo aquelas palavras que você sempre desejou que alguém lhe dissesse. O conforto pode vir dessa forma: 'Estou aqui para ajudá-lo agora. Estou com você. Não precisa fazer isso sozinho. Eu te amo da forma como você é. Eu te amo incondicionalmente e você nunca precisará fazer algo para merecer isso. Você é importante para mim e sempre estarei aqui.'

Prática

Que palavras você sempre desejou ouvir de seus pais? Consegue dizê-las a si mesmo hoje? Pratique trazer à tona o seu Pai Amoroso na próxima vez que se sentir ansioso, estressado ou chateado. Use suas palavras e abrace a si mesmo ou repouse sua mão sobre o seu coração.

Meus clientes costumam me dizer que essa prática é realmente difícil. Se você sente o mesmo, recomendo que se questione. É difícil aprender outro idioma. É difícil escalar o Monte Everest. É realmente difícil sentar onde está agora, em sua casa confortável, e simplesmente se abraçar? É realmente difícil falar algumas palavras em voz alta? Questione a sua resistência a isso e siga em frente, porque a resistência que você sente é, na verdade, uma indicação clara de que essa é a cura de que mais precisa para caminhar adiante.

É possível passar a vida inteira esperando ouvir seus pais dizerem essas palavras. Em muitos casos, eles nunca o farão. E mesmo se o fizerem, será que algum dia conseguirão dizer o suficiente? Eles dirão isso sempre que você precisar? É hora de enxergar que você não precisa esperar ter pais perfeitos para seguir em frente com sua vida e ajudar aquela criança dentro de si a se sentir segura e amada. Você mesmo pode fazer o elogio que sempre quis ouvir agora. Pode oferecer tudo o que sempre precisou. Não estou falando de ser hiperindependente e nunca precisar de qualquer outro ser humano. Se houver algo que você acha que não pode dar a si mesmo por conta própria, entenda que existem meios para obter esse apoio. Você tem voz para pedir ajuda, pode aprender novas habilidades, pode adquirir conhecimento e, assim, tem a capacidade de adquirir todos os recursos de que precisar. E esse é realmente um modo de pensar muito fortalecedor.

Estimulantes e Depressores

Você deve saber que consumir certas substâncias, como café e álcool, pode impactar o nível de ansiedade que sente. Ou talvez não acredite que, para si, haja alguma consequência que induza à ansiedade. Você pode se surpreender com o que compartilharei a seguir. Aqui, exploramos como e por que tomar algumas de suas bebidas favoritas pode estar abrindo um buraco no seu Escudo de Resiliência.

A Cafeína é o Combustível da Ansiedade

Nunca fui muito de beber café. Há alguns anos, aceitei um café com leite de soja gratuito numa conferência, para manter a minha mente atenta e poder absorver todas as informações ricas e valiosas que os palestrantes partilhavam. Depois de ficar sentada imóvel e sem luz natural por bastante tempo, estava me sentindo um pouco sonolenta. Poucos minutos depois de ingerir o delicioso café, meu coração batia desconfortavelmente rápido e minhas mãos tremiam a ponto de transformar minhas anotações, que antes estavam bem escritas, em garranchos, como se eu estivesse bêbada enquanto as escrevia. Senti o estímulo no meu cérebro e a precisão do meu foco, então os outros efeitos colaterais foram administráveis. Parecia ter valido a pena, porém continuei acordada ao longo da noite, exausta mas incapaz de dormir até as 2 da manhã. É isso que o café e altas doses de cafeína fazem ao meu corpo, sempre, sem falha.

Embora nem todos os organismos respondam com a mesma intensidade, sei que muitos de vocês que estão lendo isto entendem na prática a minha história aqui. Mesmo que ache que seu corpo lida muito bem com a cafeína e não fica nervoso, não há dúvidas de que ela ainda afetará a qualidade do seu sono, o que, por sua vez, afetará a ansiedade. Às vezes, simplesmente não estamos suficientemente conscientes para perceber o que um café ou mais por dia podem fazer com a nossa ansiedade.

A cafeína é o combustível para a ansiedade. O café é a bebida mais popular do mundo e há cerca de 95 miligramas de cafeína numa xícara da bebida – embora o café não seja a única fonte de cafeína que consumimos. Há cafeína no chá preto (47 miligramas), no chá verde (30 miligramas), no "chai" com leite (40 miligramas) e no chocolate amargo, cacau, em bebidas de noz de cola e suplementos pré-treino (que variam de 150 a 400 miligramas por porção). Mesmo o café descafeinado não é totalmente descafeinado; e você ainda consome até 20 miligramas de cafeína por xícara.

O consumo excessivo de cafeína normalmente leva a palpitações cardíacas, batimentos cardíacos acelerados, tremores, agitação e inquietação (parece bem com ansiedade, não?). Reserve um momento para considerar o que a ingestão de cafeína pode estar fazendo ao seu corpo e o quanto pode estar sobrecarregando seus nervos que talvez já estejam em frangalhos.

Agora, só para que saiba que não inventei esses fatos, há provas de que o consumo de cafeína aumenta os níveis do hormônio do estresse – o cortisol.[6] Isso acontece com qualquer ser humano que bebe café, independentemente do seu nível de tolerância ou genética. A cafeína aumenta os níveis de cortisol e estressa nosso corpo mais do que o necessário.

E se combinarmos o consumo de cafeína com o estresse mental? O aumento dos hormônios do estresse é amplificado. Digamos, por exemplo, que Sally esteja em um dia muito intenso no trabalho. Ela tem uma tonelada de e-mails para responder. E então, seu chefe chega com outra tarefa e diz: 'Ah, e a propósito, preciso que isso seja feito até o final do dia'. Sally já está estressada, e agora recebeu uma sobrecarga adicional de pressão. As suas quantidades de hormônios do estresse aumentarão naturalmente em tal situação e, como ela tomou café naquela manhã, o aumento é ainda maior do que teria sido sem a cafeína em seu sistema. Considerando que a maioria das pessoas vive em ambientes de alta pressão com grandes exigências, e muitos de nós bebemos café para nos ajudar a atender essas exigências, esse aumento ampliado do cortisol acontece com bastante frequência.

Quando combinamos exercício físico com cafeína, como ao tomar um suplemento pré-treino antes da aula de ginástica, o aumento do cortisol também é exagerado. Isto contrasta com o exercício sem cafeína no organismo, que não altera os níveis de cortisol e pode nos ajudar a lidar melhor com o estresse e a ansiedade.

Acredite em mim: se você está lendo este livro, seu corpo já possui gatilhos hormonais de estresse suficientes com os quais precisa lidar. Ele não precisa do efeito adicional que a cafeína proporciona.

Eu o encorajo a refletir sobre isso. Você já fez uma pausa no café ou nas outras fontes de cafeína mencionadas aqui? Já conseguiu ultrapassar a primeira semana ou mais e experimentar a melhoria na qualidade do seu sono e nos seus níveis de energia? Você tem problemas para dormir atualmente? Nesse caso, é uma ótima ideia remover a cafeína do corpo por algum tempo. Sugiro começar com duas semanas como meta e estender a pausa se notar alguma diferença.

Notas Mentais

- A cafeína é um combustível para a ansiedade, pois aumenta os níveis de hormônios do estresse no corpo.
- A cafeína pode estar afetando a qualidade do seu sono, mesmo que não faça você se sentir diretamente mais ansioso.

Álcool e Ansiedade

O álcool é um depressor, não um estimulante, mas tem seus próprios impactos prejudiciais em relação à ansiedade. Cada um de nós tem diferentes níveis de substâncias químicas cerebrais chamadas neurotransmissores, que afetam a rapidez com que as células cerebrais disparam e a estabilidade do nosso humor. Neurotransmissores como o GABA e a serotonina são um fator-chave na regulação do processo fisiológico que ocorre no cérebro quando você sente ansiedade.

O álcool altera os níveis desses neurotransmissores calmantes no cérebro. Embora pareça haver um efeito relaxante no consumo de bebidas alcoólicas é apenas uma falsa calmaria. Assim que você fica sóbrio e o álcool sai do seu sistema, há uma espécie de efeito rebote com mais ansiedade. A ansiedade é um sintoma muito comum da ressaca. Essencialmente, o álcool superestimula os receptores do GABA nas células do cérebro, pois se comporta de maneira semelhante a essa substância calmante. No entanto, o uso excessivo de álcool pode levar à dessensibilização contínua dos receptores para o GABA nas células, o que significa que é mais difícil para o seu cérebro responder aos níveis de GABA naturalmente presentes nele. O álcool torna literalmente mais difícil para você relaxar por conta própria.

O consumo ocasional de álcool é algo do qual a maioria das pessoas pode se recuperar, desde que estejam preparadas e antecipem que o preço de beber incluirá um ou dois dias de ansiedade à medida que se recuperam. Você não precisa deixar de consumir bebidas alcoólicas, mas deve entender o custo de fazê-lo. É muito preferível manter uma vida social saudável do que parar de beber e nunca socializar. Basta trazer um pouco de atenção à sua ingestão e como ela afeta sua saúde mental. Também é uma boa ideia parar de beber por um período de tempo enquanto trabalha profundamente em sua ansiedade, pois isso realmente o ajudará a zerar sua fisiologia.

Beber habitualmente, de forma regular, é outra história e pode entorpecer ainda mais o cérebro em relação a seus próprios químicos calmantes. O efeito é mais significativo e duradouro, embora, com apoio, você possa recuperar o funcionamento do seu cérebro após abusar do álcool. Beber habitualmente é como sobrecarregar seu sistema nervoso com uma substância calmante (o álcool), e então, dificultar a regulagem do seu cérebro quando o álcool já não está mais lá.

Pense em alguém que você conhece que bebe muito. Quando não está alcoolizada, a pessoa provavelmente fica ansiosa. Se você percebeu que seu consumo de bebidas alcoólicas vem aumentando – se você bebe com frequência para relaxar no final do dia, ou para dormir – é hora de ser realmente honesto consigo mesmo e enfrentar esse hábito. Isto precisa mudar se quiser controlar a ansiedade.

Uma Nota Sobre Drogas Farmacêuticas

Você ficará surpreso ao saber que muitos medicamentos farmacêuticos têm a ansiedade como efeito colateral. Por exemplo, vários medicamentos para enxaqueca contêm cafeína. Os corticosteróides – que são frequentemente utilizados para tratar a artrite reumatóide, doenças inflamatórias intestinais, asma, alergias e muitos outros males – imitam o cortisol no corpo e podem causar ansiedade. Outros exemplos incluem medicamentos usados para doenças da tireoide, para transtorno de déficit de atenção e hiperatividade (TDAH) e epilepsia. É importante ressaltar que alguns dos efeitos colaterais mais comuns dos medicamentos inibidores seletivos de recaptação da serotonina (ISRS), que são frequentemente usados para tratar a ansiedade, incluem nervosismo, inquietação e agitação. A ansiedade é muito comum após a parada do uso desses medicamentos. Observe que estas informações são para fins educativos, e não aconselhamento médico. Consulte seu médico se suspeitar que seu medicamento pode estar contribuindo para sua ansiedade, pois interromper um medicamento prescrito sem supervisão médica pode ser perigoso.

Sua Experiência em Casa

Se você nunca removeu completamente a cafeína do seu corpo por um período de tempo, pode não saber ao certo o tipo de impacto que ela lhe causa. O mesmo se aplica ao álcool. Talvez seja preciso um apoio mais profundo se alguma dessas substâncias já se tornou um mecanismo de fuga da ansiedade.

Prática

Ultimamente, reparou que a cafeína tem impacto no seu sono ou na ansiedade? Se sim, é hora de começar a diminuir a ingestão de cafeína e, de preferência, removê-la completamente.

Você já deu um tempo de toda a cafeína que ingeria? Se não, é hora de fazer uma pausa agora.

Sua ingestão de álcool está aumentando? Você o utiliza para controlar sua ansiedade? Se sim, é hora de abordar esse problema em sua vida e reduzir ou fazer uma pausa total no consumo.

Quando foi a última vez que fez uma pausa prolongada na ingestão de bebidas alcoólicas?

Se não consegue se lembrar, agora é a hora de fazer uma pausa.

Observe que você pode reintroduzir essas substâncias mais tarde, mas note como se sente ao fazê-lo. A partir daí, poderá fazer uma escolha consciente a respeito do que é melhor para si.

Existem alternativas que facilitam a transição à medida que você reduz a ingestão de cafeína e álcool. O consumo de água com gás e limão, experimentar falsos coquetéis ou tomar bebidas aromatizadas de kombucha para continuar se sentindo parte do ritual de beber com os amigos são algumas maneiras. Quando se trata de substituir aquela xícara de café reconfortante, há muitas opções a serem consideradas. Se você fizer uma pesquisa em lojas de produtos naturais locais ou on-line, encontrará alternativas ao café como raiz de dente-de-leão torrada e bebidas com leite em pó à base de cogumelos medicinais com um sabor delicioso.

LISTA DE VERIFICAÇÃO PARA A

Segunda Semana

Você tem seis práticas para trabalhar na segunda semana. Revisite as seções anteriores deste capítulo para checar todos os detalhes. Talvez você considere algumas dessas práticas difíceis de serem trabalhadas. Abrace esses desafios como oportunidades emocionantes para crescer!

- ☐ Tente adivinhar as mensagens que sua ansiedade comumente tenta transmitir.
- ☐ Tome nota dos mecanismos de escape que você usa para se entorpecer ou distrair-se da ansiedade.
- ☐ Registre suas respostas às perguntas para cada necessidade básica de saúde mental.
- ☐ Escreva uma carta carinhosa de duas páginas a si mesmo.
- ☐ Pratique ser seu próprio Pai Amoroso ou Mãe Amorosa, ao falar as palavras que precisa ouvir quando se sentir ansioso.
- ☐ Faça uma pausa de duas semanas no consumo de cafeína e álcool. Observe e avalie as reações do seu corpo quanto a isso.

Semana Três: Acredite, Mudar É Possível

Peça Mais

Se você parasse um momento e fechasse os olhos, como seria a vida dos seus sonhos? Quanto ela poderia melhorar? Muito frequentemente, a mente ansiosa fantasia sobre o pior cenário e tudo de ruim que poderia acontecer na nossa vida. Vamos desafiar isso. E se você tivesse todos os recursos de que precisasse? O que estaria fazendo da sua vida? Como seria sua vida profissional, se pudesse escolher? Seus relacionamentos seriam diferentes? Que tal ter mais riqueza e abundância do que precisa? Qual seria a sensação de ter saúde e energia no nível máximo? Qual seria a sensação de ter uma mente ilimitada? O que seria necessário para você dizer que sua vida é maravilhosa? Quais são os anseios do seu coração?

Pegue a visão que acabou de criar e expanda-a, duplique-a. Por que parar por aí? E se tudo pudesse ficar ainda melhor do que isso? Mesmo que pareça um exagero, permita a si mesmo curtir a sensação de liberdade de sonhar e deixar sua imaginação vagar, como fazia quando era criança.

Observe como apenas se permitir ponderar sobre essas questões cria uma mudança palpável em seu corpo. Isso ocorre porque seu espírito muda para um estado que parece expandido. Um estado mental expansivo sempre será calmo, excitante, livre e mais amoroso, porque está muito mais próximo da frequência do seu verdadeiro eu. Ele o tira da mente ansiosa e do pensamento limitado. Se você se deu uma baixa pontuação na sua necessidade básica de saúde mental por mais liberdade em sua vida, essa é uma maneira de trabalhar com ela.

Agora, eu gostaria que você se perguntasse por que não está vivendo a vida dos seus sonhos. Quais são as razões? Seja o mais honesto possível. Ao criar sua lista você estará descobrindo ouro. Estas são suas crenças limitantes. São pensamentos sobre suas circunstâncias e sobre você mesmo que repetiu tantas vezes que acredita que são verdadeiros.

Neste momento, você provavelmente está contando a si mesmo uma certa história a seu respeito. Poderia ser mais ou menos assim: 'Sou uma pessoa ansiosa e tensa. Sempre fui assim e sempre serei, porque todos na minha família são assim e esse modo de ser é tudo o que realmente conheço. Sou uma vítima da ansiedade, de uma doença mental. Acho que há algo de errado comigo, porque sou muito obstinado e me autossaboto o tempo todo. Nunca levo adiante aquilo que começo'.

Você também deve ter decidido que há papéis específicos a serem cumpridos: 'Sou uma mãe, uma filha. Eu tenho que ser um bom parceiro. Sou uma boa pessoa e um bom aluno. Eu represento um bom exemplo. Sou cuidador, chefe, funcionário'.

Você pode ter decidido que tem (ou não tem) certos talentos e habilidades. É bem provável que você tenha definido um limite para seu potencial de ganhos. Talvez tenha decidido que realmente não merece ser amado, ou talvez isso simplesmente não possa acontecer com alguém como você. Talvez tenha até mesmo contado a si mesmo a história de que *eles* podem, mas você não. De que nasceu em uma situação familiar desfavorecida que o limita, ou em uma situação tão privilegiada que não ousa pedir mais – você deveria ser mais grato. Talvez acredite que, por ter filhos, não pode fazer nada do que deseja; ou que precisa continuar com seu emprego atual, e essa é a sua única fonte de renda possível.

Li sua mente? É porque eu também acreditei em todas essas coisas, e meus clientes também. Este é o som do seu fluxo mental ansioso, e ele o mantém preso em uma vida nada satisfatória. Não me refiro a ter bilhões de dólares e viver num iate. Mas de sentir que uma vida tão impossível poderia ser possível para você, se realmente a quisesse, se sua mente permitisse. A sensação de possibilidade, de abertura e expansividade é algo que eu adoraria que experimentasse.

Já tive clientes que eram ansiosos e infelizes, sofriam bullying no trabalho e sentiam-se desvalorizados, que começaram seus próprios negócios, passaram a trabalhar por conta própria do seu próprio jeito, vendendo a arte que produziam, até abandonarem seus empregos corporativos. Já acompanhei mulheres virarem a dinâmica de poder injusta em casa, onde vinham por último, para uma casa onde a mãe é alguém de quem se cuida, tanto quanto os filhos e o parceiro. Vi uma mulher passar de alguém que tem ataques de pânico diários, incapaz de sair de casa sem o seu óleo essencial calmante e telefone na mão, só por precaução, para alguém que se capacitou e passou a faturar mais de um milhão de dólares no seu negócio, em doze meses. Já ajudei pessoas que estavam exaustas devido ao inchaço e a dores de digestão horríveis, cujo gastroenterologista não proporcionava qualquer solução, que temiam nunca mais recuperar a vida que tinham e sentiam-se apenas como uma casca do que eram antes. Acompanhei essas pessoas enquanto curaram seus sistemas digestórios, dominaram suas mentes ansiosas e se recuperaram, assumindo na vida uma missão totalmente nova de ajudar os outros a fazerem o mesmo. Vi uma mulher que estava presa em um ciclo diário de consumo excessivo de álcool abandonar completamente a bebida e voltar a ser presente, amorosa e paciente com suas filhas. Já testemunhei mulheres que estavam em relacionamentos abusivos descobrirem seu poder e coragem para deixar o relacionamento, e depois se apaixonarem por novos parceiros que as adoram. Já vi pessoas tão esgotadas, ansiosas e derrubadas que não conseguiam nem sair da cama ou engolir a comida ficarem novamente cheias de energia e amor por suas vidas.

É hora de começar a romantizar a sua vida – vendo-a como um livro ou um filme, onde você é o herói da sua própria história. O seu capítulo atual é onde a história naturalmente terminaria? Não, o personagem principal está prestes a superar os obstáculos à frente, aprender coisas novas sobre si e encontrar seu final feliz. E estou torcendo por essa pessoa. Quero vê-la vencer. Você não quer? É claro, a vida funciona como um processo contínuo de cair, levantar e sentir-se fortalecido naquele momento 'felizes para sempre', e então cair novamente quando o desafio seguinte surge. Mas se, durante os momentos mais difíceis, você conseguir manter a consciência de que a próxima fase de final feliz está a caminho, os momentos no chão não parecerão tão difíceis.

Então, para onde quer que sua história siga a partir daqui? E se você for a pessoa que vai quebrar o padrão de estresse e ansiedade e buscar uma vida que nunca sonhou ser possível?

Notas Mentais

- Pedir mais à vida torna seu estado de espírito expansivo e aberto.
- Questionar suas crenças limitantes o afasta da mente baseada no medo e o alinha de volta ao seu verdadeiro eu amoroso.

Prática

Pegue seu caderno de notas e anote os pensamentos inspirados neste capítulo:

- Como seria a vida dos seus sonhos?
- Que história sobre quem você é está contando a si mesmo? Onde você está se limitando? Onde está vivendo uma vida pequena e limitada? Por quê?

Alinhe-se aos Seus Valores

Você sabe quais são seus valores na vida? Por um longo tempo eu não tive ideia e realmente não entendia o sentido de definir meus valores. Era algo sobre o qual as pessoas falavam muito no mundo do autodesenvolvimento. Eu então aprendi que conhecer nossos valores é algo extremamente útil e é uma ferramenta que agora uso com todos os meus clientes.

Notas Mentais

- Seus valores são uma bússola que pode ajudá-lo a se orientar para onde se sente melhor na vida.
- Sempre que precisar tomar uma decisão importante, voltar aos seus valores o ajudará a ter clareza. Basta perguntar: qual escolha me deixa mais alinhado com aquilo que é mais importante?

Um valor é simplesmente algo que é importante para você. Como deve imaginar, os valores são diferentes para cada pessoa. A ansiedade geralmente oferece um sinal de alerta de que sua vida está se afastando cada vez mais daquilo que valoriza. Essa é uma razão comum para você acordar com uma sensação de medo em relação ao dia ou com a sensação de que a vida é sem graça e insatisfatória. Ter clareza sobre seus valores o ajudará a tomar decisões acertadas sobre a maneira como viver sua vida, de forma que possa permanecer alinhado com aquilo que valoriza. Saber seus valores também o ajudará a transcender os sistemas de crenças que herdou de seus pais ou de outras figuras de autoridade em sua vida. Por exemplo, seus pais valorizavam o trabalho duro, mas, para você, isso não é tão importante quanto fazer a diferença na vida de alguém. Quando sua vida estiver alinhada aos seus valores, você se sentirá mais centrado e autêntico, e muito menos ansioso.

Prática

Reserve um momento para pensar sobre as pessoas que conhece, e aquelas que não conhece, mas que admira e respeita. Autores, apresentadores, políticos, cientistas, influenciadores ou atores, quaisquer que sejam. Quem o inspira? Faça uma lista.

Agora considere as razões pelas quais eles elucidaram esse sentimento em você. O que há neles que desperta sua atenção e seu coração? É a maneira como levam a própria vida com amor-próprio? É a liberdade que você vê no estilo de vida deles? É a autenticidade? É a maneira como tratam os outros? Você começará a enxergar alguns temas em comum. Veja se consegue criar uma lista de valores para si mesmo, com base nas coisas que admira nos outros.

Alguns exemplos de valores incluem: bondade, liberdade, autenticidade, respeito, amor, conexão, vulnerabilidade, disponibilidade, abundância, sucesso, fluxo, espiritualidade, conexão com a natureza, resistência, família, relacionamentos, propósito, contribuição, abertura, crescimento, lealdade, honestidade, coragem, generosidade, abnegação, força, altruísmo, autossuficiência, empatia, determinação.

Por fim, considere seus principais valores e pergunte-se até que ponto você está alinhado com eles.

O próximo passo ficará claro. O que precisa mudar?

A cultura em que vivemos nos diz todos os dias que o sucesso e a felicidade se encontram na nossa aparência, nas coisas que temos e no mundo material e externo. Mas quanto mais nós nos concentramos nos valores materiais, mais ansiosos nos sentimos. É tão fácil focar nas coisas superficiais, como os sapatos que usa, o formato das suas sobrancelhas, o carro velho que dirige, o número na balança ou as curtidas em sua conta de rede social. Mas ninguém pensa no incrível carro esportivo ou nos sapatos maravilhosos que tem quando se está no leito de morte. Aquilo que é verdadeiramente importante não é material ou externo. São as pessoas que amamos, as vidas que tocamos, os momentos em que sentimos que realmente vivemos, a liberdade, as coisas que acendem a chama dos nossos corações e os aspectos mais profundos e gratificantes da vida. Você precisa relembrar onde residem a verdadeira felicidade e o verdadeiro sucesso, e aquilo que é realmente importante para si. Ao examinar seus valores, é possível priorizar as coisas que o elevam acima da ansiedade e do medo e o colocam no caminho de uma vida significativa.

Encontre Seu Propósito

Você já experimentou a sensação de sonhar os maiores desejos do seu coração. Já se conectou aos seus valores. Se ainda há dúvidas a respeito de seu propósito na vida, agora é hora de juntar os dois. O que você adorava fazer quando era criança? Quando foi a sua época mais feliz? Em que atividades você se envolveu ou que comportamentos exibiu apenas porque se sentia bem fazendo aquilo?

Charlie estava esgotado, perdido e sem clareza sobre seu propósito. Estava pensando em fechar sua clínica de saúde e começar tudo de novo. Tudo parecia sem propósito para ele. Pedi a Charlie que relaxasse e fechasse os olhos, e o guiei por um processo de hipnoterapia no qual ele voltou a fazer o que adorava quando criança. Fechar os olhos nos permite acessar melhor nossa mente subconsciente, para que possamos obter insights mais profundos. Você também pode tentar isso. Pedi a ele que se conectasse com aquele sentimento de alegria infantil e descrevesse as lembranças que surgiam. Descobri que, quando criança, ele costumava ficar no jardim. Era um prazer plantar sementes, seguir sua curiosidade e investigar diferentes variedades de flores e vegetais. Ele adorava ver as mudas crescerem sob seu cuidado e orientação vigilantes. Isso trazia muita alegria e um sentimento de conexão com o ambiente mais amplo ao seu redor. Ele se sentia valoroso, como se estivesse causando um bom impacto no mundo.

Preso nas tarefas administrativas mundanas de dirigir sua clínica no dia a dia e gerenciar seus próprios pacientes estava muito longe do sentimento de orientação, conexão e impacto que seu coração ansiava. Depois que exploramos as paixões de seu eu mais jovem, reformulamos a perspectiva de Charlie sobre seu negócio e destacamos algumas mudanças cruciais que poderiam ajudar. Ele se afastou das tarefas administrativas que considerava tão cansativas, passando-as para um atendente. Reduziu seus dias de atendimento a pacientes. Assumiu um papel em que supervisionava e orientava mais. Desse ponto em diante, ele teve mais tempo para aprender e orientar o negócio a partir de uma posição de liderança. Charlie conseguiu enxergar o impacto mais amplo que seu negócio tinha na comunidade ao seu redor, cuidar da expansão e apreciar o progresso que fazia. Ele aprendeu a ver seu negócio como um jardim do qual cuidava. De repente, seu trabalho se tornou empolgante e gratificante novamente. Ele se reconectou com um profundo sentimento de propósito.

Como você pode ver pela história de Charlie, às vezes a conexão entre suas paixões de infância e sua vida adulta não é literal; na verdade, frequentemente não é. Estou falando de perceber os temas mais abrangentes naquilo que você amava – como estar conectado a uma comunidade, ou criar coisas com as mãos. Se você adorava brincar com animais, não precisa se tornar veterinário. Você pode se tornar um criador, adotar um animal de estimação, ser voluntário em um abrigo de animais, tornar-se um treinador de cães ou trabalhar no zoológico. Ou talvez o caminho seja tão simples quanto trabalhar em um espaço de coworking que aceita cães. Se gostava de esportes, pergunte-se quais elementos do esporte você adorava. Era movimentar o corpo e sentir-se livre, ou a sensação de fazer parte de uma equipe?

Quando criança, sempre fui mais feliz ao explorar minha imaginação, desenhar e brincar na natureza, por isso integro essas coisas em minha vida agora. Ainda fico super empolgada de poder caminhar em penhascos com vista para a praia e gravar vídeos para transformar em conteúdo inspirador para as redes sociais. Enquanto caminho, respirando o ar do oceano, flutuo com minha imaginação, e organizo ideias para novos episódios de podcast ou capítulos de livros. Quando jovem, eu também naturalmente gostava de servir: ajudar o meu irmão a encontrar as peças que ele precisava enquanto construímos cidades de Lego; também nunca comia um doce ou bolo saído do forno da minha avó sem dividi-lo com meus irmãos. Adoro compartilhar alegria e prazer com outras pessoas. Quando fico muito tempo sem essas coisas em minha vida, a ansiedade logo me lembra da importância delas.

Prática

Vamos esclarecer seu propósito. O que você mais gostava de fazer quando criança? Quais eram os elementos desta atividade que lhe traziam prazer e alegria? Era a colaboração e a conexão com as pessoas? Era ser criativo, desenhar, pintar ou imaginar histórias e ideias? Será que era organizar informações e elaborar planos? Era usar tecnologia, ou estar na natureza? Era ajudar as pessoas e compartilhar? E usar as mãos, ou brincar com números?

Anote todas as ideias que possui sobre seu propósito. Se ainda não estiver claro para você, permaneça aberto à ideia de que a inspiração o encontrará. Você também pode perguntar a si mesmo: o que inspira minha curiosidade? Que pessoas, lugares e atividades me energizam? E como posso trazer mais dessas coisas para minha vida?

Não desista se as respostas não vierem até você imediatamente. Em vez disso, encoraje a si mesmo e diga: 'Estou no caminho de descobrir meu propósito e estou aberto a novas ideias e soluções'.

Ative o Nervo Vago

Sabia que existe um botão de desligar a ansiedade embutido em você? Esta é uma seção do livro à qual você pode voltar sempre que precisar de uma seleção de ferramentas rápidas e fáceis para sair de um estado de ansiedade e deixá-lo centrado e calmo. Chegamos à primeira parte do componente de saúde ideal do sistema digestório do Escudo de Resistência. Permita-me lhe apresentar o seu nervo vago.

Primeiro, precisa entender como funciona o sistema nervoso. É uma coleção complexa de nervos e neurônios. Eles agem como fios elétricos em seu corpo e são responsáveis pela sensação ansiosa e alerta que sente quando é fisgado por um pensamento ou cenário estressante. Alguns desses fios têm uma resposta voluntária que está sob seu controle. Eles fazem parte do sistema nervoso somático e são a razão pela qual você pode mover braços e pernas, dançar e falar. O resto dos fios são involuntários e respondem automaticamente sem a sua contribuição consciente. Eles mantêm sua respiração funcionando, seu sangue fluindo e seu sistema digestório em movimento sem que pense neles. Este é o sistema nervoso autônomo (pense em "automático"). O sistema nervoso autônomo opera em dois modos: simpático e parassimpático.

O sistema nervoso simpático controla sua resposta instintiva de luta ou fuga das situações. Nesse estado, o fluxo sanguíneo em seu corpo se move predominantemente para seus membros, para que você esteja pronto para fugir do perigo ou lutar, se necessário. Sua respiração fica mais rápida e seu sistema digestório é desligado. Você não precisa digerir alimentos em uma emergência. É uma questão de sobrevivência. No passado, o modo de luta ou fuga era extremamente útil para fugir de um predador de vez em quando ou responder a um raro momento de risco de morte. Mas hoje em dia, muitos de nós vivemos neste estado de instinto de sobrevivência, todos os dias, por muitas horas do dia. Cada pensamento ansioso, cada e-mail estressante de trabalho, cada conversa conflituosa com um amigo, cada mensagem recebida que precisamos responder, cada notícia horrível, cada olhada na nossa interminável lista de tarefas e cada engarrafamento ou proximidade de um acidente coloca o sistema nervoso simpático em ação.

É fácil perceber como viver nesse modo de emergência ativado de forma crônica leva a problemas intestinais, porque seu sistema digestório ou para de se mover completamente ou movimenta a comida muito rapidamente (olá, prisão de ventre ou diarreia – ou ambas). O fluxo sanguíneo não é suficiente para absorver adequadamente os nutrientes e o sistema como um todo é incapaz de quebrar sua comida da maneira ideal. Quando você está em uma emergência, a última coisa com que o cérebro se importa é fazer bebês, então você frequentemente também terá desequilíbrios hormonais e problemas de saúde reprodutiva ao longo do tempo. Seu ciclo de sono, a saúde da pele, o estado da sua tireoide, sua função hepática e seu sistema imunológico são todos afetados.[7]

Você não pode evitar totalmente o estresse e a ansiedade. Eles fazem parte da vida. No entanto, não há dúvida de que sair do estado gerado pelo sistema nervoso simpático na maior parte do tempo é uma grande vitória para o seu bem-estar geral, bem como para a sua experiência de ansiedade.

O estado propiciado pelo sistema nervoso parassimpático é aquele em que você deveria permanecer. Esse sistema é comumente chamado de modo de descanso e digestão. É aqui que seu corpo fica relaxado, para que seu fluxo sanguíneo se mova para o abdômen. Sua respiração fica mais lenta e seu sistema digestório permanece ativo e funcionando bem para quebrar e digerir a comida. Seu sistema reprodutivo também recebe muito mais atenção, e os hormônios que controlam o ciclo menstrual fluem de maneira ordenada e equilibrada, mantendo problemas menstruais sob controle e a fertilidade com uma saúde ideal.

Agora, de volta ao nervo vago. Pense no seu nervo vago como o interruptor para ligar o sistema nervoso parassimpático e desligar o sistema nervoso simpático. Ele percorre todo o caminho do cérebro até o intestino, e conecta seu estado mental ao sistema digestório. Se sua boca estiver produzindo saliva, você ativou o nervo vago. Se estiver com fome e sentir seu estômago roncar por comida, está no modo de descanso e digestão. Se você estiver se sentindo calmo e relaxado, seu sistema nervoso parassimpático está funcionando. Você pode usar o nervo vago para desativar a sensação de ansiedade, como um interruptor de luz. Você também pode fortalecer esse processo, de forma que aconteça com mais frequência e se torne seu estado natural de base, e assim, ativar o nervo vago regularmente. Isso se chama tonificar o nervo vago e é algo bem parecido com tonificar os músculos. A compreensão dos processos que ativam e tonificam esse nervo é uma ferramenta muito útil para se ter à disposição. Você pode ativá-lo em qualquer lugar, a qualquer hora e sempre que precisar.

Existem inúmeras maneiras de se ativar o nervo vago, mas aqui você encontrará minhas formas favoritas, que se integrarão perfeitamente ao seu estilo de vida.

Alimentos Amargos

Comer alimentos amargos faz sua boca formigar, o que estimula as glândulas salivares e ativa o sistema digestório. A salivação é uma das primeiras etapas do processo digestivo e, se a digestão for ativada, o sistema nervoso parassimpático também será. Exemplos de alimentos amargos incluem suco de limão, chucrute, escarola, folhas de rúcula, couve, salsa e vinagre de maçã.

Shot de Vinagre de Maçã

Tomar uma dose de vinagre de maçã cerca de quinze minutos antes do café da manhã é uma ótima maneira de se preparar para um dia mais calmo e relaxado. Sempre dilua o vinagre de maçã com água na proporção de uma parte de vinagre de maçã para duas partes de água. Imagine um copinho padrão de uma dose de destilado. Encha um terço com vinagre de maçã (aproximadamente 5 mililitros) e dois terços com água (aproximadamente 10 mililitros). Isso deve lhe dar uma ideia de uma quantidade boa para se usar.

O efeito no sistema nervoso não depende da dose, o que significa que é possível obter o mesmo resultado com uma pequena gota de vinagre na língua; mais do que isso não produzirá um efeito mais forte. Se estiver preocupado com o esmalte dos dentes, jogue a dose no fundo da boca. Substitua o vinagre de maçã por suco de limão, se preferir. Funciona da mesma forma. O truque é não beber um copo inteiro de água com o suco de limão ou o vinagre de maçã, pois isso dilui muito o sabor amargo e também dilui o ácido estomacal, levando a uma digestão mais fraca (sempre recomendo evitar beber muito líquido durante as refeições, e esperar cerca de vinte minutos antes e depois para uma digestão ideal).

Pernas Erguidas na Parede

Você pode ativar o sistema nervoso parassimpático ao deitar com as pernas apoiadas na parede por quinze a vinte minutos. Talvez você já tenha feito essa postura na ioga. Seu corpo ficará uma forma de L, com o tronco estirado apoiado no chão e as pernas esticadas e apoiadas o mais verticalmente possível. Essa prática funciona bem à noite, pois acalma o sistema nervoso e prepara você para dormir. A posição em forma de L trabalha por meio da gravidade, ao enviar o fluxo sanguíneo das pernas para o abdômen e imitar o estado de repouso e digestão do corpo. Aumenta naturalmente a produção de GABA, aquela importante substância química calmante no cérebro, que discutiremos com mais detalhes posteriormente neste livro.

Respiração Abdominal Profunda

Coloque uma mão no peito e a outra na barriga. Não mude sua respiração ainda; apenas respire algumas vezes e observe onde sua respiração é naturalmente mais dominante. Quando você está no modo luta ou fuga, a respiração fica mais acima no peito. Esse tipo de respiração também é chamado de respiração da presa, porque é silenciosa e superficial

– como a de um coelho ou veado que espera passar despercebido por um felino predador. Ela envia uma mensagem ao seu cérebro para permanecer em alerta máximo. Respirar mais profundamente, de forma mais longa e ruidosa no fundo da barriga, e até mesmo suspirar ao expirar, o colocará no modo de descanso e digestão, e ativará o sistema nervoso parassimpático.[8] A respiração abdominal profunda pode ser incorporada à sua meditação matinal, pouco antes de dormir à noite, enquanto suas pernas estão erguidas apoiadas na parede ou sempre que estiver esperando um semáforo abrir no trânsito. Distribua pequenos lembretes para respirar ao longo do dia, para que você possa seguir a prática de forma automática e consistente. Respirar fundo pela barriga de cinco a dez vezes, uma ou duas vezes ao dia, é uma ótima prática. Você começará a notar se respirar alto no peito e, com essa consciência, poderá trazer a respiração de volta para a barriga.

Cante 'Om'

Seu nervo vago responde às vibrações das cordas vocais. O tradicional canto da palavra 'om' da ioga ativa o nervo vago. Os pesquisadores estudaram o efeito do canto do mantra 'om' em motoristas de ônibus, uma vez que dirigir ônibus é um trabalho que pode especialmente levar à ansiedade. Cantar quase que diariamente durante quatro semanas reduziu a pontuação dos sintomas de ansiedade, e a vibração afetou o nervo vago e ativou o sistema nervoso parassimpático.[9] Para tentar, basta entoar o som "o" por cerca de cinco segundos, seguido pelo "m" por quanto tempo sua respiração puder produzir o som. Antes e depois de uma aula de ioga, qualquer um sempre me ouvirá cantando "om" em voz alta e com orgulho, pois sei que é um bônus adicional para meu sistema nervoso. É claro que você pode fazer isso na privacidade da sua casa ou no carro quando precisar se centrar. Repita de três a cinco vezes.

Terapia com Água Fria

Um rápido choque de água fria por trinta segundos no final do seu banho quente habitual estimulará o nervo vago e produzirá um efeito relaxante depois. O efeito desejado também pode ser obtido ao espirrar água fria no rosto, na pia do banheiro. Você não precisa gostar da experiência do frio para desfrutar da terapia da água fria. É tudo uma questão de modo de pensar: fazer a coisa desconfortável e vivenciar aquele momento difícil, e saber que logo tudo acabará e você se sentirá muito bem. O orgulho de saber que fez isso virá também – você escolheu ter uma sensação que a maioria das pessoas evitaria.

Se não sentir o efeito depois de trinta segundos, tente um pouco mais. Eu realmente gosto dessa técnica para quebrar um ciclo de pensamento ansioso quando sinto que não consigo sair da minha própria cabeça. Isso o traz de volta ao momento presente e ao seu corpo.

Dar Risada

Semelhante a cantar "om", rir também ativa o nervo vago, e pesquisas recentes sugerem que usar o riso como terapia pode ajudar a diminuir a ansiedade.[10] O que você precisa para se dispor a rir mais no seu dia? Será que é passar um tempo com amigos específicos que o fazem rir? Um programa de TV que você ama? Deixar-se rir alto ao assistir um vídeo engraçado nas redes sociais? Ou apenas optar por procurar mais coisas para rir no seu dia? Você pode se surpreender ao saber como o seu senso de humor pode se revelar simplesmente ao estabelecer a intenção de fazê-lo.

Comida

Ao fazer uma refeição, seu corpo entrará no modo de descanso e digestão. Essa é, na verdade, uma das razões pelas quais comer para se sentir confortável pode se tornar um mecanismo de escape eficaz para a ansiedade. No entanto, aqui estamos, falando sobre uma prática alimentar consciente e equilibrada. Quando você come em um ambiente calmo, seu cérebro registra a visão da comida que chega, você saliva, mastiga e seu sistema digestório é ativado. O fluxo sanguíneo segue para o sistema digestório, o que cria um estado de relaxamento. Claro, se você sempre come em qualquer lugar, enquanto assiste ao noticiário na TV, navega nas redes sociais ou caminha entre reuniões, não funcionará bem. Seu corpo ficará um pouco confuso. Dê ao seu cérebro a chance de receber a mensagem de que está fazendo uma refeição. Reserve um momento para se envolver no ritual de comer. Olhe para a comida, cheire-a, observe os sabores e texturas enquanto mastiga e mastigue bem antes de engolir. Isto permitirá que o corpo se prepare adequadamente para a digestão e otimize o efeito relaxante da alimentação.

Notas Mentais

- O nervo vago é o interruptor para desligar a ansiedade e pode ser acionado com os métodos aqui descritos.
- O sistema nervoso parassimpático é o seu modo de descanso e digestão, e é bom permanecer mais tempo nesse estado, em vez do modo ansioso de luta ou fuga do sistema nervoso simpático.

Prática

Escolha aqui duas das práticas de ativação do nervo vago para implementar em sua rotina diária. É claro que você pode incorporar mais de duas, mas manter as coisas de forma simples significa que elas serão praticadas consistentemente, faça chuva ou faça sol, e um hábito será criado para toda a vida. No Programa de Reset da Ansiedade, começamos com uma dose de vinagre de maçã todas as manhãs e ficamos de pernas para cima na parede todas as noites.

LISTA DE VERIFICAÇÃO PARA A

Terceira Semana

Designei a você quatro práticas para trabalhar na terceira semana. Talvez seja necessário voltar e rever esse capítulo para se lembrar das etapas envolvidas.

- ☐ Descreva a vida dos seus sonhos em seu diário de anotações e anote todas as histórias que conta a si mesmo sobre quem é e por que precisa levar uma vida retraída e pequena.
- ☐ Complete o exercício elaborado para ajudá-lo a descobrir e definir seus valores. Pergunte a si mesmo como pode viver de forma mais alinhada com os valores que listou.
- ☐ Esclareça seu propósito ao escrever em seu diário, e use as perguntas para se orientar.
- ☐ Escolha duas práticas de ativação do nervo vago para incorporar à sua rotina diária.

Semana Quatro: Descubra a Verdade

Os Quatro Pilares da Mente Ansiosa

É hora de mergulhar um pouco mais fundo na mente ansiosa para descobrir sua verdade. Existem quatro pilares dessa mente ansiosa que, se compreendidos, o ajudarão a criar mais consciência sobre seus pensamentos para o Escudo de Resistência. Conhecer esses pilares é algo que o poupará de muita ansiedade desnecessária, pois você terá o conhecimento necessário para ser mais esperto que sua mente ágil. Ao entender como a mente funciona, é mais fácil separar o seu verdadeiro eu dos pensamentos baseados no medo, que são sorrateiros e fáceis de acreditar. Você pode encontrar momentos de paz no caos implacável da vida.

Pilar Um: A Mente Sempre Pensará

Sua mente sempre vai pensar, e tentar clareá-la até que fique completamente quieta é uma perda de tempo e energia. Muitas pessoas com ansiedade de alto funcionamento acreditam que não são capazes de meditar adequadamente. Acreditam que há algo de errado com sua mente porque não conseguem calá-la. A verdade é que ninguém consegue impedir totalmente a mente de pensar. Você pode experimentar pausas entre os pensamentos, mas o próximo sempre virá. Diferentemente disso, seu objetivo deve ser observar a mente pensante e ser indiferente ao fluxo de pensamentos que ela cria. Você pode assisti-los enquanto passam, sem se apegar a eles ou reagir muito ao seu conteúdo – não importa quão assustador, estranho ou crítico os pensamentos possam ser. Ao observar a mente, você tem a capacidade de se afastar daqueles pensamentos estressantes e de medo e, em vez disso, ficar curioso para saber se eles são realmente verdadeiros. Na maioria das vezes, o medo é irracional e irrelevante para a sua situação atual, e não traz nenhum valor real para sua segurança ou para o seu amor próprio.

Apesar de você não poder desligar seu pensar, pode desacelerá-lo. Seu fluxo de pensamentos ficará naturalmente mais lento quando você meditar e observar sua mente pensante; quando ativar seu sistema nervoso parassimpático através do nervo vago; e quando trouxer sua consciência para seu corpo físico.

Pilar Dois: A Mente Sempre Encontrará um Problema

A mente sempre procurará problemas para resolver e motivos para não se sentir tranquila no momento. Isso acontece porque a mente ansiosa tenta ajudá-lo a sobreviver, e examina o mundo ao seu redor em busca de possíveis ameaças, problemas, motivos para preocupação e coisas que possam dar errado. Para a mente, nunca há recursos suficientes para resolver todos os problemas que ela consegue conceber. É por isso que ela quer perpetuamente mais: mais dinheiro, mais segurança, mais amor e mais experiências para saciar esse descontentamento. Ela nunca está satisfeita, não importa o que você faça.

É possível tirar o foco de sua consciência da sua mente pensante. É possível reconhecer que encontrar problemas e considerar os piores cenários é exatamente o que a mente faz. Então, da próxima vez em que observar sua mente fazendo isso, perceba o que está acontecendo e desligue-se dela. Crie um espaço entre você e a mente buscadora de problemas e diga: 'Ei, mente! Estou de olho em você. Estou vendo o que está fazendo. Você está apenas procurando problemas e eu não tenho que acompanhá-la'. Nesse momento, desperte para a percepção de que está, de fato, seguro para se concentrar na tarefa à sua frente ou na beleza do mundo ao seu redor. Isso está disponível para você.

Pilar Três: A Mente Sempre Criticará

Você sempre terá um crítico interior. Faz parte de ser humano. Não há nada de errado com você se notar que seu crítico interior está de volta com força total, ou está berrando muito alto hoje, mesmo depois de você ter trabalhado para usar sua voz de Pai Amoroso. Isso não é um retrocesso. O objetivo de dominar a mente ansiosa não é erradicar o crítico interior. O objetivo é deixá-lo operar como desejar e observá-lo com curiosidade, à distância – sem reagir ao conteúdo irrelevante e entediante do seu monólogo crítico. Você estará progredindo se notar aquela voz dizer: 'Seu idiota. Como pode ser tão burro?' e deixar a afirmação ali, sem absorvê-la. Observe as palavras passarem e diga: 'Esse é o meu crítico interior falando. Não confio nele. Ele nunca diz a verdade. Não vou acreditar nisso.'

Cultive a consciência de que o crítico interior é uma fonte de informação não confiável. Quando a mente crítica vomita pensamentos de julgamento e autopunição sobre você, é provável que aquilo que ela diz não seja verdade. O crítico interno é um mecanismo de autoproteção equivocado, que causa mais danos do que benefícios. Durante toda a sua vida, ele estenderá a mão para você, convidando-o a ser cruel consigo mesmo. Seu trabalho é recusar esse convite sempre que se lembrar de fazê-lo. Assim, poderá abaixar o volume do crítico interior.

Pilar Quatro: A Mente Quer Controle

Sua mente está reagindo normalmente a uma vida ampla, caótica e complicada. Ela procura controle, ainda que o mundo externo seja inerentemente descontrolado, imprevisível e esteja em constante mudança. A mente quer que o mundo permaneça fixo, para que tudo se mantenha do mesmo jeito e previsível. Ela deseja que o mundo seja anormalmente estável. Isto é o que a mente faz, porque ela está em busca da segurança que vem com esse controle. Você pode tomar consciência disso com compaixão por si mesmo e pelo que a mente ansiosa tenta fazer, sem segui-la cegamente. O verdadeiro controle pode ser sempre encontrado ao enxergar através da natureza previsível da mente, e escolher não a seguir.

É hora de parar de reclamar da forma como a mente opera. É hora de parar de rejeitar e lutar contra essa parte desconfortável de si, que encontra cada vez mais razões para acreditar que você está errado ou lesado por ter uma mente. É hora de perceber que a mente ansiosa só é desconfortável para si quando não há consciência de como ela funciona. No momento em que você se torna consciente e compreende as regras da mente, começa a encontrar um estado de paz interior. Você não precisa concordar com aquilo que ela faz ou diz. Não precisa acreditar naquilo ou agir de acordo. Você pode dar um passo para trás e observar seus pensamentos.

A verdadeira paz surge nos breves momentos em que percebe que é muito mais do que sua mente ansiosa. Talvez seja possível sentir um desses momentos agora, ao ler essas palavras.

Examinando Seus Pensamentos

Uma das habilidades mais importantes que você pode desenvolver em sua vida é a capacidade de examinar seus pensamentos. Ao questionar sua maneira de pensar, honestamente, poderá alcançar tudo o que deseja em sua vida. Poderá ser quem desejar ser. Porém, se você deixar de examinar seus pensamentos, automaticamente acreditará que tudo o que sua mente produz é a verdade. Se a mente lhe disser que você não é o tipo de pessoa que termina o que começa, ou que é uma pessoa quieta e tímida, você considerará isso um fato verdadeiro acerca de si. Mas a verdade reside em entender que é possível decidir aquilo que quer dizer a si mesmo e em que acreditar como fato. Sua mente é sua serva leal e responderá ao que você lhe disser para pensar. Quando se trata daqueles sonhos aparentemente impossíveis, se acreditar que pode realizá-los, provavelmente conseguirá. Se achar que não consegue, você não vai conseguir. E não vai tentar. É você quem decide quais pensamentos deseja ter e quais começará a descartar como lixo mental irrelevante, no qual não precisa acreditar.

Se você pensa repetidamente sobre si mesmo como uma pessoa que não merece relacionamentos saudáveis e oportunidades emocionantes na vida, que tipo de emoções surgirão para você? Você provavelmente se sentirá menos energizado, desanimado e desmotivado. E então, as ações que levar a cabo serão alimentadas por essa emoção. Quando você se sente apático e cansado, tende a não agir na direção dos resultados que deseja. Talvez você sequer tenha energia para se perguntar o que realmente deseja. E, assim, seus resultados tendem a provar que esse pensamento original é verdadeiro. Você não dedica seu esforço para atrair e construir relacionamentos gratificantes, ou nem mesmo acredita que são possíveis para si. Não procura por aquelas oportunidades empolgantes, nem se coloca em situações que as trarão com mais facilidade, afinal, para que se preocupar com isso?

Se você pensa que é um ser humano maravilhoso, merecedor de uma vida cheia de alegria, amor e abundância, o que provavelmente acontecerá? Seus olhos estarão abertos, buscando por essas experiências, atraindo-as e recebendo-as.

Aos vinte e poucos anos, passei por uma fase em que eu tinha repetidamente uma ideia de negócio interessante e passava semanas entusiasmada, nas quais fazia planos e montava o conceito. Contava aos meus amigos e familiares (e a qualquer outra pessoa disposta a ouvir) sobre minha ideia. E então, minha empolgação começava a passar. Eu começava a duvidar de tudo.

Minha mente criava pensamentos como, 'Isso é uma coisa idiota. Você não sabe o que está fazendo. Como isso vai funcionar? Ninguém vai querer isso'. Eu parava de agir e desistia. Passei por esse padrão várias vezes, e me sentia cada vez mais desanimada.

Um dia, enquanto registrava meus pensamentos no meu diário, percebi que havia desenvolvido uma crença em torno disso. 'Eu não termino o que começo' era o pensamento que aparecia constantemente em minha mente. Eu acreditava que nunca seria capaz de transformar uma ideia em realidade totalmente. Quando percebi o que aquilo era – uma história inventada em minha mente sobre quem eu era e sobre aquilo do que eu era capaz – decidi mudar tudo aquilo. Comecei a me lembrar repetida e ativamente de um novo pensamento: 'Eu sou a garota que faz as coisas acontecerem. Faço dos meus sonhos a minha realidade.' Esse pensamento soava fortalecedor e empolgante. Me deixava entusiasmada para agir. Eu me sentia irrefreável.

Em um mês, tive uma nova ideia de negócio. O objetivo era criar e vender uma pasta única feita de açafrão integral fresco, mel, gengibre e especiarias que pudesse ser misturada em uma xícara de leite quente para preparar instantaneamente uma deliciosa bebida anti-inflamatória de açafrão dourado. Criei um plano de negócios, montei o produto, testei o sabor com grupos de pessoas, contratei um designer para fazer os rótulos, solicitei as licenças necessárias, encontrei uma cozinha comercial onde pudesse fazer minha pasta e comecei a vendê-la em cafés ao redor de Melbourne. Eu consegui. Fiz tudo acontecer. Aquela ideia havia se tornado um produto real que eu podia segurar nas mãos, um produto que outras pessoas adoraram. E tudo começou com a maneira como influenciei minha própria mente.

Sua mente responde a tudo o que diz a ela. É uma ferramenta que você pode influenciar e voltar para a direção que melhor lhe servir. É hora de desafiar sua forma de pensar.

Notas Mentais

- Quando examinar seus pensamentos se torna uma prioridade, libera um potencial ilimitado em sua vida para criar seus sonhos.
- Seus pensamentos influenciam o modo como você se sente, o que determina as ações que serão concretizadas. Suas ações produzem os resultados da sua vida.
- Você pode escolher quais pensamentos podem entrar em sua mente e serem aceitos como verdade, e quais pensamentos serão descartados como lixo mental negativo e inútil.

Prática

Você vem trabalhando para se tornar mais consciente de seus pensamentos; agora, vamos começar a questioná-los. Por alguns minutos, anote seus pensamentos ansiosos, preocupados e amedrontados. Escreva: 'O que me preocupa/me assusta é...' e termine a frase. Em seguida, desafie cada um dos pensamentos com as seguintes perguntas:

- Isto é realmente verdade?
- E se não for verdade?
- Como me sinto ao pensar dessa maneira?
- Como eu poderia pensar sobre isto de uma maneira diferente, que faria eu me sentir melhor?

Importar-se Com Aquilo que as Pessoas Pensam

Como um modo de operação padrão, sua mente se preocupa com aquilo que as outras pessoas pensam de você – e você deveria ser grato por isso. Esse é um mecanismo de sobrevivência embutido bem inteligente que, quando se é uma criança vulnerável, garante que permaneça como uma parte coesa do grupo familiar em que nasceu. Haverá outras pessoas lá para nos ajudar a conseguir alimento, viver em segurança sob abrigo e encontrar água potável, especialmente em um momento da vida em que não conseguimos satisfazer essas necessidades sozinhos.

Não há necessidade de se pressionar para erradicar completamente esse elemento de sua mente ansiosa. Faz parte de ser humano, no fim das contas. Você simplesmente precisa entender por que se preocupa com o que os outros pensam, refletir e questionar as crenças por trás disso. Você certamente pode aprender a se importar bem menos com o que as outras pessoas pensam, mas uma parte de você sempre sentirá o clima do grupo ao seu redor naturalmente – quais são suas necessidades e como se relacionar melhor com ele. Isso é uma coisa boa, porque significa que você consegue ler as emoções das pessoas, compreendê-las e se conectar mais profundamente. Lembre-se que conexão e pertencimento são parte de uma das suas necessidades básicas de saúde mental.

É claro que esse mecanismo pode ir longe demais. Preocupar-se muito com o que as outras pessoas pensam pode se manifestar como ansiedade social em um evento. Sua mente pode inventar todo tipo de histórias imaginárias sobre como as outras pessoas o julgarão e as razões pelas quais você não se encaixa naquele grupo. A necessidade excessiva de mudar sua aparência, seja com maquiagem de verdade ou com filtros de redes sociais, apenas para que outras pessoas gostem e o aceitem. Ou a escolha de uma carreira profissional com base naquilo que deixaria seus pais felizes ou dizer sim e receber seus familiares em sua casa durante as férias, quando na verdade preferiria não os receber. Ou a noção de que deve dizer 'sim', porque todos esperam que você o faça, e ficarão chateados se não o fizer. Ou experimentar dúvidas estonteantes com frequência, e preocupar-se por ter compartilhado demais com um amigo ou ofendido alguém por não ter respondido imediatamente a uma mensagem de texto.

Para reduzir o nível de cuidado que você tem com o que os outros pensam de si, há três elementos-chave a serem considerados: ser permeável aos problemas alheios, ser vulnerável e buscar a aprovação dos outros.

Pare de Ser Permeável Aos Problemas dos Outros

Imagine que está dirigindo seu carro para casa à noite e, no nevoeiro da noite, não consegue enxergar claramente. Em seguida, acidentalmente fecha alguém. Você cometeu um erro, mas ninguém se feriu e nenhum carro foi danificado. Imagine que a pessoa que você fechou está agora tendo um acesso de raiva, balançando o punho para fora da janela e gritando agressivamente. Você pode optar por perceber esse cenário de duas maneiras. Pode acreditar que aquele motorista está o atacando porque você é uma pessoa má por não ter enxergado o carro dele e merece esse castigo; pode se culpar, sentir-se envergonhado por ter errado como sempre faz e deixar essas palavras maldosas o atingirem. Ou pode optar por pensar um pouco mais sobre isso. Pode se colocar no lugar da outra pessoa e se perguntar, curiosamente, o que o faria reagir de forma exagerada. Pode escolher ver que isso não tem realmente a ver com você – que aquela pessoa estava de alguma forma preparada e pronta para expressar raiva hoje e isso teria acontecido com qualquer um que cruzasse o caminho dela. E aconteceu de você ter sido o alvo. Talvez aquela pessoa venha de uma família onde a raiva é demonstrada de forma pouco saudável como uma maneira de se sentir ouvido e respeitado. Existem milhões de razões diferentes pelas quais uma pessoa pode reagir com julgamento, mas nunca tem realmente a ver com você.

Este conceito se aplica a seus amigos, familiares e pessoas com quem você trabalha. Por exemplo, se seu chefe está decepcionado por você precisar prorrogar um prazo porque sua carga de trabalho está muito pesada e falta pessoal na sua equipe, isso diz muito mais sobre a pressão que ele pode estar sentindo (e projetando sobre você) do que seu valor como membro da equipe. Muitas vezes vivenciamos esses momentos em nossos relacionamentos pessoais, quando um ente querido nos critica injustamente ou nos ataca mesmo que pouco tenhamos feito para provocar uma resposta tão emocionalmente carregada.

Lembre-se sempre de que as pessoas não reagirão de forma agressiva ou com julgamentos sobre você sem sentirem um estado de desconforto dentro de si mesmas. Pessoas felizes e satisfeitas não julgam nem procuram falhas nos outros. Eles os deixam ser como são. Pessoas que se sentem inseguras e infelizes consigo mesmas buscarão um senso de importância ao julgar outra pessoa. Recupere o seu poder ao erguer uma parede protetora imaginária. Diga a si mesmo: 'Não preciso deixar isso me afetar. Não, obrigado. Você pode ficar com isso'. Assuma o controle e escolha dar aos outros o benefício da dúvida. Suponha que não se trata realmente de você e que a outra pessoa está tendo um dia ruim, porque a vida é desafiadora e nunca sabemos o que as pessoas estão passando. Talvez a outra pessoa também tenha uma mente ansiosa que espalha todo tipo de inverdades prejudiciais, assim como a sua . Pode até se tornar um jogo esse imaginar daquilo que fez a outra pessoa reagir daquela forma, em vez de se culpar automaticamente e procurar o que você fez de errado. Outras pessoas reagirão sempre com base no que consideram certo a partir da própria perspectiva, experiências de vida e o conjunto único de valores e crenças. Os pensamentos críticos que eles têm são tão sem sentido e irrelevantes quanto os seus.

Quando uma situação em que você se preocupa com o que outra pessoa pensa inevitavelmente surge, tome a decisão no mesmo instante de ser resoluto em seu valor próprio, sabendo que essa potencial opinião negativa pode não ter nada a ver com você. Aquele comportamento rude, aqueles comentários excludentes, aquela energia crítica ou negativa – não os aceite em sua vida como coisas que você de forma alguma merece. Confie que você é uma boa pessoa – um ser humano lindo e imperfeito que está dando o melhor de si. Confie que é possível viver com segurança em um mundo onde as pessoas às vezes julgam os outros, porque são suas próprias palavras que têm o maior impacto sobre si – e você tem total controle sobre elas.

Dê um passo adiante e considere o que acontecerá na próxima vez em que julgar alguém. Por que você não consegue ver essa pessoa com compaixão naquele momento? É porque ela não merece compaixão ou é porque você ganha algo ao julgá-la? Talvez você se sinta importante, ou justo, ou seja a repetição de um padrão familiar que lhe foi demonstrado na infância e que lhe dá uma sensação de pertencer ao seu grupo familiar. Essa prática lhe dará uma ideia do lugar de onde todas as pessoas que o julgam possam estar vindo. Pode até permitir que sinta compaixão pela próxima pessoa que o julgar, pois sabe que ela não conseguiu encontrar aceitação ou paz nessa vida louca.

Seu trabalho é viver sua vida o mais próximo possível de quem realmente é, e deixar que os outros o julguem ao longo do caminho, sabendo que o julgamento deles não é problema seu. A opinião mais importante sobre si será sempre a sua opinião. É aí que reside o seu verdadeiro poder.

Prática

Considere alguém que você julgou recentemente. O que o impediu de ver essa pessoa com compaixão? O que ganhou ao julgá-la?

Que tipo de histórias você conta a si mesmo sobre o que as outras pessoas pensam de si? Considere seus amigos, familiares próximos, conhecidos e colegas de trabalho.

Seja Vulnerável

É natural se sentir desconfortável ao ser vulnerável com os outros, especialmente se partilhar as suas emoções mais profundas com os seus cuidadores quando jovem não foi algo consistentemente seguro. No entanto, este é mais um mecanismo de proteção da mente: ele tenta evitar que você seja excluído da tribo. Quando o perceber, poderá ver o mecanismo pelo qual ele é, e superá-lo. Muitas vezes ele vem de mãos dadas com a crença de que você é complicado de se lidar, de que ninguém consegue se dar bem com você ou compreender os seus sentimentos dolorosos. Curiosamente, quanto mais se recusar a ser vulnerável com os outros, mais provará que a ideia de que está sozinho em sua experiência é verdadeira. Você não permite que ninguém chegue perto o suficiente para testar se isso pode ser uma crença falsa.

Para ser verdadeiramente vulnerável, precisa se expor de uma forma que o faça se sentir nu no palco. Nunca é fácil. É o teste final para o seu medo da rejeição. Sua mente sempre surgirá para questioná-lo e tentar fazer com que pare, ou pelo menos diminua o tom. Para ser vulnerável, é preciso dizer: 'Isso é algo que me deixa realmente envergonhado'. Você precisa mostrar uma parte frágil de si mesmo, pela qual alguém poderia teoricamente rejeitá-lo ou julgá-lo, e apontar diretamente para ela, dizendo: 'Veja isso. Não estou mais escondendo isso. Aqui está. Este é o meu verdadeiro eu'. Mostrar a outra pessoa algo de que você se vergonha pode ser terrível e, sem dúvida, causará ansiedade.

No entanto, se passar pelo desconforto dessa experiência, algo mágico acontecerá. Você criará uma conexão: uma conexão profunda – do tipo que vem desejando a sua vida inteira. Você descobrirá que as pessoas podem gostar ainda mais de você porque podem se identificar com aquele seu eu. Eles poderão enxergá-lo por inteiro, e é uma visão verdadeiramente linda de se ter. Se você já viu outra pessoa em seu estado vulnerável, entenderá a beleza a que me refiro. Quando você tira sua máscara altiva e protetora de perfeição, e mostra suas partes fracas para outra pessoa, exala uma confiança saudável que diz que você se aceita. Que não tem medo de compartilhar essas partes de si, apesar de ser difícil fazê-lo.

Todo mundo tem medo de compartilhar certas coisas com outras pessoas – histórias carregadas de vergonha e autojulgamento. Quando você mostra a outra pessoa que está tudo bem com isso – expondo sua própria vergonha – oferece a ela um presente dos mais incríveis. Você abre uma porta. Dá a ela permissão para ser vulnerável também. Você diz: 'Está tudo bem, eu também tenho coisas complicadas guardadas. Não gosto delas, mas são parte da minha experiência. Aqui está um pouco disso. E você?' A outra pessoa pode aceitar ou recusar – isso depende dela e é um reflexo de onde ela está na própria jornada de autoaceitação. As únicas pessoas que não suportam ver a sua vulnerabilidade ou que optam por julgá-lo por isso são aquelas que são ainda mais críticas de si mesmas. Este é um sinal importante, que diz: 'Sou muito inseguro para mostrar a alguém a vergonha que tenho dentro de mim'. Todo mundo tem coisas pelas quais se envergonha. Algumas pessoas estão prontas para expô-las e outras não. Você deve se orgulhar de si mesmo por se atrever a se sentir desconfortável ao ser vulnerável.

Isso não significa que deva se mostrar vulnerável a todos que encontrar, cinco segundos depois de conhecê-los. Seja gentil consigo mesmo e vá devagar. Comece optando por compartilhar com quem conquistou sua confiança, antes de passar para públicos de estranhos.

A parte mais fascinante é que, embora você possa esperar ser julgado ao ser vulnerável, o que acontece mais frequentemente é o contrário. Aqueles que testemunham a vulnerabilidade de outra pessoa, na verdade, recebem o ato com admiração. Eles pensam: 'Uau, olhe para ela. É tão corajosa em contar isso'. Você nunca pensou a mesma coisa, ao ver alguém contar uma história emocionante e comovente sobre a própria vida? Talvez você tenha sentido isso ao ler um pouco da minha história – uma história que intencionalmente escolhi compartilhar com todos os estranhos que se depararem com este livro. Posso fazer isso porque sei quanto a vulnerabilidade pode ser poderosa. Conheço o tesouro do outro lado dessa coisa que é o desconforto, a maneira como pode impactar as pessoas, ajudá-las a se sentirem vistas e conectadas. Se você optar por aceitar esta tarefa incrível e emocionante de expor mais das coisas pelas quais se envergonha àqueles que acha que conquistaram confiança o suficiente para receber o presente de sua vulnerabilidade, colherá os frutos. Você experimentará um sentimento de conexão e pertencimento mais profundo do que jamais imaginou ser possível. Criará uma família a partir de amigos e amigos a partir da família. A vulnerabilidade é o segredo para se construir belas relações em sua vida e aceitar-se amorosamente mais e mais, à medida que avança.

Notas Mentais

- Ser vulnerável sempre será desconfortável, mas vale a pena pelas conexões mais profundas que você criará.
- Outras pessoas perceberão a sua vulnerabilidade como coragem, e se sentirão naturalmente mais próximas de você.

Pare de Buscar a Aprovação dos Outros

Sentir-se querido e ter a aprovação dos outros envia ao seu cérebro um sinal que diz que você é aceito. Que está seguro aqui. Mas, apesar de que seria ótimo viver em um mundo onde todos gostam de você, nem todos o farão. Muitas pessoas o adorarão, mas algumas não. E não tem nada a ver com você. Algumas pessoas simplesmente não têm vontade de gostar das coisas em geral e prontamente projetam essa antipatia em tudo o que veem.

Não é divertido ser pego na perspectiva da desaprovação, em que há uma procura por julgamento. É muito mais divertido viver a vida em uma busca ativa daquilo que aprovamos: coisas que trazem alegria e prazer e que nos fazem nos sentirmos gratos. Então, vamos gastar um tempo e mudar o desequilíbrio de poder aqui, e perceber que qualquer pessoa que não o aprovar provavelmente não está se divertindo com a própria vida. É uma pena para eles, mas não se pode fazer nada a respeito. Essas pessoas seguem não gostando das coisas, encontrando cada vez menos alegria e prazer no processo. Você só pode controlar o que diz a si mesmo e onde escolhe colocar seu foco. Seu desafio é deixá-los fazer o que querem e lembrar-se de onde a antipatia realmente vem e o que isso significa para a experiência de vida deles. Não é bom enxergar isso assim, agora? Tornar-se consciente disso e continuar encontrando coisas que gosta na vida e nas pessoas ao seu redor – e, claro, em você mesmo.

O mais importante elogio que você receberá em sua vida é aquele elogio feito a si mesmo. Use sua voz de Pai Amoroso ou Mãe Amorosa e imagine os braços protetores o envolvendo ao se sentir magoado por alguém não gostar de você. Use-a quando antecipar que os outros não o aprovarão. Diga a si mesmo as palavras que precisa ouvir: que é um amigo merecedor e uma ótima pessoa para se conviver, que é adorável, gentil e atencioso e que tem muito a oferecer nas relações em sua vida. Faça isso e você se importará muito menos com o que os outros pensam de si. Ao fazer isso, construirá mais resistência à ansiedade provocada em situações sociais, e com familiares, amigos, parceiros e assim por diante. Se conseguir aprovar a si mesmo, não passará a vida toda esperando que outra pessoa o faça por você. Este é um lugar muito poderoso para se estar.

Notas Mentais

- Algumas pessoas simplesmente não vão gostar de você, e tudo bem. Deixe-os permanecer neste estado crítico e infeliz.
- Você não precisa esperar que alguém o aprove. É possível dar a si mesmo todos os elogios e retornos positivos que sempre precisou, ao praticar o envolvimento com sua parte de Pai Amoroso ou Mãe Amorosa.

O Sistema Digestório e a Ansiedade

Quando a Tess me procurou pela primeira vez, tarde da noite, pedindo ajuda em uma mensagem, ela se sentia uma pessoa completamente diferente de quem era dois anos antes. A ansiedade que ela desenvolveu só piorava. Estava exausta, com seu sono interrompido todas as noites por um refluxo ácido ardente e um inchaço doloroso e borbulhante. Ela acordava com uma sensação de queimação na garganta e vinha experimentando um pânico de baixo nível constante. O médico a encaminhou para um gastroenterologista que, após uma série de exames invasivos, não conseguiu lhe dar respostas conclusivas sobre o que estava acontecendo. Em vez disso, eles lhe prescreveram um coquetel de medicamentos, mas nenhum forneceu o alívio necessário. Tess estava perdida. Ela não conseguia socializar com os amigos por medo de ter um mal-estar estomacal. Precisou voltar a trabalhar só meio período e nem mesmo seu belo novo relacionamento lhe trazia alegria. Era difícil lidar com a situação – estava frustrada e confusa a respeito do que fazer a seguir.

Após uma discussão mais aprofundada, eu descobri que Tess tinha uma reação de inchaço e náusea a quase todos os alimentos que comia, e havia completado várias rodadas de antibióticos nos dois anos anteriores devido a infecções recorrentes na bexiga. Ela estava desesperada para saber quais alimentos eliminar em seguida, mas eu sabia que o problema não era a comida. Era o estado inflamado e exposto do revestimento do seu aparelho digestivo, sensível como uma ferida aberta a quase todos os alimentos que consumia. A conexão aparelho digestório–cérebro era a principal causa de sua ansiedade, e eu estava determinada a embarcar nessa jornada com ela para mostrar como a cura do aparelho digestório poderia ser poderosa para resolver os sintomas angustiantes que haviam apagado sua vivacidade.

Após três meses de trabalho conjunto com foco na cura de seu sistema digestório, Tess não voltou a seu velho eu, como esperava quando havíamos começado. Ela se tornou uma pessoa completamente nova, com autoestima renovada e uma profunda conexão com a própria intuição.

Seus sintomas digestivos haviam se tornado totalmente controláveis e Tess agora sabia exatamente como ouvir o próprio corpo. Seu sono estava consistente; sua ansiedade havia sido silenciada. Ela ficou tão inspirada por essa experiência que começou sua própria carreira em ajudar outras mulheres a encontrarem a própria força.

Vamos começar a examinar como otimizar sua saúde digestiva para criar mais resistência ao estresse da vida e ajudar seu corpo a relaxar. Você não precisa ter os mesmos sintomas óbvios e intensos que a Tess para experimentar os benefícios dessa otimização. A maioria de nós tem algum grau de 'permeabilidade digestória'. Todo mundo pode se beneficiar da cura do trato digestório.

O que é o Sistema Digestório?

Seu sistema digestório é todo o tubo que vai da boca ao estômago e da lá até o ânus, (a palavra 'gut', usada originalmente em inglês aqui, por vezes é usada para se referir aos intestinos delgado e grosso). Muitas vezes esquecemos que o sistema digestório está diretamente exposto ao mundo exterior, como a sua pele. É a barreira entre todos os fatores externos ao seu corpo e seus órgãos internos, e os protege de patógenos invasores, vírus e bactérias, além de resíduos e toxinas que não devem ser absorvidos pela corrente sanguínea.

A mucosa ou revestimento do trato digestório é a parte interna do tubo que entra em contato com o alimento que você ingere. Atua como uma parede de defesa – uma porta de entrada para a corrente sanguínea que determina o que entra e o que fica de fora do corpo. O revestimento também abriga um belo microbioma (mais sobre isso mais à frente). Cada bocado de comida ingerida precisa ser desmanchado e absorvido pela parede do sistema digestório para que esses nutrientes fluam para o resto do corpo. Como o trato digestório entra em contato com todos os sistemas do corpo, ele desempenha um papel importante na regulação do sistema imunológico e na manutenção de uma pele saudável, dos níveis de energia, do equilíbrio hormonal e dos níveis de inflamação.

A Conexão Sistema Digestório-Cérebro

A saúde do sistema digestório tem um papel fundamental na ansiedade e no humor em geral. Isto se deve principalmente ao microbioma intestinal, ao nervo vago, à absorção de nutrientes e à sua capacidade de ajudar a regular a inflamação em todo o corpo. Bactérias benéficas do seu microbioma podem produzir mensagens químicas que são enviadas ao cérebro para equilibrar as substâncias químicas cerebrais que fazem com que nos sintamos bem, como o GABA, a dopamina e a serotonina. Embora os números exatos variem entre cada artigo, diz-se que cerca de 95% da serotonina do corpo é produzida dentro do sistema digestório.[11] No entanto, o microbioma pode facilmente sair do equilíbrio, com invasões de bactérias patogênicas, crescimento excessivo do número de bactérias saudáveis ou um número insuficiente de espécies benéficas, tornando este processo ineficiente.

O cérebro tem um impacto profundo nos nossos processos digestivos através do nervo vago, como você já viu. Ele interrompe o movimento digestivo e corta o fluxo sanguíneo para o sistema digestório se você estiver sob estresse. Muitas pessoas apresentam evacuação solta ou prisão de ventre, ou ambas, como resultado da ansiedade. Com o tempo, isso também pode evoluir para outros sintomas de digestão, como inchaço crônico. Ao estimular o nervo vago para ativar o sistema nervoso parassimpático calmante, isso pode ser revertido.

Estar com o sistema nervoso simpático ativado pode significar que os nutrientes não serão efetivamente decompostos e absorvidos, pois os intestinos podem ser esvaziados rápido demais para que ocorra uma absorção eficaz dos nutrientes. Isso pode criar uma deficiência nos ingredientes necessários para produzir as substâncias químicas calmantes do cérebro, e o ciclo continua. Você pode seguir a dieta mais saudável e nutritiva de todos os tempos e tomar todos os suplementos que existem, mas se a mucosa de seu aparelho digestório não estiver em condições de absorver esses nutrientes, não haverá muito impacto.

Por último, a inflamação em nível celular microscópico no cérebro leva a uma série de problemas na regulação de substâncias químicas cerebrais que nos fazem nos sentirmos bem. Se houver inflamação no sistema digestório, há inflamação no cérebro.[12] Ao dar apoio e lidar com o sistema digestório vulnerável responsável pela inflamação, o impacto pode ser revertido. Agora que recebeu essas informações, pode usá-las a seu favor e desenvolver a resistência da sua saúde mental a partir do sistema digestório.

O Que É Um 'Sistema Digestório Permeável' Machucado?

Quando funcionam bem, as células do revestimento do sistema digestório ficam bem juntas e formam uma barreira rígida que controla o que é absorvido pela corrente sanguínea. Um revestimento intestinal inflamado e danificado pode conter rachaduras ou buracos entre essas células, permitindo que alimentos parcialmente digeridos, resíduos, toxinas e bactérias penetrem nos tecidos abaixo dele sem regulação. É como se os intrusos passassem furtivamente pelo segurança da festa. Isto dispara uma resposta inflamatória do sistema imunológico, abrigado em 80% da parede do sistema digestório. O sistema imunológico é a camada de defesa seguinte, e responde às partículas invasoras com um ataque.[13] Todo ser humano tem algum grau de permeabilidade no sistema digestório. Não é bem uma doença diagnosticável, mas sim um estado transitório que piora com o estresse típico da vida moderna e melhora com descanso e um estilo de vida saudável. A dieta ocidental padrão, pobre em frutas e vegetais e rica em açúcar, é um dos principais contribuintes para a permeabilidade no sistema digestório. Níveis excessivos (mas socialmente aceitos) de consumo de álcool, longas horas de trabalho estressante, vários medicamentos e procedimentos cirúrgicos e maus hábitos de sono – aquelas coisas que definem a vida moderna – são os principais motores da inflamação intestinal.

Como Reparar o Revestimento do Sistema Digestório

Existem duas etapas importantes para curar a mucosa do sistema digestório, reduzir a inflamação e controlar a permeabilidade.

Etapa Um: Remova os Fatores Prejudiciais

Seu sistema digestório tem uma capacidade natural de se curar sozinho se você conseguir remover o máximo possível de fatores prejudiciais de sua dieta e seu estilo de vida. Por exemplo:

- limitar o consumo de álcool e evitar drogas recreativas.
- limitar o uso de medicamentos conhecidos por afetar a saúde intestinal, como pílulas anticoncepcionais orais, antibióticos, antifúngicos e analgésicos como anti-inflamatórios não esteroides.
- limitar o consumo de alimentos processados ricos em açúcar e outros produtos químicos.
- priorizar o sono adequado, que é um processo fundamental para a reparação intestinal.
- gerenciar o estresse e a ansiedade por meio das práticas deste livro.

Etapa Dois: Reparos

Em seguida, forneça os nutrientes essenciais para reparar as junções estreitas entre as células do revestimento intestinal e reduzir a inflamação para que o reparo ocorra. Eu recomendo estes alimentos para a cura do sistema digestório:

- uma xícara de caldo de osso diariamente (contém colágeno e gelatina).

- uma colher de sopa cheia de colágeno ou gelatina em pó diariamente.
- cúrcuma, adicionada à sua comida ou ingerida como suplemento diário de curcumina.

O **colágeno** é uma proteína importante encontrada em quase todos os tecidos do corpo, incluindo no revestimento intestinal. Ao aumentar a ingestão de colágeno com caldo de osso ou peptídeos de colágeno, você poderá dar suporte para o revestimento do trato digestório.[14] O alimento mais popular para aumentar a ingestão dele são os peptídeos de colágeno, uma forma de colágeno que foi quebrada para que os aminoácidos possam ser mais facilmente digeridos e absorvidos. Pode ser adicionado a bebidas quentes, chás, smoothies e até mesmo cozido em sopas, ensopados e assados.

O **caldo de osso** é um alimento antigo que seus bisavôs provavelmente consumiam regularmente. É feito a partir da fervura de ossos, geralmente de carne bovina ou de frango, por pelo menos vinte e quatro horas, para extrair os nutrientes e a gelatina. Esses nutrientes podem facilitar o processo de cura do revestimento do sistema digestório.[15] O caldo de osso pode ser usado como caldo na base de muitas receitas ou consumido com sopa de missô como lanche da tarde.

A **gelatina em pó** é outra opção para aumentar a ingestão de colágeno. Pode ser usada para fazer geleias e gomas e para engrossar molhos.

A **cúrcuma**, com seus componentes ativos como a curcumina, acalma a inflamação e é capaz de ativar os genes que fazem o sistema digestório permeável se recompor.[16] Esses genes produzem mais proteínas que mantêm as células juntas como uma barreira forte, de modo que apenas coisas boas são absorvidas, e as toxinas, resíduos e patógenos permanecem fora da corrente sanguínea.

Outros nutrientes importantes para a cura intestinal incluem glutamina, zinco e vitamina A. Consulte um profissional de saúde para se certificar de que são adequados para você antes de iniciar a ingestão de suplementos. É importante levar em consideração outros medicamentos, condições de saúde, gravidez e lactação. Se precisar de uma opção vegana ou vegetariana, meu melhor conselho, novamente, é trabalhar com um profissional de saúde para encontrar um suplemento curativo para o sistema digestório que atenda às suas necessidades.

Prática

Avalie a saúde do seu próprio sistema digestório ao responder às seguintes perguntas:

- Você evacua menos de uma vez por dia rotineiramente?
- Você evacua mais de três vezes por dia rotineiramente?
- As suas fezes estão regularmente soltas, aquosas ou sem forma?
- Você sente dores durante a digestão, gases desagradáveis ou inchaço abdominal mais de uma vez por mês?

Se disse sim a uma ou mais das perguntas acima, você realmente poderia se beneficiar da cura do sistema digestório.

Em seguida, comece a implementar os três alimentos que curam o intestino - caldo de osso, colágeno/gelatina e cúrcuma - ou alternativas que caibam na sua rotina diária.

Gere Certeza

Seu cérebro prospera com a previsibilidade. Conhecer sua rotina semanal significa que ele pode entrar no piloto automático e consumir menos energia para mantê-lo seguro. Esta é uma das razões pelas quais tantas pessoas tiveram dificuldades durante a pandemia: de repente, a rotina semanal virou de cabeça para baixo. Cada elemento da vida diária mudou de alguma forma. Em vez de sair de casa pensando: 'Carteira, telefone, chaves', nossos cérebros tiveram que aprender a nova rotina:

'Carteira, telefone, chaves, *máscara facial*'. A rotina de transitar para o trabalho se tornou a experiência desconhecida de se trabalhar em casa, e muitos outros ajustes na vida tiveram que ser feitos.

Nos últimos tempos, a incerteza da vida nunca foi tão aparente e, no entanto, a certeza é necessária para uma saúde mental resiliente e ideal. Os clientes me dizem: 'Só quero saber que tudo vai ficar bem'. Como encontrar uma sensação de segurança, certeza e estabilidade, a despeito do mundo imprevisível e em constante mudança fora de si? Não se desespere. Existe uma maneira de criar uma sensação de certeza, não importa o que a vida coloque em seu caminho.

Primeiro, pergunte a si mesmo se consegue ter uma visão clara de onde estará daqui a cinco anos. Reserve um momento para fazer uma pausa e refletir antes de continuar a leitura. Você sabe como será sua vida? Consegue se imaginar em cena, vivendo sua vida diária?

É perfeitamente normal se você não conseguir ter uma visão clara. Na verdade, é esperado. Talvez diga a si mesmo que isso depende de muitos fatores. Depende de onde você mora – o futuro pode aguardar em uma casa ou cidade diferente. Depende se você ainda estiver no seu relacionamento atual, ficar solteiro ou arrumar uma nova pessoa. Depende da função que desempenha no trabalho ou se seu negócio paralelo vai decolar. Depende de quanto dinheiro você ganha. Depende do estado da sua saúde. Depende de quem estiver lá, de onde você estiver e do que estiver acontecendo ao seu redor. Em outras palavras, tudo depende do seu ambiente externo.

Se for esse o caso, você está vivendo sua vida a partir de um lugar muito condicional. Está esperando que as condições externas determinem quem é e como será sua vida. É aqui que você terá problemas, porque não há certeza na sua carreira, na sua situação de vida, nas suas finanças, no seu estado civil ou na sua vida amorosa. Você não pode confiar em nenhuma dessas circunstâncias para lhe proporcionar verdadeira estabilidade. Será estressante demais se precisar que essas circunstâncias sejam fixas e certas. Isso é algo que induz à ansiedade. Você pode ficar louco enquanto espera que tudo se alinhe perfeitamente em sua vida para que se sinta seguro. É uma toca de coelho na qual você se perderá e talvez nunca encontre uma sensação de segurança satisfatória e duradoura. Se quiser se sentir bem a respeito de sua segurança, não importa o que aconteça, precisa mudar sua tática.

A chave é olhar para dentro de si para encontrar a certeza. O que existe em *você* que é certo e garantido? Em que você pode confiar em si mesmo? Qual é a certeza que possui sobre si mesmo, em relação a como se coloca no mundo, a como responde aos desafios e como lida com outras pessoas?

Darei um exemplo. Sei que, não importa o que aconteça, tenho dentro de mim a capacidade de criar o propósito da minha vida. Mesmo que meus piores medos se tornassem realidade, eu ainda encontraria uma maneira de fazer com que, de alguma forma, aquelas circunstâncias me ajudassem. Pode levar algum tempo – talvez um ou dois anos para processar a dor da perda ou da mudança – mas sei que, no fim das contas, encontrarei um propósito que me atenda. A esperança e a luz em mim não podem ser destruídas. Alguns dias podem ser mais desafiadores; alguns dias posso me sentir triste e precisar chorar. Em última análise, porém, minha verdadeira natureza é estar em um estado esperançoso, amoroso e aberto. Eu tornei isso verdade para mim mesma. Escolhi essa identidade e a repeti inúmeras vezes em minha mente. Eu criei certeza dentro de mim.

Você pode fazer o mesmo. Vamos praticar a criação de uma certeza verdadeira e duradoura dentro de você.

Prática

Escreva uma lista de cinco a dez qualidades pessoais que sabe que são verdadeiras e corretas sobre você - coisas que serão verdadeiras daqui a cinco ou dez anos. O objetivo é desenvolver um senso de autoconhecimento profundo, para que possa se apoiar em aspectos seus nos quais possa encontrar segurança, não importa em que situação se encontre. Alguns exemplos são: criatividade, desenvoltura, apetite por aprender, curiosidade sobre o mundo, gentileza, capacidade de se conectar com as pessoas, ludicidade, adaptabilidade, prestar serviço, aspiração a um objetivo, resiliência ou desejo de autoaperfeiçoamento. Nenhuma pessoa e nenhuma circunstância podem tirar qualquer uma dessas habilidades de você. Tenha certeza disso.

LISTA DE VERIFICAÇÃO PARA A

Quarta Semana

Você recebeu quatro práticas para trabalhar nesta semana.

- ☐ Pratique examinar seus pensamentos ao escrevê-los e depois desafiá-los, usando as perguntas fornecidas anteriormente neste capítulo.
- ☐ Explore o julgamento e a compaixão por meio das instruções fornecidas. O que você ganha ao julgar os outros? Que histórias você conta a si mesmo sobre aquilo que os outros pensam de si?
- ☐ Avalie a saúde do seu próprio sistema digestório por meio das perguntas sugeridas aqui e adicione os três alimentos que curam o sistema digestório (ou uma alternativa que seja adequada) à sua dieta.
- ☐ Escreva uma lista de qualidades indiscutíveis a seu respeito.

Semana Cinco: Uma Nova História

Que história você conta a si mesmo?

Como agora você sabe, existe uma história sobre sua vida que conta a si mesmo repetidamente em sua mente subconsciente. Essa história é a base de todos os sistemas de crenças limitantes que o fazem se sentir ansioso, desmotivado e preso. A história que conta sobre seu passado é o que informa suas expectativas para seu futuro. Ela projeta uma sombra de decepção antecipada sobre o que está por vir para si. Não é de admirar que o futuro pareça tão sombrio.

Bridget veio até mim depois de ter tido um ataque de pânico enquanto dirigia do trabalho para casa que a deixou bem desequilibrada. Ela não havia experimentado nada parecido havia quinze anos, período em que construiu uma carreira de sucesso no setor imobiliário, com a capacidade de trabalhar as horas que quisesse. Ela tinha uma história de uma infância dolorosa. Seus pais se divorciaram quando tinha dois anos e, pouco depois, sua mãe a levou para a Alemanha, bem longe de onde seu pai morava. Ele nunca tentou entrar em contato com ela, nunca escreveu uma carta ou visitou. Ela cresceu acreditando que seu pai a havia abandonado e simplesmente não se importava. Bridget ficava hesitante de explorar sua história – o que é muito comum – pois algumas partes a deixavam mal de arrependimento e vergonha. No entanto, eu sabia que era exatamente nessas emoções dolorosas que precisávamos explorar, para liberar o peso que ela carregava. À medida em que trabalhávamos juntas, ela percebeu como a história de vida que vinha contando a levava a acreditar que os homens sempre a abandonariam; que deveria permanecer quieta e aceitar comportamentos abusivos por medo de perder um homem; e que, depois de seus dois casamentos fracassados, não havia sentido em procurar amor novamente. Parecia algo simplesmente muito arriscado.

As experiências passadas de Bridget com homens criaram um modelo para suas expectativas em relação a todos os outros homens no futuro. Ela não conseguia enxergar uma alternativa porque sua mente estava fixada em contar a história dessa maneira. Ela se sentia sem esperança, e ansiava por um amor que não estava disponível para ela.

Você também tem uma história, e é uma verdadeira mina de ouro – pronta para ser desenterrada e romper com crenças limitantes que o mantêm prisioneiro em um carrossel de ansiedade de alta atividade. O perfeccionismo, a pressão que exerce sobre si, a necessidade de estar ocupado o tempo todo, a maneira como se relaciona com as pessoas e como fala consigo mesmo, tudo isso se conecta à história que você conta a si mesmo sobre sua vida.

É hora de escrever sua história, sem edição e verdadeira aos seus sentimentos. Que história você conta sobre sua vida? Escreva tudo o que deu errado, todas as principais experiências que partiram seu coração ou o fizeram se sentir rejeitado, todos os grandes momentos em que se sentiu desapontado e magoado. Pode ser a história de um diagnóstico médico, de uma traição em um relacionamento amoroso, do amor inconsistente de um pai, de um amigo que se voltou contra você, de um divórcio doloroso, de um parente crítico, de um negócio que faliu, de bullying na escola ou do dia em que foi demitido do trabalho. É essencial que você se dê total permissão para ser a vítima enquanto escreve esta história. Esse não é o momento de abrandá-la ou encontrar um lado positivo. Você contará esta história dessa maneira pela última vez, então aproveite a oportunidade para contar tudo.

Gaste tempo com isso. Pode ser exaustivo e você precisará se comprometer com o processo, reservando um tempo adequado. Mas se conseguir realizar essa prática até o fim, valerá muito a pena. Ela só será necessária uma vez na vida. Se acha que pode precisar do apoio de um terapeuta, um curandeiro ou coach para orientá-lo pelo processo, por favor, peça este apoio. Se a tarefa lhe parecer muito angustiante, não há necessidade de se forçar. Você pode voltar a ela mais tarde, quando se sentir pronto.

Prática

Escreva a história de sua vida conforme descrito aqui, dividindo--a em uma linha do tempo para facilitar – como capítulos de um livro. Separe os capítulos em incrementos de cinco anos, a partir do seu nascimento até os cinco anos, depois dos seis aos dez anos, dos onze aos quinze anos e assim por diante, até o presente. Preencha cada capítulo com pontos e liste descrições dos momentos-chave. Depois não deixe de escrever sobre como você se sentiu, o significado que absorveu de cada experiência e as crenças que adquiriu acerca de si mesmo, sobre as pessoas e sobre a vida. Para cada momento significativo, faça duas perguntas a si mesmo: Como me senti? Que significado eu associei a isso?

Quando terminar a história, destaque todas as crenças fundamentais que descobriu e escreva-as em uma lista, para que você possa ver claramente com o que está lidando. Esse processo pode demandar sessões de redação de meia hora por vários dias.

Resista à tentação de ir direto para uma perspectiva positiva, descartar seus sentimentos ou minimizar sua dor. É importante que você permita que sua dor e emoções negativas venham à tona. Você pode sentir necessidade de chorar ou externalizar sua raiva. Deixe que esta parte de si emita sua voz. Receba-a. Implemente a prática de ajuste de sintonia para trabalhar seus sentimentos sem resistência e chame seu Pai Amoroso se sentir que precisa. A oportunidade de reescrever sua história está chegando.

Reescreva sua história

Quando Bridget escreveu sua antiga história e depois a reescreveu (o que você fará em breve), ela sentiu seu coração se abrir com amor. Ao revisitar memórias de sua infância através de seus olhos de adulta, despertou para a realização de que seu pai, de fato, amava-a muito. Ele tentou visitá-la diversas vezes e até escreveu cartas para ela, mas sua mãe manteve tudo escondido, pois ainda guardava rancor dele. Ela só pensava em si mesma. Bridget acessou uma memória que estava muito enterrada, de seu pai parado na porta da frente de sua casa na Alemanha, implorando à mãe para que o deixasse ver os filhos. Ele fez tudo o que pôde para manter seus filhos em sua vida. Bridget finalmente conseguiu se abrir para o amor de seu pai, que sempre esteve presente. Ela podia ver que era merecedora de recebê-lo. Havia sido sempre merecedora de amor. Isso despertou nela muita raiva contra sua mãe, que também foi capaz de processar. Conforme se livrou das crenças pesadas e limitantes do passado e lançou uma consciência poderosa sobre eles, Bridget se sentiu aberta a novas e empolgantes possibilidades para o seu futuro – incluindo uma vida plena, com ou sem um parceiro. Se um amor que a merecesse aparecesse em seu caminho, ela agora estaria pronta para recebê-lo.

Quando abandona sua velha história, permite que o Universo escreva uma nova para você e se abre para novas possibilidades à medida que se liberta da narrativa inconsciente dos acontecimentos de sua vida. Escrever sua nova história é dizer sim à sua expansão e seu crescimento; é dizer sim à pessoa na qual está se tornando.

Então, como a Bridget reescreveu sua história? Agora, eu o guiarei para essa etapa seguinte. Em primeiro lugar, reserve algum tempo para se renovar, entre a redação da sua história antiga e a nova, agora. Talvez esperar até o dia seguinte, ou pode ser necessário deixar de lado a história antiga por alguns dias, ou apenas dar um passeio ou fazer uma xícara de chá. Qualquer coisa vale para criar algum espaço para sua mente.

Agora é hora de parar de contar a velha história, de parar de falar sobre o passado da forma como tem sido feito. Involuntariamente, nós, humanos, tendemos a mentir sobre o nosso passado. Nossa história se torna embelezada e dramática conforme atribuímos significados aos eventos, com nossa mente criativa e imaginativa. Eventos que aconteceram em sua infância se tornam razões pelas quais você não é bom o suficiente. Para uma criança, a vida é confusa e a única maneira de elas entenderem o que acontece é tornar isso sobre elas. Quando a criança vê a mãe estressada ou o pai zangado, por padrão, acredita que 'a culpa é minha'. Essa crença o mantém ansioso e alimenta seu medo. Você pode escolher sua história agora.

Quando foi que disse a si mesmo que aquilo que aconteceu foi culpa sua? Quando você se culpou? Em que ponto acreditou que não era merecedor? Quando foi que pensou que não era amado, querido ou sentiu-se rejeitado, ou que o amor não estava disponível para si? Essas crenças são todas comuns na mente em desenvolvimento, mas não são verdadeiras. São todas ilusões e agora você se desafiará a enxergar através delas.

Consegue ver esses eventos com mais autocompaixão, amor e perdão? Pode ser necessário perdoar outras pessoas e perdoar a si mesmo. Como dar a outras pessoas o benefício da dúvida? Como levar o que aconteceu de forma menos pessoal? Consegue enxergar a adorável mas confusa humanidade nos erros dos outros, e nos seus próprios erros? Consegue ver que os humanos que o perturbaram fizeram o melhor que conseguiram – na tentativa de sobreviver, de serem felizes, de serem queridos e darem conta da vida com os recursos, experiências, a inteligência emocional e o crescimento espiritual disponíveis para eles na época?

Consegue perceber as lições naquilo que passou? Consegue se sentir grato pelo que aconteceu? Consegue sentir uma certa maravilha perante o amplo escopo de experiências humanas que você já viveu nesta selvagem e emocionante montanha-russa da vida?

É claro que, em casos de abuso, você não é obrigado a perdoar ou a sentir-se grato pelo que aconteceu. Nesses casos, busque o apoio de um terapeuta, curandeiro ou coach para guiá-lo em direção a uma perspectiva de cura.

Prática

Dê uma olhada na velha história de sua vida que você escreveu. Reserve um momento para agradecer a esta história pelo papel que ela desempenhou em sua vida, e pelo propósito a que serviu. Agradeça a esta história por levá-lo até onde está agora.

Comece a reescrever os grandes acontecimentos da história de sua vida que o afetaram significativamente com uma nova perspectiva. Use a orientação acima para escolher a perspectiva que o fortalece e o ajuda a se sentir muito bem com quem é e por aquilo que viveu até agora. Esta é a história da sua vida que você contará daqui para frente.

Se escrever sua história por uma nova perspectiva é difícil para si, é um bom sinal de que está engajado no trabalho de cura mais importante de sua vida, com maior potencial recompensador. Não há escolha, a não ser crescer. Se estiver sentindo muita resistência, observe o quanto deseja permanecer apegado à sua antiga história e à sua dor. Aja com curiosidade a respeito disso. O que você ganha ao acreditar nesta velha história? Se você escolhe permanecer com raiva, culpando-se e vitimizando-se, está se apegando a uma dor que só o machuca. Não prefere largar disso um pouco? Não é melhor tentar deixar essa história ir embora, para encontrar paz? Consegue imaginar que existe outra perspectiva disponível, mesmo que ainda não consiga compreendê-la, e reconhecer que está imerso numa ilusão? Até isso é um grande passo para ser dado.

'Bom e Mau' Não Existem

Nossas experiências não são boas nem ruins. São neutras – até que um ser humano apareça e signifique a experiência. Você deve ter aprendido que comer legumes é bom e comer frituras é ruim. Mas e se os legumes forem oferecidos a uma criança de dois anos que não gosta de papinha amarga? E se a comida frita fizer parte de uma comemoração? Ou acreditar que uma casa limpa é algo bom e uma casa bagunçada é ruim. Mas e se manter a limpeza constantemente for um fardo mental para você? E se a permissão para que a bagunça exista for uma forma de você relaxar e praticar o desapego? Muitos de nós pensamos que a morte é ruim e o nascimento é bom. Mas e se a morte permitir que alguém que esteja sofrendo encontre a paz? É algo ruim então? E se o nascimento resultar em trauma e lesões significativas para a mãe? Ainda é algo bom? Você pode acreditar que a dor é ruim e o prazer é bom. Mas e se a dor facilitar o crescimento e um avanço importante? E se o prazer desviar a pessoa de se dedicar a um propósito maior na vida?

O bem não pode existir sem o mal e o mal não pode existir sem o bem. Sempre há dualidade na vida. Os dois rótulos podem coexistir em uma única circunstância. O início de um novo relacionamento pode parecer um êxtase, mas com o passar dos anos, isso mudará. Você pode compará-lo com aquela fase inicial, já muito distante, e rotular a versão atual do relacionamento como ruim. De certa forma, todos os relacionamentos chegam ao fim. A morte de um ente querido será percebida com uma sensação de tragédia, mas você já sentiu o amor tocante que emana da reunião de pessoas em um funeral? Por que o valor final de uma vida é definido pelo fato de ela ter terminado? Em primeiro lugar, não é bom que a vida tenha existido? Se você pensar nas piores experiências pelas quais passou e puder extrapolar o tempo o suficiente, descobrirá que algumas das coisas ruins foram transmutadas em boas em algum ponto da linha temporal. Não tenha dúvida de que seus maiores desafios contribuíram para a pessoa que você é hoje.

Da mesma forma, a dor não é algo a ser temido ou evitado. É a sua maior professora. Sem ela, você não conheceria a beleza dos prazeres da vida. Não haveria nada a que compará-la. Um lindo dia de céu azul se torna facilmente entediante quando vira uma ocorrência diária. Um céu azul depois de duas semanas de chuva, porém, é algo verdadeiramente mágico.

A vida vem com circunstâncias neutras e interessantes, uma após a outra, e é sua escolha rotulá-las como boas ou ruins, felizes ou tristes. O significado de cada experiência é um feito todo seu.

Use esse conceito para terminar de reescrever sua história e aplique-o às partes em que se sentir travado. Que significado quer dar à sua história de vida? Uma história de vida triunfante, gratificante, colorida, vibrante e amorosa que o atenda depende inteiramente de você. Escolha isso para si, agora.

Notas Mentais

- As experiências da sua vida não são boas nem más; são neutras.
- É você quem escolhe aplicar o rótulo fixo de bom ou ruim a cada experiência.
- O significado que cada evento de sua vida possui depende inteiramente de você. Por que não optar por contar uma história de vida que seja boa para você?

Alimente seu Microbioma

O microbioma que vive no seu intestino é como um jardim vibrante, capaz de gerar vida, que influencia a saúde do seu corpo, sua mente e seu cérebro. É talvez o componente mais fascinante da saúde do sistema digestório que contribui para o seu Escudo de Resistência. Um jardim requer condições específicas para prosperar, como nutrientes, água e luz solar. Qualquer mudança nessas condições pode resultar no crescimento excessivo de ervas daninhas ou em plantas que não crescem direito. Da mesma forma que um lindo jardim pode melhorar sua vida, cultivar um belo jardim intestinal é uma maneira poderosa de aumentar sua resiliência frente a ansiedade.

Você está inextricavelmente ligado ao seu microbioma. Enquanto metade de si é composto por células humanas, a outra metade são células de microrganismos. Estima-se que o microbioma de uma pessoa possua, em média, 100 bilhões de microrganismos. Esses microrganismos incluem bactérias, leveduras, fungos, vírus e protozoários, vivendo juntos em harmonia contigo. Esta selva de espécies interdependentes vive dentro do seu intestino, mas também em toda a sua pele, e em quaisquer membranas e mucosas, como a boca, a vagina e os pulmões.

Vamos nos concentrar no microbioma que vive predominantemente no sistema digestório, no revestimento do intestino que estamos trabalhando para curar. O microbioma prospera em um ambiente intestinal saudável, cuja parede foi cuidada e curada. Por sua vez, um microbioma saudável e equilibrado ajuda a proteger o revestimento intestinal da inflamação. Ele se parece com um jardim sem muitas ervas daninhas, onde as flores florescem. Essas flores são bactérias e micróbios benéficos que podem ajudar a aumentar os níveis de substâncias químicas calmantes em seu cérebro, sintetizar nutrientes essenciais que não poderiam ser produzidos de outra forma, como as vitaminas K e B, e produzir ácidos graxos de cadeia curta suavizantes e anti-inflamatórios, todos os quais aumentam a sua capacidade de lidar com o estresse e reduzir a ansiedade.

O quadro, porém, anda um pouco diferente na maioria dos nossos jardins intestinais, mais uma vez graças à vida moderna. Geralmente, algumas espécies patogênicas e nocivas de bactérias ou outros micróbios vivem dentro de nós. Mesmo as espécies benéficas podem crescer em número excessivo e causar problemas. Pense nisso como se seu canteiro de flores com plantas crescesse fora do perímetro e formasse manchas feias e irregulares por todo o gramado. Um desequilíbrio do microbioma intestinal pode libertar lipopolissacarídeos nocivos – substâncias químicas que promovem a inflamação, o que danifica o revestimento intestinal – e também expulsar os personagens do bem, ao decidirem residir na casa deles.

Fibras e Prebióticos

Para equilibrar o microbioma, você deve fornecer aos seus micróbios benéficos os seus alimentos favoritos, para que eles tenham bastante o que comer. Suas bactérias boas adoram comer uma abundância de fibras, prebióticos e polifenóis. Os prebióticos são um tipo específico de fibra ainda mais capaz de aumentar as populações de bactérias benéficas e ajudar diretamente nos sintomas digestivos, como a diarreia e a constipação. De forma geral, aumentar a ingestão de fibras ajuda a mantermos os movimentos intestinais regulares, equilibrar o açúcar no sangue e mantê-lo saciado.

As mulheres normalmente necessitam de cerca de 25 gramas de fibra por dia, enquanto os homens demandam 30. Para incluir mais fibras no seu dia, tente deixar a casca dos legumes e frutas que come e prefira smoothies em vez de sucos (o processamento de sucos geralmente resulta na remoção das fibras). Não deixe de incluir grão de bico, feijão, lentilha, aveia, quinoa, sementes de chia e pepitas (sementes de alguns tipos de abóboras naturalmente sem casca) em sua dieta, além de vegetais verdes como brócolis, espinafre e couve.

Esteja atento à ingestão de açúcar refinado proveniente de alimentos como doces, batatas fritas, pão branco e biscoitos e substitua-os por frutas com alto teor de fibras, legumes, castanhas, sementes e grãos integrais; pois isso o ajudará a mudar o equilíbrio do microbioma para uma população maior de bactérias benéficas.

Aqui vai uma lista com exemplos da quantidade em gramas de fibra por porção encontradas em diferentes alimentos, para que você possa se certificar que está ingerindo o suficiente todos os dias:

- 1 xícara de feijão preto = 15 gramas
- 1 xícara de lentilhas = 16 gramas
- 1 xícara de aveia cozida = 4 gramas
- 1 xícara de batata doce = 4 gramas
- 1 xícara de arroz integral cozido = 3,5 gramas (em comparação com apenas 0,4 gramas encontrados em 1 xícara de arroz branco)
- 1 maçã = 4,4 gramas
- 1 punhado de pepitas = 5 gramas

Também recomendo a adição de alguns alimentos prebióticos essenciais à sua dieta regular, de acordo com sua tolerância. Aqui estão alguns que suas bactérias intestinais boas adoram comer:

- Raiz de chicória
- Folhas de dente-de-leão
- Tupinambo (ou alcachofra-de-jerusalém)
- Alho
- Cebolas
- Alho-poró
- Aspargos
- Banana (verde, pouco madura)
- Aveia
- Maçãs
- Raiz de konjac
- Cacau cru
- Sementes de linhaça

É bastante comum sentir mais gases e inchaços à medida que aumenta a ingestão de fibras e alimentos ricos em prebióticos, principalmente se você se empolgar com eles. O efeito será temporário, e geralmente não dura mais de vinte e quatro horas. Meu conselho é ir devagar, adicionar uma colher de sopa desses alimentos por refeição de cada vez, e aumentar sua ingestão. Se ficar com gases, você foi longe demais, então, volte e recue. Com o tempo, você vai tolerar uma ingestão maior de alimentos ricos em fibras e prebióticos, e esse é o objetivo.

Polifenóis

Os micróbios intestinais saudáveis também adoram comer polifenóis, encontrados no pigmento natural das frutas e vegetais. É aqui que o conselho comum de "comer um prato colorido como o arco-íris" realmente se aplica. Os polifenóis aumentam a diversidade e a população de bactérias boas, como os lactobacilos e as bifidobactérias, ao mesmo tempo em que reduzem o crescimento de micróbios patogênicos. Eles proporcionam ação antioxidante, que protege as células contra danos causados por patógenos. A sua estrutura química única dispara a atividade bacteriana benéfica e desliga a atividade de bactérias patogênicas nocivas. Ao fazer isso, proporcionam um efeito regulador global que equilibra o microbioma. Em caso de dúvida, basta adicionar um pouco de cores extras ao seu prato todos os dias.

Aqui está uma lista de alimentos que são ótimas fontes de polifenóis para o estimular:

- mirtilos, amoras, morangos, framboesas
- chá verde ou preto, café (chá verde sem cafeína é melhor; certifique-se de limitar a ingestão de cafeína, de acordo com sua tolerância)
- vinho tinto (uma taça)
- chocolate amargo, cacau cru
- azeitonas

- brócolis
- beterraba
- espinafre, couve
- amêndoas, nozes, avelãs
- damascos, ameixas, peras

Probióticos e Alimentos Fermentados

Alimentos fermentados probióticos, como tempeh, kefir, iogurte natural sem açúcar, massa fermentada, kimchi, chucrute e kombuchá também são úteis, pois incentivam e dão base a um ambiente intestinal saudável.

Seja na forma de cápsulas ou de alimentos, os probióticos não colonizam o microbioma intestinal com espécies de bactérias benéficas como pensávamos. No entanto, exercem um efeito anti-inflamatório geral que estimula o florescimento do microbioma existente. Os probióticos também ajudam a reduzir sintomas como diarreia, fezes moles e prisão de ventre, algo que as pessoas com ansiedade costumam experimentar. Se está se perguntando se deve ou não tomar um probiótico em cápsulas diariamente, o que posso dizer é que certamente gerará um impacto positivo, mas o efeito só dura enquanto você se manter ingerindo as cápsulas. A coisa mais importante a se ter em mente a longo prazo é, em primeiro lugar, alimentar o seu microbioma intestinal com os alimentos prebióticos com os quais ele se desenvolve.

Aqui vão alguns alimentos probióticos que você pode incluir em sua dieta diária:

- quefir
- kimchi
- chucrute
- tempeh (soja fermentada)
- iogurte (natural, sem açúcar)
- pão de massa fermentada
- kombuchá

Prática

Adicione mais fibras, alimentos prebióticos, alimentos fermentados/probióticos e polifenóis à sua dieta, conforme as orientações que mencionei. Medir quantidades exatas é menos importante do que simplesmente fazer um esforço para consumir mais desses alimentos e tê-los em mente.

Lembre-se que é normal ter um pouco mais de gases à medida que adicionar esses alimentos, enquanto seu corpo se ajusta, porque os micróbios intestinais literalmente fermentam esses alimentos e geram gases à medida que os comem. Se você se sentir particularmente desconfortável, reduza a ingestão e aumente as quantidades lentamente, um pouco por dia.

Se você sofrer de inchaço doloroso e desconforto digestivo geral, sempre consulte o seu médico para garantir que esse conselho é o correto a ser seguido na sua situação. Nestes casos, muitas vezes é necessária uma abordagem muito mais lenta e suave para que estes alimentos sejam introduzidos.

LISTA DE VERIFICAÇÃO PARA A

Quinta Semana

Na quinta semana você terá três práticas para completar - incluindo a importante tarefa de escrever e reescrever sua história. É normal que esta tarefa demore mais de uma semana para ser concluída.

- ☐ Escreva a sua antiga história de vida, e a divida em capítulos de eventos-chave.
- ☐ Reveja a sua antiga história, agradecendo a ela pelo papel que desempenhou na sua vida, e depois a reescreva - crie uma nova história, que lhe dê forças e seja útil, para contar daqui em diante.
- ☐ Adicione mais fibras, alimentos prebióticos, alimentos fermentados/probióticos e polifenóis à sua dieta, conforme as orientações sugeridas.

Semana Seis: Realize Milagres

Ações Altruístas

Ao lutar para melhorar seu mundo interior, você naturalmente foca em si mesmo. Você pensa em como está seu visual, em vez de em como pode fazer outra pessoa se sentir ao oferecer um sorriso e ouvidos atentos. Você se preocupa com o que está fazendo da sua vida, em vez de fazer algo para ajudar outra pessoa, com o poder e os recursos que você já tem. Conta uma história de que não é uma pessoa merecedora, em vez de usar suas duas mãos valiosas para ajudar um amigo, seja ao preparar comida ou massagear ombros doloridos – um ato altruísta que ele realmente valorizaria. Fixa em sua mente que não é suficiente por si só e em todas as suas fragilidades e esquece de todo o poder que tem para causar um impacto positivo e valioso no mundo.

Embora seja importante receber amor e apoio dos outros e não passar a um estado de apenas se doar aos outros e prestar serviço, existe uma maneira infalível de reverter essa crise de saúde mental. Pergunte a si mesmo: há alguma coisa que posso fazer hoje para tornar a vida de outra pessoa um pouco mais fácil?

Conforme muda seu foco para o que pode fazer e o valor que pode oferecer a outro ser humano, você automaticamente se sente mais valoroso. Com isso, vem a sensação reconfortante de fazer uma contribuição para o mundo que, à sua própria maneira, em pequenas proporções, realmente o torna um lugar melhor. Com uma abordagem simples, você atenderá a três de suas necessidades básicas de saúde mental: conexão e pertencimento, autovalorização e relevância, propósito e contribuição.

Prática

Talvez você já seja um ser humano generoso e atencioso, mas esta semana você fará um esforço ainda mais consciente para servir. Reserve um momento para considerar as pessoas à sua volta. Alguém precisa de ajuda em alguma área da vida? Onde você poderia oferecer esse auxílio?

Alguns exemplos para inspirá-lo nessa tarefa: preparar uma refeição para alguém; escrever uma carta de agradecimento a um amigo que esteve ao seu lado quando você precisou; limpar a casa ou o carro de alguém; consertar algo quebrado para outra pessoa; mandar uma mensagem atenciosa para fazer contato com um colega; dar um bilhete que faça alguém sorrir; oferecer um abraço; dar ouvidos enquanto outra pessoa fala o que pensa ininterruptamente.

Realize Milagres

Há quanto tempo você tem transitado cegamente pelos movimentos da sua vida diária, imerso em suas próprias preocupações e inseguranças? Quando o seu foco é interno, o seu mundo pode parecer minúsculo, como se ele todo pudesse caber nas quatro paredes da sala em que você está. Não é de admirar que esse estado de ansiedade encapsulado o faça se sentir limitado, preso e temeroso.

Vivi assim durante anos depois do divórcio dos meus pais: de cabeça baixa e visão estreita. Acordava e espiava o meu telefone de forma robótica. A paz do meu sono se dissipava rapidamente conforme eu navegava pelas imagens filtradas das vidas melhores que todas as outras pessoas viviam. Eu me sentia entorpecida conforme lia uma notícia horrível ou era abalada pela lembrança bruta da minha longa lista de tarefas. Sentia como se algo me perseguisse, mas não conseguia dizer o que era. Minha mente ansiosa entrava em cena, agarrava minha consciência, e vomitava uma história que dizia o quanto meu dia seguinte seria estressante, desagradável e sombrio. Que mágica nenhuma viria para a minha vida. 'De qualquer forma, meus melhores dias ficaram para trás', ela me dizia. Minha alegria estava perdida naquelas lembranças já desbotadas do nervosismo com o primeiro beijo, de brincar em casas de faz-de-conta, da sensação de não ter limites na primeira vez em que dirigi um carro sozinha, das viagens a lugares quentes e exóticos; de quando me apaixonei vertiginosamente. Eu já sabia como a vida poderia ser boa, mas a partir dali, tudo pioraria. Meus anos restantes seriam, na melhor das hipóteses, medíocres. Mesmo assim, meu cérebro ainda ansiava por doses de dopamina – aqueles momentos de magia. Procurava prazer enquanto eu consumia continuamente comidas prejudiciais, comprava roupas novas, sonhava com o quanto eu poderia ser perfeita se ficasse mais em forma e saudável, cumpria a tarefa seguinte antes da data final numa rotina de estudos obsessiva. É certo dizer que eu procurava em todos os lugares errados por pequenos milagres que me afastassem da minha vida mundana. Algo não estava dando certo.

Então, comecei a refletir. E se eu pudesse criar milagres significativos na minha vida diária, de forma funcional e sustentável? Isso poderia ao menos ser possível? E se eu pudesse me sentir viva sem precisar entrar ou sair de um avião, ou me matar de trabalhar o ano todo só para passar uma semana em um resort cinco estrelas? E se eu pudesse sentir que realmente vivia uma vida engajada e realizada em qualquer lugar, a qualquer momento? Ao me fazer essas perguntas, comecei a perceber que tinha dentro de mim o poder para controlar minha perspectiva – e você também tem. Todos nós temos o poder de perceber nossas vidas de uma forma que parece milagrosa, viva e maravilhosa. Podemos tirar os antolhos do medo e optar por ampliar nossa percepção com amor. É assim que fazemos milagres.

O dramaturgo americano Thornton Wilder disse uma vez: "Só podemos dizer que estamos verdadeiramente vivos naqueles momentos em que nossos corações estão conscientes de nossos tesouros". O que todos procuram nesses grandes momentos da vida – em viagens para lugares muito diferentes, celebrações importantes, paisagens naturais deslumbrantes, o nascimento de um novo ser humano, conquistas profissionais e os instantes em que nos apaixonamos – são momentos de magia e admiração exasperantes. Momentos em que o seu coração está aberto, em que não consegue acreditar que lhe responderam 'Sim!' ou que a vida poderia ser tão incrivelmente bela. Momentos em que você sente que é bom estar vivo.

Os exemplos aqui são os milagres da vida que são impossíveis de ignorar. Eles são grandes, sonoros e óbvios. E podem parecer muito raros ou caros e fora de alcance. Mas estes exemplos não são tudo que existe. Há milagres acontecendo ao seu redor, ignorados sem querer, simplesmente porque está focado em si mesmo e nos seus problemas. O fluxo da vida ao seu redor – com suas complexidades infinitas, sua beleza profunda e sincronicidades inesperadas – é um milagre do qual você, sem dúvida, acabou se isolando. Quantos milagres estão tentando encontrá-lo?

Quando penso em mim mesma anos atrás, que acordava e pegava meu telefone, sugada por minha turbulência interior, eu me pergunto que milagres não enxergava. E se eu tivesse notado o brilho da luz do sol que se derramava pelas janelas? E se tivesse percebido que meu corpo me mantinha respirando durante a noite toda, sem minha intervenção, em um trabalho contínuo e automático? E se eu tivesse considerado que minha cama era maravilhosamente macia e confortável? E se eu tivesse apreciado o fato de meu cabelo ter um cheiro gostoso, porque tinha acesso a um banho e a um xampu com cheiro agradável? E se eu tivesse prazer em reconhecer que tinha uma cozinha cheia de comida – comida deliciosa e de qualidade que escolhi porque tinha esse luxo? E se eu tivesse tentado contar as mil maneiras pelas quais poderia me divertir naquele dia? E se eu tivesse pensado em tudo de bom que acontece neste mundo – os sorrisos, os abraços e o amor expresso entre os humanos, e o maravilhoso fato de que fomos colocados neste planeta para amar uns aos outros? E se eu tivesse olhado pela janela, para as formas e cores espetaculares das árvores ou para as personalidades interessantes e engraçadas andando pela rua? E se eu tivesse me perguntado sobre o que eu poderia ter enxergado que *dava certo* e funcionava bem para mim, naquele momento? E se eu tivesse sorrido de satisfação pela minha boa saúde e por ter acesso a cuidados médicos de alta qualidade, caso algum dia precisasse deles? E se eu tivesse considerado a sorte que tive por ter nascido em um país com tanta liberdade e tantas oportunidades? E se eu tivesse questionado até mesmo as chances e os momentos fortuitos que tiveram que ocorrer para eu nascer e estar viva naquele momento? Só para você saber, a chance de alguém nascer é estimada em de uma em 400 quatrilhões a dez elevado à potência de 2,64 milionésimos. Em outras palavras, as chances são tão baixas que seu cérebro não consegue nem processar numericamente que tipo de mágica aconteceu para ser feito. E se eu tivesse parado por alguns segundos para considerar que minha vida, minha simples existência, meu *estar aqui neste momento agora*, era um milagre?

Notas Mentais

- Você pode realizar milagres em sua vida diária se os ativar com seu foco.
- Lembre-se de que a sua própria existência por si só é um milagre.

Agora, talvez você esteja se perguntando o que é que lhe falta. Sempre há milagres ao seu redor. Consegue vê-los? Consegue canalizar ativamente seu poder de percepção para o amor, e procurá-los? Quanto mais milagres procurar, mais eles aparecerão. Volte a lembrar que sua vida também é um milagre.

Prática

Todos os dias desta semana, escreva uma página inteira em seu diário de anotações, e descreva os milagres ao seu redor. Expresse gratidão por todos os intrincados impressionantes, as complexidades e sincronicidades alucinantes da vida ao seu redor. Você notará que, à medida que engatar nessa percepção, o processo se torna mais fácil e flui para fora de si sem o mesmo esforço necessário para começar. Seja paciente consigo mesmo e curioso a respeito de todos os milagres que ainda não percebeu. Comece a notá-los.

Mitos Nutricionais

Eu já estava viva havia quase 21 anos quando compreendi verdadeiramente que a comida que comia a cada refeição era uma oportunidade para nutrir meu corpo. Entrei num curso de culinária saudável no interior de Byron Bay, no qual eu sentava a uma mesa coberta de cachos de bananas cultivadas localmente, potes de vidro etiquetados com especiarias coloridas, nozes de macadâmia, fatias de abóbora assadas e potes com verduras amargas e pétalas de flores amarelas comestíveis. A ficha caiu. Cada mordida que eu dava aumentava os estoques de nutrientes em minhas células, e poderiam ter um impacto no meu bem-estar geral. Fui conduzida por uma horta rústica, onde fui apresentada a ervas que podiam curar dor de dente, aliviar coceira na pele ou ajudar a reduzir a depressão. Finalmente percebi a conexão entre o que crescia na terra e meu próprio corpo.

Durante vinte e um anos, eu havia visto a comida simplesmente como um meio de saciar a minha fome e, mais tarde, como algo a se restringir e a combater. Minha fome era inconveniente e minha ingestão de alimentos parecia uma batalha por controle. Era uma fonte diária de tormento ansioso. 'Comi demais hoje? Como posso me distrair e pular uma refeição? Eu não deveria comer isso. Eu deveria estar bem. Deveria estar melhor. Ah, dane-se. É tudo muito difícil. Vou simplesmente me render. Agora me sinto péssima a meu respeito...' E assim o ciclo continuava.

Decidi aprender tudo o que pudesse sobre os componentes dos alimentos que eu ingeria. Ver a comida como base para um humor ótimo, energia, unhas fortes e cabelos saudáveis ajudou muito nos dias em que minha mente ansiosa me tentava a não comer. A nutrição é um componente chave do Escudo de Resistência.

Durante meus quatro anos de estudos sobre nutrição, passei por ondas de opiniões extremas sobre determinados temas. Do veganismo, que nunca é bom o suficiente, às dietas de perda de peso disfarçadas de ceto e paleo, à obsessão-compulsão da alimentação limpa e do puritanismo orgânico, à difamação da soja e do glúten. Sempre pensei que pelo menos com frutas e vegetais eu não poderia errar, mas logo descobri que até mesmo eles apresentavam problemas. Evitei beterrabas e espinafre por um tempo devido às lectinas potencialmente prejudiciais, e aos fitatos e oxalatos que diziam bloquear a absorção de minerais. Consumir muita couve era considerado potencialmente perigoso para a tireoide.

Era ridículo. Quase não havia mais alimentos que eu pudesse comer. A determinação de tornar minha alimentação perfeita só aumentava minha ansiedade. Então dei um passo para trás e dei uma boa olhada em mim mesma, vendo à distância todas as espirais de ideias sem fim em que havia mergulhado.

Ao criar argumentos contra um vegetal saudável, sabe que definitivamente se afundou demais na loucura do mundo da nutrição. Um professor de nutrição ajudou a validar a minha conclusão inicial – que há fortes argumentos a favor e contra quase todos os alimentos ou dietas. Não importa o que faça, pode-se argumentar que aquilo não é bom. Meu perfeccionismo alimentar finalmente deu lugar a uma abordagem muito mais descontraída, que combinava intuição, conhecimento e bom senso.

Meus clientes muitas vezes compartilham comigo vídeos de quinze segundos ou postagens informativas sobre os efeitos nocivos de algum nutriente, dieta ou alimento, ou listas de alimentos que aumentam a ansiedade, com medo de que precisem parar de consumi-los. É importante ter em mente que uma plataforma de mídia social é uma plataforma de marketing. Para comercializar e vender, essas plataformas devem chamar a atenção. Conteúdos que chocam ou pertencem aos lados extremos da nutrição sempre chamarão a atenção e ajudarão a vender. Devemos também lembrar a importância da pesquisa de qualidade e de contextos com qualidade, pois uma frase no Instagram tirada do contexto de uma discussão complexa pode facilmente criar alarme. Por exemplo, sim, se você consumir muita couve, teoricamente, poderia atrapalhar o funcionamento da glândula tireóide. No entanto, a quantidade de couve necessária para que esse problema ocorra é muito maior do que alguém jamais consumiria (baldes de couve), portanto, a preocupação na vida real é desnecessária. Vamos dar uma olhada em alguns desses ingredientes e dietas que são chamados de perigosos através de um olhar prático e bem informado.

Glúten

Uma dieta sem glúten pode não reduzir a ansiedade, mesmo naqueles que têm doença celíaca, o que requer um diagnóstico oficial de seu médico.[17] Uma dieta sem glúten pode ser benéfica caso haja uma diferença e você for genuinamente sensível a ele, algo que pode ser confirmado através de um teste do gene HLA-DQ. No entanto, a remoção de alimentos que contêm glúten da sua dieta resulta numa redução na diversidade do microbioma, o que significa menos florescimento no seu jardim intestinal.[18] Se não há diferença entre comer glúten ou não, você não deve excluí-lo completamente da sua alimentação e é improvável que evitá-lo faça alguma diferença na ansiedade. Além disso, a torrada com massa fermentada torna o brunch de domingo muito mais delicioso.

Açúcar

É improvável que uma dieta sem açúcar faça uma diferença significativa na ansiedade da maioria das pessoas. As pesquisas são contraditórias e inconsistentes, e é muito difícil determinar a causalidade entre a ingestão de açúcar e a ansiedade.[19] Há muitos fatores envolvidos nesse transtorno, como agora sabemos. Então você pode ficar tranquilo, que um pouco de chocolate depois do jantar ou um sorvete no verão podem permanecer na sua vida. Lembre-se de que o açúcar reside em muitos alimentos que comemos, mesmo nas frutas, na cenoura, na beterraba, no pão e em massas, e não apenas em doces. O açúcar é apenas energia para o seu corpo. Alguns açúcares vêm com mais nutrientes e outros com menos. Uma ingestão repentina e alta de açúcar pode, no entanto, criar caos temporário nos níveis da substância no sangue, o que não é a melhor coisa para a ansiedade. Isto não é um problema se alimentos doces forem consumidos juntamente com uma fonte de proteínas, gorduras e fibras e fizerem parte de uma dieta equilibrada. Você aprenderá exatamente como fazer isso mais adiante nesse capítulo.

Laticínios

Não existe uma associação clara entre o consumo de laticínios e a ansiedade.[20] Alguns estudos sugerem que a inclusão de laticínios na alimentação traz benefícios, e muitos produtos lácteos formam a base de alimentos probióticos e fermentados, como o quefir e o iogurte. A dieta mediterrânea é considerada uma das dietas promotoras da saúde para a qual mais há evidências no mundo, especialmente para melhorar a saúde mental, e ela inclui produtos lácteos.[21]

Produtos de Origem Animal

É verdade que adicionar mais vegetais à sua dieta é bom para a resiliência geral da sua saúde mental. Nozes, grãos, legumes e frutas são alimentos ricos em nutrientes que apoiam a saúde humana de inúmeras maneiras, desde pelo aumento da diversidade do microbioma intestinal até a redução de inflamação. A exclusão estrita de produtos de origem animal não é necessária para se alcançar estes benefícios. Na verdade, uma revisão crítica demonstrou que em onze dos dezoito estudos de referência analisados, com pesquisas incluindo mais de 160.000 indivíduos em todo o mundo, a pior saúde psicológica estava naqueles que se abstinham totalmente do consumo de carne e frutos do mar.[22] Os benefícios, especialmente para pessoas com ansiedade de alto funcionamento, podem estar menos relacionados com a remoção da carne da dieta, e mais com a adição de vegetais frescos e mais coloridos.

Quando se trata de dominar sua mente ansiosa, é muito melhor que você se restrinja o mínimo possível em relação à sua alimentação, e deixe com que a oportunidade de se conectar aos sinais e impulsos intuitivos do seu corpo para guiá-lo. O objetivo não é ter uma dieta perfeita. É nutrir seu corpo para que você se sinta calmo e relaxado. Olhe para a floresta, não para as árvores. A menos que tenha objetivos de saúde bem específicos e esteja trabalhando com um nutricionista profissional graduado, esqueça os detalhes confusos e inconsistentes. Uma coisa sobre a qual as pesquisas parecem concordar é o impacto positivo para a saúde mental de uma dieta nutritiva e com o mínimo de processados.[23] Procure fazer uma dieta mais rica em nutrientes na maior parte do tempo, com espaço para flexibilidade, e permita-se tratar a alimentação como um dos grandes prazeres da vida.

Notas Mentais

- Acha que consegue evitar os rótulos de "bom" e "ruim" quando se trata de comida?
- Você é capaz de permitir que haja equilíbrio, menos regras e mais flexibilidade em seus hábitos alimentares?

Os Macronutrientes

Macronutrientes são os três componentes de todos os alimentos que consumimos: proteínas, carboidratos e gorduras. Cada macronutriente é importante para desenvolver a resistência à ansiedade de diferentes maneiras, e recomendo que você faça seu prato com uma combinação equilibrada de cada um deles. Pense neste assunto da mesma forma como se aprende um idioma ou posturas da ioga. Depois de estar familiarizado com os princípios básicos, você poderá transitar pelas informações com fluência ao fazer suas escolhas alimentícias.

Proteínas

As principais fontes de proteína incluem ovos, carnes, peixes, castanhas, grãos, legumes e laticínios. Proteínas são um requisito dietético essencial todos os dias. Elas são as peças básicas que formam todo o corpo e são importantes para manter a pele, o cabelo, as unhas e o revestimento do sistema digestório saudáveis. Seu corpo necessita dos aminoácidos que compõem as proteínas para produzir serotonina, GABA e outras substâncias químicas calmantes e felizes para o cérebro que dão base à sua saúde mental. Proteínas promovem o crescimento muscular, regulam o processo digestivo, mantêm a sensação de saciedade entre refeições e estabilizam o açúcar no sangue.

A regulação do açúcar no sangue é essencial para melhorar a resistência à ansiedade, uma vez que um aumento seguido de queda repentina no nível de açúcar o levará à ansiedade. Sempre fico ansiosa se demoro muito entre as refeições, principalmente se me esqueço de almoçar. Poucos minutos depois de comer, eu me sinto calma novamente e consigo pensar com clareza. Há uma razão pela qual ficamos bravos e irritados se não comemos quando precisamos.

Busque consumir uma porção de proteína a cada refeição. A porção de proteína da refeição principal pode ser de dois ovos; uma lata de atum; uma porção de salmão, frango ou tempeh do tamanho da palma da mão; ou uma mistura do tamanho da palma da mão de lentilhas, grão de bico, feijão, quinoa, castanhas e sementes. Proteínas em pó são outra maneira fácil de aumentar sua ingestão.

A maioria das mulheres necessita de 40 a 60 gramas de proteína diariamente, enquanto os homens precisam de cerca de 60 a 80 gramas por dia. Tenha em mente que os níveis de atividade também contribuem para a sua necessidade diária individual de proteínas; quanto mais atividades fizer, mais proteína deve ingerir.

Carboidratos

Os carboidratos complexos são encontrados em frutas, legumes, grãos (incluindo aveia e arroz) e massas integrais. Os carboidratos simples são alimentos refinados e processados, como produtos assados. Os carboidratos fornecem energia ao cérebro, mantém a menstruação regular, auxiliam na ovulação, fornecem apoio ao metabolismo, reduzem os sintomas da síndrome pré-menstrual (TPM) e mantêm seu humor equilibrado e os níveis de energia estáveis. Os carboidratos complexos contêm antioxidantes e fibras que dão base a um microbioma e células saudáveis.

Os carboidratos dizem ao seu cérebro que você está seguro. Não há fome e há abundância de comida disponível. Quando a ingestão de carboidratos é muito baixa, o nível de cortisol, o hormônio do estresse, aumenta. Uma ingestão adequada de carboidratos reduz o estresse e acalma o corpo.

É particularmente importante escutar seu corpo quando se trata de carboidratos. Recomendo adicionar um pouco em cada refeição e evitar contar ou medir a ingestão, a menos que seja aconselhado por um profissional de saúde.

Lipídeos

Lipídeos, ou alimentos gordurosos, incluem o abacate, o azeite, produtos de coco, nozes, sementes e peixes oleosos como salmão, sardinha e atum. Cada célula do seu corpo é protegida por uma membrana celular feita de gordura. Seus hormônios são criados a partir de lipídios, portanto, uma ingestão saudável de gorduras ajudará a manter seus hormônios em equilíbrio. Gorduras combinadas com carboidratos e proteínas ajudam a retardar a liberação de açúcar na corrente sanguínea, mantendo os níveis de açúcar no sangue estáveis. Todas as células do seu cérebro são protegidas por uma bainha gordurosa de mielina, e as gorduras saudáveis podem ajudar a reduzir a inflamação. Um cérebro com menos inflamação é mais capaz de equilibrar as substâncias químicas cerebrais que estabilizam seu humor e o mantém calmo.

Procure adicionar uma colher de sopa ou uma porção de gorduras saudáveis do tamanho de dois dedos a cada refeição.

Monte um Prato Calmo

O processo de preparar uma refeição nutritiva pode ser cansativo para muitas pessoas – principalmente se ao passar pela ansiedade. Mas quando dividimos e simplificamos, se torna mais fácil de aplicar. Nessa seção, você encontrará os cinco passos principais que sigo ao preparar uma refeição. Essa abordagem é muito melhor para sua consistência a longo prazo, do que seguir uma série de receitas. Dessa forma, você pode escolher os alimentos de que gosta e com os quais já está familiarizado para criar infinitas combinações nutritivas de pratos de grãos e vegetais, saladas, salteados e outras refeições deliciosas. Basta adicionar alguns temperos saborosos, como cúrcuma, páprica, cominho, canela, pimenta, alho e ervas variadas, experimentando com os sabores que gosta, e em pouco tempo, cozinhará como um naturopata.

Etapa Um: Onde Estão as Proteínas?

Inclua uma porção do tamanho da palma da mão em cada refeição. Algumas opções são:

- **Proteínas animais:** frango, peru, peixe (especialmente salmão, atum, sardinha e cavala), canguru, ovos, frutos do mar (ostras, camarões e marisco), carne bovina de gado de pasto, cordeiro, iogurte natural, haloumi (queijo cipriota com leite de cabra e de ovelha), queijo fetta e queijo de cabra
- **Proteínas vegetais:** tempeh, soja orgânica fermentada, lentilhas, feijão preto, feijão-branco, vagem de soja, grão-de-bico (escorrido e enxaguado), arroz fermentado ou proteína em pó de ervilha (como proteína em pó isolada), quinoa, trigo sarraceno, cogumelos
- **Castanhas e sementes:** amêndoas, pistache, nozes, sementes de abóbora, sementes de girassol, noz-pecan, castanha-do-pará, amendoim, sementes de chia, sementes de cânhamo

Etapa Dois: Escolha Seus Vegetais

Algumas opções são:

- **Legumes crucíferos:** brócolis, couve-de-bruxelas, repolho, couve-flor, brócolis-ninja
- **Folhas verde-escuras:** espinafre, couve, couve-chinesa, acelga, folha de brócolis
- **Fibras com alto teor de polifenóis (cor) e prebióticos:** todas as saladas verde-escuras, cebola, cebolinha, pimentão, pimentas, agrião, rabanete, azeitona, alface, aspargo, alcachofra, aipo, alho, tomate, batata-doce, abóbora, beterraba, cenoura
- **Carboidratos complexos:** batata-doce, abóbora, beterraba, cenoura, batata, nabo, mandioquinha, erva-doce
- **Verduras amargas:** rúcula, salsa, folhas de capuchinha, chicória

Etapa Três: Adicione Seus Lipídios

Tente consumir uma colher de sopa ou uma porção do tamanho de dois dedos em cada refeição. As gorduras alimentam o cérebro e os hormônios. As opções incluem:

- Óleo de coco, leite de coco, flocos de coco, coco fresco, azeite, azeitonas, abacate, óleo de linhaça
- **Peixes gordurosos:** salmão, atum, sardinha, cavala
- **Castanhas e sementes:** amêndoas, pistache, nozes, sementes de abóbora, sementes de girassol, noz-pecan, castanha-do-pará, sementes de chia, sementes de cânhamo, sementes de linhaça

Tente consumir pelo menos duas porções de peixe gorduroso por semana.

Etapa Quatro: Sua Refeição Tem Fibras e Cores Suficientes?

As opções são:

- **Alto teor de polifenóis (cor):** todas as folhas verdes escuras, espinafre, cebola roxa, cebolinha, pimentão, pimentas, agrião, rabanete, azeitona, alface, tomate, batata-doce, abóbora, beterraba, cenoura, feijão preto, mirtilo, amoras, morangos, framboesas, abacaxi, especiarias (cúrcuma, páprica, cominho, canela, pimenta)
- **Alto teor de fibras prebióticas:** bananas verdes, aspargos, tupinambo, cebola, alho, amêndoas, nozes, avelãs, maçãs, damascos, ameixas, peras, lentilhas, feijão, aveia, arroz integral, grão de bico, nozes e sementes, raiz-de-chicória, alho-poró, folhas de dente-de-leão, tâmaras, ameixas, figos, pawpaw
- Chá verde, cacau, chocolate amargo, especiarias

Mantenha a casca das frutas e vegetais, que fornecem fibras extras, e prefira smoothies em vez de sucos.

Etapa Cinco: Seu Prato Tem Bastante Carboidrato?

As opções são:

- **Legumes:** batata-doce, abóbora, beterraba, cenoura, batata
- **Frutas:** mirtilos, framboesas, morangos, pêssegos, figos, ameixas, damascos, pawpaw, abacaxi, tâmaras, bananas, mangas
- **Cereais integrais:** arroz integral, quinoa, feijão, legumes, painço, trigo sarraceno, arroz preto, arroz vermelho, tremoço, polenta, milho, amaranto, aveia, centeio, espelta, pão de massa fermentada

Prática

Considere os macronutrientes em seu prato ao preparar ou escolher suas refeições. Siga os cinco passos que mencionei para construir um prato calmo, equilibrado, com todas as proteínas, carboidratos e gorduras que você precisa.

LISTA DE VERIFICAÇÃO PARA A

Sexta Semana

Nesta sexta semana, eu trouxe quatro práticas para você trabalhar. Talvez você ache essas tarefas um pouco menos demoradas, então terá espaço para completar o exercício de reescrever sua história, se necessário.

- ☐ Faça um esforço mais consciente em realizar ações altruístas. Pense nas pessoas ao seu redor que podem precisar de sua ajuda esta semana.
- ☐ Anote em seu diário pelo menos uma página dos milagres que acontecem ao seu redor todos os dias.
- ☐ Evite rotular os alimentos como bons e ruins e, caso sua alimentação for rígida, considere como reduzir suas regras em relação aos alimentos.
- ☐ Aplique o que aprendeu sobre as combinações para um prato calmo.

Semana Sete: O Prazer

A Arte do Prazer

Daniella havia acabado de ser promovida para uma nova função no trabalho, que demandaria mais do seu tempo. Era um grande passo em sua carreira, algo em que vinha trabalhando há anos. Era um sonho que se tornava realidade, mas ainda assim, estava surtando. Sua agenda semanal já estava lotada, ela cuidava da casa, lidava com uma reforma, tentava encaixar aulas de pilates na agenda e cuidava de um filho pequeno. Seu parceiro também tinha pouco tempo disponível, ocupado com a administração do próprio negócio. Quando veio me ver, Daniella estava sobrecarregada pela sua própria vida e com pavor de que seu companheiro a abandonasse. Eles haviam perdido a centelha do amor completamente, ela me disse. Mal se tocavam havia semanas e discutiam todos os dias. Incentivei Daniella a ouvir o que seu medo tentava lhe dizer. Conforme exploramos esse medo abertamente, ficou claro o quanto Daniella havia perdido a chama *dentro de si*. Ela estava a caminho de ficar completamente esgotada, desconectada de seu corpo e de sua energia feminina.

Todo ser humano, independentemente do gênero, pode incorporar tanto a energia feminina quanto masculina. Cada pessoa geralmente se sente mais à vontade em um estado mais do que em outro, mas na verdade precisamos de um equilíbrio dos dois. A ansiedade de alto funcionamento leva muitas pessoas longe demais em seu estado masculino do *fazer*: trabalhar incessantemente e assumir sozinhas os fardos da vida. Não há nada de errado aqui, quando isso é equilibrado com uma energia feminina suave e restauradora. No entanto, a energia masculina da produtividade é muito mais celebrada na sociedade do que a feminina, que é considerada preguiçosa e indulgente. Portanto, o caminho feminino é negligenciado enquanto o masculino é priorizado. Não é de admirar que a ansiedade venha junto, e nos lembre de que estamos bem longe de estarmos alinhados com o estado feminino.

Embora Daniella operasse bem em sua energia masculina e fosse recompensada com resultados positivos em sua carreira e a promessa de uma bela casa reformada, lá no fundo, ansiava por estar em seu estado feminino mais lento e receptivo. Se está lendo este livro, seja qual for o seu gênero , sem dúvida alguma, você sente esse desejo de se conectar mais fortemente com a energia feminina do ser.

Ao trazer sua energia masculina para casa dia após dia, Daniella foi descobrindo que a dinâmica com seu parceiro era neutralizada em uma energia masculina-masculina. Para que aconteça uma atração em qualquer tipo de relacionamento romântico, é necessário que haja uma carga positiva e outra negativa, como duas extremidades opostas de um ímã. Nessa situação, Daniella expressava mais frustração do que amor em relação ao parceiro. Seu parceiro, por sua vez, a tratava mais como uma sócia nos negócios do que esposa. Sua tarefa ali era se reconectar com sua energia feminina, o que incluía seu corpo e seus sentidos. Tratava-se de ativamente trazer o prazer de volta.

Daniella começou a dançar durante cinco minutos todas as manhãs, ao som de alguma música que a inspirasse a se mover. Em apenas alguns dias, percebeu que se sentia mais suave consigo mesma e mais aberta para seu parceiro. Eles começaram a se reconectar. Ela também me disse que a prática ajudou em seu trabalho, que se tornou mais gerenciável. Este ritual simples lhe deu o espaço que precisava para sentir seu coração e restabelecer seu estado feminino, para que pudesse ser mais eficaz na energia masculina do *fazer* – e, mais importante, sentir-se equilibrada no seu interior.

Quando seu coração está cheio de criatividade, amor, lentidão, alegria e prazer, muitas coisas na vida voltam ao lugar. Pode parecer um retrocesso, mas é desse estado que a clareza, as inspirações e as soluções emergem. É aqui que você encontrará o controle verdadeiro quando a vida parecer estar fora de controle. Desacelere. Pare. Conecte-se novamente com seu coração, seu corpo e com aquilo que o faz se sentir vivo. A ansiedade não poderia ser um sinal de alerta do esgotamento da sua paixão em seu coração? Um sistema nervoso ativado, repleto de ansiedade, o levará ainda mais à rigidez, ao estabelecimento de planos, à preocupação, à ruminação de pensamentos sem fim e à tensão no corpo. Seu trabalho é se tornar consciente desse padrão e mudar de direção. Mover-se em direção ao prazer é um caminho possível para que você volte a se alinhar com sua energia feminina.

Quando está em um estado de medo e ansiedade, sua consciência fica muito centrada na mente – bem alto, em algum lugar ao redor de sua cabeça. Você fica desconectado do seu corpo, dos seus sentidos, do momento presente; vai para algum lugar distante, com algum pensamento abstrato sobre algo irrelevante para a experiência de estar vivo aqui e agora. Você já recebeu uma massagem e percebeu que não estava lá para senti-la? Somente durante a segunda metade do tempo você realmente relaxou e sentiu sua mente se acalmar. Você já devorou seu almoço para continuar digitando um e-mail, sem nem perceber o sabor da comida? Já viveu um dia inteiro em seu incrível e vivo corpo humano, sem sentir muita coisa (exceto ansiedade)? É por isso que é tão fácil se esquecer de comer, ou comer além da saciedade, quando se está ansioso. Estar dentro da sua cabeça significa que é possível ir além dos seus limites e dos sinais do seu corpo. Foi assim que você aprendeu a lidar com uma vida agitada e desafiadora e com um mundo que glorifica o *fazer* constante. Ao direcionar o foco e a consciência para o corpo, você se sente naturalmente mais conectado e aterrado.

O prazer é muito mais do que o que está no domínio da sexualidade, como as pessoas costumam pensar quando veem essa palavra. O prazer pode ser qualquer coisa que traga deleite aos seus sentidos de visão, paladar, olfato, tato e audição. É mudar para a sua energia feminina mais lenta, mais aberta e receptiva – deixar de lado a corrida, o "tenho-que" e os prazos imaginários. Permitir-se sentir verdadeiramente os prazeres da vida se torna algo mais fácil quando você compreende o poder desta prática. Veja, o verdadeiro controle vem de um ritmo mais lento: onde a mente tem espaço e tempo para acessar sabedoria profunda, inovação e inspiração para resolver os problemas que você enfrenta. Quando você força e luta para abrir caminho na vida diária, não há espaço para as ideias que o façam progredir de verdade.

Praticar a arte do prazer pode significar passar algum tempo na praia, e sintonizar-se ativamente com a sensação do sol na sua pele, apreciar o cheiro da maresia no ar e maravilhar-se com o espetáculo das ondas azuis brilhantes do oceano que quebra diante dos seus olhos. Pode ser tocar a borda suave de uma flor rosa brilhante com curiosidade. Pode significar estar totalmente presente enquanto inala as camadas de complexidade do perfume que aplica nas suas mãos. Pode ser tomar um gole de seu chá lentamente, e perceber como o líquido perfumado desliza pela garganta e aquece sua barriga. Pode ser mover suas pernas, braços e quadris ao ritmo da sua música favorita, sem se preocupar como os outros o enxergam – simplesmente aproveitar a liberdade dos movimentos guiados pela intuição.

Talvez você acredite que já está cercado de prazeres: comida deliciosa, velas perfumadas, banhos, obras de arte, música, roupas macias e assim por diante. Mas há uma grande diferença entre estar presente e ativamente envolvido naquela experiência, e simplesmente passar rápido por ela apenas para dizer que fez alguma coisa pelo seu autocuidado. A ansiedade fará com que você se desalinha dos prazeres disponíveis para si. Se estiver confuso e perdido em ruminações, perderá muitos dos presentes que a vida pode estar lhe trazendo. O ciclo se intensifica à medida que você reforça crenças que induzem à ansiedade, como acreditar que não há magia suficiente na vida para si. Você pode tornar quase todo momento simples em algo extraordinariamente prazeroso ao se envolver com seus sentidos.

Tomar banho pode ser apenas tomar banho, ou pode ser um banquete para os sentidos: perceber a temperatura, a pressão, a sensação da água escorrendo pela pele e os aromas dos produtos que você usa. O segredo é lembrar de ficar atento aos prazeres disponíveis, ativar seus sentidos e estar presente na experiência.

Notas Mentais

- Quando a vida parecer fora de controle, encontre mais controle ao diminuir o ritmo.
- Concentrar-se naquilo que traz prazer aos seus sentidos o retira de dentro da sua mente e o leva para o corpo, onde você pode literalmente se sentir aterrado.

Prática

Nesta semana, pratique a arte do prazer. Crie espaço no seu dia só para sentir prazer, e integre momentos prazerosos ao longo do dia. Ouça música. Dance com movimentos livres. Perceba o gosto da sua comida. Aprecie os aromas ao seu redor. Tome um banho mais longo do que de costume. Use roupas confortáveis. Cuide da sua pele. Massageie seu próprio pescoço, suas mãos ou pés. Simplesmente pergunte a si mesmo: como posso trazer mais prazer à minha vida?

Familiarize-se com seu Ciclo Hormonal

Nicola estava prestes a se casar. Ela mesma era organizadora de casamentos, então finalmente planejar seu próprio casamento era algo com que sonhava há anos. E, ainda assim, não conseguia entender por que em algumas semanas ela se sentia no topo do mundo e em outras, caía em uma confusão de tristeza, dúvidas a respeito de si mesma e ansiedade. Ela se criticava por nunca se sentir consistentemente motivada para completar suas tarefas diárias ou cumprir suas metas de treino antes do casamento. Quando veio até mim, estava mergulhada em outro episódio de ansiedade e desesperada para conseguir ajuda para que seu dia não fosse arruinado por esses sentimentos intensos. Perguntei se ela estava monitorando seu ciclo menstrual. Nicola olhou para mim com os olhos arregalados, como se a pergunta fosse um teste e ela tivesse falhado. Eu conseguia dizer que seu ciclo hormonal estava afetando sua ansiedade. Ali estava uma mulher que dirigia um carro às cegas. Assim é viver a vida como uma mulher menstrua, mas não conhece o seu ciclo hormonal.

O equilíbrio hormonal é o próximo elemento-chave do Escudo de Resistência que vamos explorar. Se você é mulher, ou foi designada como mulher ao nascer, você não é a mesma pessoa todos os dias. Você tem diferentes níveis de energia, tendências de sociabilidade, capacidade de trabalho e necessidades dependendo da fase do seu ciclo menstrual em que estiver. Existem quatro fases principais no ciclo, e gosto de pensar nelas em termos de estações: menstruação (inverno), fase folicular (primavera), ovulação (verão) e fase lútea (outono). Conhecer essas fases significa que pode ser muito mais gentil consigo quando não estiver no pico de produtividade, e aproveitar ao máximo seus impulsos de motivação e inspiração quando os tiver. Se conseguir começar a alinhar sua vida aos seus ciclos, conseguirá fluir graciosamente e pacificamente com os ritmos naturais dentro de si.

Menstruação (Inverno)

Seu ciclo começa com a sua menstruação, cujo primeiro dia é o primeiro dia do ciclo – o seu inverno interior. Os níveis de estrogênio e progesterona caem para permitir a eliminação do revestimento endometrial. Seus níveis de energia podem ser mais baixos durante seus dias de sangramento mais intenso, e você pode naturalmente preferir passar mais tempo consigo mesma. Você experimentará uma criatividade maior, então esse é um bom momento para gerar novas ideias e definir novas intenções. Faça planos para o mês seguinte e seja extremamente gentil consigo mesma. Talvez queira meditar, tomar banhos quentes, passar um tempo na natureza e praticar atividades físicas de baixa intensidade, como ioga ou caminhada.

O sangramento deve durar de três a sete dias, com cólicas no máximo leves. Náuseas e dores debilitantes não são normais e devem ser investigadas por seu médico. Podem ocorrer sintomas digestivos temporários, como inchaço e fezes moles.

Fase Folicular (Primavera)

Em seguida à menstruação vem a sua primavera interior. Os níveis de estrogênio começam a aumentar, o que engrossa o revestimento endometrial, e o fluido cervical é produzido. Você sempre pode contar que seus níveis de energia e motivação voltarão ao normal neste momento, mesmo que sua fase lútea a tenha feito temer que elas tivessem sumido para sempre. O desejo por contato com amigos e socialização surgirá, ao mesmo tempo em que você se sentirá mais motivada para agir de acordo com seus objetivos e dizer sim a mais projetos. Agora é a hora de executar seus planos, treinar com mais intensidade, usar a motivação elevada a seu favor, explorar coisas novas e aproveitar a companhia dos outros.

Ovulação (Verão)

A ovulação é o seu verão interior e sempre ocorre de 10 a 14 dias antes da sua menstruação seguinte. Este é o principal evento do ciclo menstrual. Variações no dia da ovulação podem ocorrer facilmente, e a melhor maneira de saber é monitorar os sinais de fertilidade, incluindo o fluido cervical e sua temperatura. Seus níveis de energia estarão no pico, você se sentirá confiante, provavelmente notará sua libido aumentar e naturalmente gostará de ser sociável e de agir. Seus níveis de estrogênio aumentarão, e o hormônio folículo-estimulante e o hormônio luteinizante permitirão que o óvulo seja liberado para as trompas de falópio, onde ficará vivo por apenas vinte e quatro horas, a menos que seja fertilizado. O óvulo não fertilizado forma uma glândula própria chamada corpo lúteo, que libera progesterona – um dos hormônios reprodutivos femininos mais importantes. Compreendê-lo é essencial para você construir sua resistência à ansiedade. Só é possível produzir progesterona através da ovulação.

Fase Lútea (Outono)

A fase lútea é o outono interior, quando a progesterona aumenta, e isso significa que a ovulação ocorreu. Essa fase geralmente dura de dez a quatorze dias. É hora de desacelerar, assumir menos trabalho e voltar-se para o seu mundo emocional. É aqui que muitas mulheres apresentam sintomas de TPM, incluindo ansiedade.

O que é a Síndrome Pré-menstrual?

Você já deve estar familiarizada com a sensação de uma queda no seu humor e aumento da fadiga e da ansiedade como se fossem marcados no relógio, a cada mês antes da menstruação. Este é o momento em que a maioria das mulheres se sentirá mais sensível e irritada, menos motivada para trabalhar e talvez triste sem ter motivo. É comum que as emoções que foram suprimidas durante os altos e baixos do mês venham à tona neste momento, prontas para serem liberadas. Este é um maravilhoso sistema integrado de recarga emocional que a limpa de qualquer emoção obscura que possa estar segurando, para deixá-la pronta para um novo mês. É como uma onda na costa do oceano, a maré vazante antes da cheia. Para a maioria das mulheres, o convite aqui é simplesmente permitir que o processo de desaceleração aconteça e aceitar que pode ser normal que o seu Escudo de Resistência seja afetado pelas flutuações naturais do seu ciclo hormonal. Não há necessariamente nada de errado com você ou com seus hormônios ao se sentir levada para o seu mundo interior nos dias anteriores ao sangramento.

A TPM é uma combinação de diferentes sintomas, como ansiedade, explosões de raiva, irritabilidade e alterações de humor. Também há vários sintomas físicos associados, como inchaço abdominal, retenção de líquidos, desejos, seios doloridos, erupções cutâneas, insônia ou dificuldade para dormir. A ideia de que a TPM é um quadro clínico que requer tratamento é algo que tenho questionado nos últimos anos. Na maioria dos casos, tudo que é necessário é que você se permita espaço para desacelerar e fluir com o seu ciclo. Aproveite a oportunidade para descansar e, conforme necessário, faça ajustes em sua vida para acomodar aquilo que seu corpo demanda. Algumas mulheres apresentam sintomas mais intensos e até transtorno disfórico pré-menstrual (TDPM), uma forma mais acentuada da TPM em que as atividades de vida habituais são gravemente afetadas durante a fase lútea. Geralmente, os sintomas melhoram quando a menstruação começa, ou após alguns dias do início.

Os pesquisadores ainda não sabem exatamente o que acontece no corpo que causa esses sintomas durante a janela da TPM, mas existem algumas teorias de ponta envolvendo a progesterona, o estrogênio, o cortisol e a inflamação. Um aumento insuficiente da progesterona durante a fase lútea pode afetar a TPM, pois a progesterona tem um efeito calmante e de melhoria do humor no corpo. Isso ocorre quando ela se converte em uma substância no cérebro chamada alopregnanolona, que se conecta e ativa os receptores do GABA. Receptores de GABA ativados liberam então mais moléculas de GABA. O GABA é um neurotransmissor inibitório, o que significa que desliga a atividade cerebral, e acalma sua mente ansiosa e estressada. A progesterona também promove o equilíbrio de fluidos, reduz a inflamação, regula o sistema imunológico, atua no desenvolvimento dos ossos e protege o coração.

Os sintomas de progesterona baixa acontecem quando o estrogênio está muito alto, pois os dois interagem em proporção em relação ao outro. Ter níveis elevados de estrogênio é muito comum nas mulheres e pode ser a causa de menstruação intensa ou dolorosa. Observe que o estrogênio não é de todo ruim, pois ajuda a regular algumas de nossas substâncias químicas calmantes do cérebro, como a serotonina e a oxitocina. O aumento do estrogênio antes da ovulação é um dos motivos pelos quais você experimenta uma libido mais alta e níveis melhores de energia e de humor naquele momento.

Mais comumente, a insuficiência na produção de progesterona é consequência do estresse. O cortisol é produzido da mesma substância que compõe a progesterona. Quando exigimos que nosso corpo desvie a maior parte desse material para produzir cortisol, devido à quantidade de estresse que estivermos sofrendo, os níveis de progesterona são prejudicados. O cortisol, uma parte fundamental da resposta do corpo ao estresse, é mais importante do ponto de vista da sobrevivência do que o equilíbrio dos hormônios reprodutivos. A intensidade de seus sintomas de TPM pode funcionar como um placar mensal, que a auxilia na hora de saber se está gerenciando bem o estresse. Quando o seu ciclo é irregular, doloroso ou sintomático de alguma forma, isso indica que você provavelmente possui outros sistemas no seu corpo que também estão desequilibrados. Na maioria das vezes, é a maneira que o seu corpo encontrou de balançar a bandeira branca por causa de estresse contínuo.

Colocamos grandes expectativas em nós mesmas, e esperamos que nossos corpos, que são sujeitos a ciclos, funcionem como robôs. Esperamos níveis consistentes de energia, emoções, produtividade e motivação todos os dias. Para nós mulheres, os ciclos são muito sensíveis ao estresse, incluindo o estresse fisiológico, como ocorre em viagens para países distantes, em lesões físicas e durante interrupções do sono. Fomos projetadas para dedicar um tanto de tempo significativo a descansar, sentir nossas emoções, sermos criativas, conectar-nos com nossos sentidos e desacelerar. Muitas de nós não acreditamos que temos tempo ou estilos de vida que possam acomodar isso. Nossos corpos infelizmente não se ajustam às expectativas da vida moderna. Claro, é impossível evitar totalmente o estresse, e sair de um emprego estressante pode não ser uma opção. É por isso que dar apoio ao nosso corpo e manter os nossos hormônios em equilíbrio por meio da nutrição e da fitoterapia é tão importante para controlar a TPM e a ansiedade associada a ela.

Dê Suporte a Seus Hormônios

Você não precisa se mudar para um ashram e se tornar uma monja voltada para o caminho da iluminação para ter hormônios saudáveis e reduzir a montanha-russa hormonal de ansiedade a cada ciclo. Abaixo estão algumas dicas importantes para que você possa manter seus hormônios equilibrados, mesmo com os altos e baixos de uma vida estressante:

- **Monitore seus ciclos:** Para começar a melhorar sua saúde hormonal, é preciso que monitore seus ciclos (se ainda não o faz). Existem muitos aplicativos legais que podem lhe auxiliar nisso. Isso a ajudará a se conectar com seus próprios padrões e a descobrir em que fase você se encontra, a cada semana. Será possível, então, ajustar sua agenda e suas expectativas de acordo com a fase.
- **Alimentos ricos em fibras:** Adicionar mais fibras à sua dieta ajuda a eliminar o excesso de estrogênio que pode estar contribuindo para os sintomas da TPM. Você já deve ter aumentado a ingestão de fibras para estimular o microbioma intestinal, então esta é uma tarefa fácil.
- **Vegetais crucíferos:** Brócolis, couve, couve-flor e couve-de-bruxelas contêm compostos de enxofre que ajudam o fígado a eliminar o excesso de estrogênio. Procure consumir dois punhados desses alimentos diariamente para dar apoio aos seus hormônios.

- **Zinco:** É um mineral importante na produção de mais progesterona e para o controle dos sintomas da TPM. Você pode ingeri-lo como suplemento ou comer mais alimentos ricos em zinco, como ostras, amêndoas, sementes de abóbora, sementes de cânhamo, grão-de-bico, lentilha, iogurte natural, frango e cordeiro.
- **Magnésio:** Esse é outro mineral essencial que melhora os níveis de progesterona, equilibra o estrogênio e ajuda o corpo a controlar o cortisol. Você pode tomar um suplemento ou consumir mais folhas verdes escuras, sementes de abóbora, cacau, amêndoas e feijão preto.
- **Iodo:** Esse mineral ajuda a eliminar o excesso de estrogênio do corpo e estimula a progesterona. As melhores fontes são algas marinhas como a nori, ovos e frutos do mar.
- ***Vitex agnus-castus*:** O agno-casto, ou árvore-da-castidade, é um medicamento fitoterápico que pode reduzir os sintomas da TPM ao estimular a produção de progesterona. Consulte o seu médico para ter certeza que é adequado para você.

Prática

Use estas perguntas como guia para começar a se preparar para suas flutuações hormonais.

- Não acha que deve monitorar seus ciclos?
- Não é melhor trabalhar no alinhamento entre seu estilo de vida e seus ciclos?
- É preciso cuidar dos seus níveis de progesterona para reduzir a intensidade da TPM?
- É necessário se permitir a se conectar com os fluxos do seu ciclo?

Perimenopausa e Pós-menopausa

A ansiedade relacionada à perimenopausa é especialmente comum e também pode ocorrer na pós-menopausa. À medida que os ciclos menstruais vão parando, o mesmo acontece com a ovulação e a produção natural da progesterona calmante. Seguir as recomendações anteriores para aumentar os níveis de progesterona pode ser útil – especialmente, os seus níveis de magnésio, iodo e zinco. A terapia com progesterona sintética idêntica à do corpo é outra opção segura a ser usada; mas isso requer uma recomendação do seu médico. Evidências convincentes também estão surgindo de pesquisas sobre os benefícios da hipnoterapia na redução da ansiedade em mulheres na pós-menopausa.[24]

Considerações Especiais para Homens

A biologia dos homens é muito menos complexa quando se trata de flutuações hormonais e ansiedade. Para a maioria dos homens com menos de trinta e cinco anos, é improvável que os níveis de hormônios, como a testosterona, influenciem a ansiedade. Baixos níveis de testosterona podem ser um fator a se considerar se a ansiedade aumentar com a idade. Reduzir a ingestão de álcool, exercícios com pesos para desenvolver a musculatura, a ingestão adequada de proteínas e um sono de qualidade são importantes para manter níveis saudáveis de testosterona.

LISTA DE VERIFICAÇÃO PARA A

Sétima Semana

Nesta semana, há duas práticas principais para você se divertir. Deixe esta semana ser cheia de alegria e de tudo o que for prazeroso para si.

- ☐ Pratique a arte do prazer ao inserir momentos prazerosos ao longo do seu dia.
- ☐ Aplique o que você aprendeu sobre seus hormônios, conforme necessário, para se ajudar durante possíveis flutuações.

Semana Oito: Um Futuro Brilhante

A Mentalidade de Escassez

Já notou o quanto leva a vida com uma mentalidade de escassez? A mente ansiosa sempre tentará fazê-lo acreditar que você não possui o suficiente. Esse é outro de seus espertos mecanismos de sobrevivência: se você pender para o lado da insuficiência, ficará motivado a conseguir mais recursos que o manterão vivo. É claro que a maioria de nós não enfrenta ameaças à nossa sobrevivência física proporcionais à quantidade de tempo que nos preocupamos por não termos o suficiente. Tornou-se regra falar que nunca temos tempo. É uma tendência lamentar sobre o quanto estamos ocupados. As redes sociais estão repletas de memes que fazem piada com o assunto. Nunca fazemos o suficiente ou somos produtivos o suficiente. Não conseguimos dormir suficientemente, nada disso nos é suficiente: amigos, amor, sucesso, novas ideias ou oportunidades, e com certeza nunca temos dinheiro suficiente. Quanto mais ansioso você se sente, mais os pensamentos de escassez tendem a correr soltos em sua mente.

O professor de espiritualidade Wayne Dyer disse uma vez: "A abundância não é algo que adquirimos, é algo com que nos sintonizamos". Em outras palavras, o número em sua conta bancária pode fazê-lo sentir-se repleto de abundância ou escassez, é sua mentalidade quem decide.

Prática

Qual área de sua vida parece insuficiente? Em que parte de sua mente ansiosa mais predomina a perspectiva de escassez? O objetivo dessa atividade é perceber esses padrões típicos de pensamento de escassez, para que você possa pegá-los no pulo e dispensar a validade deles com mais facilidade quando surgirem. Consegue começar a perceber quantas vezes você e outras pessoas dizem que não têm o suficiente de alguma coisa?

Aprenda a Receber

Para começar a analisar os já bem trilhados caminhos do pensamento de escassez, vamos primeiro dar uma olhada em como você se sente em relação a receber. Muitas pessoas com quem trabalho reclamam de não terem dinheiro ou apoio suficientes em suas vidas, mas, ao mesmo tempo, erguem a mão em sinal negativo quando lhes é oferecida alguma ajuda. Em outras palavras, elas resistem exatamente àquilo que sentem que lhes falta. Você se sente culpado quando pede mais em sua vida? Sente que não merece mais? Acredita que outros vão perder, se você receber mais?

Considere a lógica disso por um momento. Todos podemos concordar que o mundo está cheio de desigualdades, e que seria maravilhoso se tudo fosse mais justo. No entanto, a sua culpa pelo que você tem garante mais para outras pessoas? Sentir-se mal por ter água potável leva água potável para aqueles que não a têm? A culpa não serve absolutamente a ninguém. É simplesmente uma forma de autopunição: uma jogada do crítico interior que o impede de aproveitar o que possui. Não é o maior tapa na cara daqueles que têm menos do que você, ignorar as oportunidades e os privilégios que possui? Prefere se afundar em culpa e não fazer nada de útil com seus recursos? A culpa o motiva a agir de verdade? Acha que é a versão mais eficaz de si mesmo, quando opera a partir da escassez e da ansiedade?

O que o motivará a empreender o tipo de ação que realmente impactará o mundo no mais alto nível é uma sensação de abundância. Sentir-se confiante e seguro com o que tem o levará a fazer perguntas melhores sobre o que você pode fazer para ajudar o mundo, a partir de sua zona de genialidade, por meio de seus talentos e dons únicos. Evitará que você se sinta sobrecarregado pelo fardo de resolver todos os problemas do mundo e de carregar sozinho todos os desafios, o que não o levará muito longe. Acredite em mim, já estive lá – encolhida em posição fetal no chão do meu quarto, sentindo-me absolutamente desamparada e sem esperança, por existir tanta coisa errada no mundo e eu pouco poder fazer a respeito. Levei um tempo para superar meu próprio ego e parar de tornar meu papel no mundo tão importante. Eu precisava me sentir abundante em meus próprios recursos, capaz e segura de mim mesma, para começar a tentar de alguma maneira. Contribuir com uma gota de bondade num oceano de problemas é suficiente. Uma mentalidade de abundância – com abertura para o receber e a valorização daquilo que você tem, em vez de se culpar – permitirá com que viva com um propósito mais elevado nesse planeta. A partir deste estado, você tem energia para doar.

Ao satisfazer todas as suas necessidades e encher seu copo, você terá mais para doar às pessoas ao seu redor. Quando se sente esgotado e ansioso, como isso afeta a maneira com que se apresenta? Quando está exausto, ainda consegue ser paciente? Quando está bem descansado, você é capaz de doar muito de si.

Quando era criança, conseguia perceber que seus cuidadores também eram resistentes a receber? Quanto você desejava que eles fossem felizes e bem descansados quando era criança? Não desejava que eles pudessem se soltar, rir e brincar com você? Talvez você seja pai ou mãe agora, e esteja em uma posição semelhante em relação aos seus filhos, ou talvez preste serviço e cuide de pessoas de alguma outra forma. Lembre-se, eles só querem vê-lo receber, encher o copo e ser feliz também.

Notas Mentais

- Sua culpa ou falta de capacidade em receber dos outros não traz mais abundância para ninguém.
- É uma alegria dar algo a alguém. Permita aos outros a alegria de fazer o mesmo e dar algo a você.

Prática

Seu novo mantra para o ato de receber é: 'Quanto mais eu recebo, mais todo mundo se beneficia'. Escreva isso no espelho do banheiro ou anote e guarde em algum lugar que você possa consultar com frequência. Nessa semana, repita as palavras em sua mente continuamente. Sussurre-as ao acordar pela manhã. Cante-as no chuveiro. Escreva-as em seu diário de anotações. Deixe que elas penetrem em sua alma como uma infusão, até que se tornem parte de si. Diga essas palavras enquanto continua a arrumar o tempo que precisa para poder continuar a ajudar e servir aos outros ao seu redor.

Finalmente, considere a alegria que sente quando serve e se doa aos outros. É um presente permitir que outros experimentem a alegria de se doarem a você também. Receba com um agradecimento e um sorriso. Ofereça gratidão sincera. Permita que a outra pessoa veja que tocou seu coração. Renda-se ao ciclo de dar e receber na vida, como faz com o inspirar e expirar. A vida quer que você inspire tanto quanto expira. Permita-se conectar-se novamente com essa forma bem natural de ser.

Está tudo bem se, por enquanto, receber for algo desconfortável. Atualmente, isso não é algo com que você esteja familiarizado. Vamos tornar isso algo familiar. É muito importante que sentir-se confortável em receber seja uma prioridade para você – para que perceba quando diz não a uma oferta de apoio, a um elogio, a dinheiro ou a algum tipo de ajuda, e escolha algo diferente. Escolha permitir-se receber. Diga sim. Diga, sou grato. Agradeça. Essa é a única maneira de sair do seu próprio caminho, evitar reforçar suas crenças de escassez e ser a versão mais eficaz e poderosa de si mesmo.

Pensamento de Abundância

Quando você se sente empacado e limitado, como se sua vida fosse tão sombria e pequena que poderia caber em uma caixa de madeira, quero que pratique o pensamento de abundância. Quando a ansiedade surge para mim, parece que nuvens espessas estão se fechando à minha volta, impedindo a minha visão. Não consigo ver uma saída. Não consigo ver soluções. Começo a duvidar que haja algo mais para mim nessa vida além de coisas difíceis, chatas ou dolorosas.

No início dos meus vinte anos, nos anos que se seguiram à viagem a Bali quando meu pai deixou minha mãe, eu estava mergulhada na escassez em todos os níveis. Já acreditei na mentira de que estava ficando velha, e que o tempo estava acabando. Eu sei que é algo ridículo, mas a mente ansiosa não é racional. Estava apavorada de nunca descobrir como ganhar dinheiro e alcançar estabilidade financeira. Duvidava da minha própria capacidade de gerar uma renda segura. Não acreditava nas infinitas oportunidades que me cercavam. Eu literalmente pensava que precisava ser advogada e que essa era a única maneira de construir uma carreira da qual me orgulharia e que me sustentaria. Eu via apenas um caminho a seguir. Mesmo assim, a ideia de me tornar advogada me deixava mal do estômago. O único caminho que poderia seguir não era nem uma opção para mim, porque cada fibra do meu ser rejeitava o confinamento de paredes de concreto e a rigidez monótona sobre os quais a máquina legal é construída. Um mundo no qual você não pode ser um ser humano, pelo que percebi. Em que é preciso usar armaduras pesadas o dia todo para esconder suas emoções, ignorar suas necessidades mais profundas (como sono adequado e refeições regulares) e se tornar quase um robô para atender às demandas de trabalho. Meu coração me chamava para uma existência na qual eu fosse livre para expressar toda a minha humanidade, mas não havia soluções. Eu não sabia como fazer isso naquela época. Vivia em um desespero ansioso, empacada entre duas ideias: "Simplesmente, não há o suficiente para mim nesse mundo" e "Eu não sou suficiente para esse mundo". É claro que tudo isso era uma ilusão da minha mente ansiosa – a ilusão da escassez.

Há um processo para sair do pensamento de escassez e limitação e entrar em um estado de abundância. Aqui vai como fazer isso. Para sair da sua prisão de escassez, é preciso ter consciência de que se está nela. Diga em voz alta para si mesmo: 'Nesse momento, eu estou na ilusão da escassez'. Você notará que está envolto em pensamentos de escassez quando, de repente, parecer que não há o suficiente de algo. As palavras "não é suficiente" aparecerão repetidamente nas frases dos pensamentos da mente, sacudindo-o mais uma vez com outra pequena dose de cortisol e adrenalina. Afirme para si mesmo que esses medos não são tão reais quanto parecem ser. Lembre-se de que a mente ansiosa adora entrar numa espiral irracional enquanto tenta tomar o controle. Trazer consciência para isso já o ajudará a criar alguma distância da ilusão, como se você saísse de uma névoa espessa em que nem sabia que estava, e agora conseguisse entender o que fazer para atravessá-la.

Depois de identificar o pensamento de escassez, você pode praticar dar pequenos passos para expandir sua mente para o belo estado fluído de abundância. Talvez seja preciso descarregar um pouco de peso emocional antes de conseguir fazer isso com todo o coração. Quando o ciclo de pensamentos ansiosos continua se repetindo e o sentimento de "estar empacado" não muda, você saberá que suas emoções precisam ser acessadas. Encorajo-o a trazer seu pai amoroso ou mãe amorosa para confortar sua criança interior assustada. Isso pode se manifestar como um choro, ou um grito com o rosto enfiado no travesseiro, ou medos expressados em papel para processar a energia ansiosa.

Agora você está pronto para realizar o trabalho mental de praticar o pensamento abundante. Vá com calma e escolha um assunto diferente daquele que parece despertar mais escassez. Por exemplo, se tempo e dinheiro parecem limitados, o que parece ser abundante e de fácil acesso para você? Talvez seja mais fácil pensar na comida que está disponível na sua região, em todas as diferentes opções gastronômicas, nas prateleiras de produtos frescos do supermercado e em cafeterias próximas. O oceano é um ótimo recurso visual para se ancorar ao desejar que sua mente se expanda para fora da caixinha. Concentre-se no imenso volume deste belo corpo de água que cobre a superfície do planeta. Reserve um momento para imaginar o número total de células do seu corpo, cada uma delas operando milagrosamente, molécula a molécula, para permitir que você continue piscando os olhos, mova os braços e pernas, pense, fale e dê risada. Você consegue considerar o imenso número de seres humanos vivos neste momento, cada um com uma personalidade totalmente diferente, vivendo suas próprias histórias e experiências únicas? Cada uma dessas pessoas com uma história para contar e algo de valor para oferecer a esse mundo? E quanto à capacidade ilimitada de amar em seu coração e nos corações de cada ser humano ao seu redor? Sabe aquela sensação de quando você pensa que já chegou ao máximo do amor com uma pessoa ou um animal de estimação, e então atinge um nível totalmente novo e parece que seu coração acabou de explodir? Pessoas que acabaram de se tornar pais costumam dizer isso sobre seus bebês recém-nascidos. Porque não existe limite para o amor. O amor é uma energia que gerada dentro de si, inspirada nas pessoas, nos animais, nas experiências e nos acontecimentos ao seu redor. Ela cresce de maneira ilimitada.

Amplie sua percepção agora, e trabalhe no sentimento geral de que não há possibilidades, espaço e abertura suficientes em sua vida. Use essas imagens e conceitos abundantes para mudar seu foco para as possibilidades ilimitadas de sua vida, tão incontáveis quanto as células de seu corpo, que você ainda descobrirá. Que tipos de possibilidades o esperam, tão amplas quanto o oceano, que você nem consegue imaginar? Imagine as reviravoltas que sua vida pode dar e as surpresas maravilhosas e inesperadas que estão reservadas para si. Você não sabe que maravilhas o aguardam. Não sabe como será sua história. Não sabe o que não sabe.

Agora volte a considerar o assunto específico que soa escasso para si. Aplique esse conceito ao dinheiro, ao tempo, às saídas românticas, aos relacionamentos, aos amigos ou às oportunidades de carreira, e também às dúvidas que você possa sentir sobre a probabilidade de seus desejos, esperanças e sonhos mais profundos se tornarem realidade.

Sempre há mais dinheiro a ser ganho. Existem caminhos para a criação de riqueza que você ainda não considerou. Existem dons valiosos dentro de si, pelos quais as pessoas pagariam, ainda não descobertos. Existem outras maneiras de se ganhar a vida além de uma carreira no mundo corporativo. Existem maneiras mais fáceis de ganhar dinheiro do que aquelas que você encontrou até agora. Lembre-se de que o dinheiro é uma forma de energia a ser trocada, que sai e entra em um fluxo constante. Menos dinheiro este mês não significa menos dinheiro para sempre. Sempre há mais dinheiro a ser gerado.

O tempo é elástico. Já percebeu que o tempo voa quando você se diverte, mas uma meditação de dez minutos, em que fica sentado e observa sua própria respiração, pode parecer uma hora? O tempo é, em última análise, um conceito que foi criado em sua mente. Tudo se resume a como você o percebe e o quanto você está presente no momento. De alguma forma, ninguém tem tempo suficiente e, ainda assim, todos nós passamos horas colados em nossos telefones todos os dias ou assistindo nossas séries favoritas na Netflix. Há tempo disponível. Você sempre pode optar por dedicar tempo para o que é importante para si.

Quando chegamos ao assunto das saídas românticas, é fácil dizer, com base na mentalidade da escassez, que não há ninguém por aí. Neste estado de espírito, você passará por milhares de rostos, convencido de que ninguém combina com você. Não é preciso encontrar um catálogo de parceiras ou parceiros elegíveis alinhados à sua porta para se sentir abundante quanto ao universo do romance. Lembre-se de que você só precisa de uma ou um, em um mar de centenas de milhões de parceiros ou parceiras em potencial. Existem tantas pessoas que podem ser um ótimo par para você. Da mesma forma, há sempre novos amigos para conhecer – pessoas com quem você compartilha valores e interesses, pessoas que se beneficiarão do seu apoio, seu cuidado e sua companhia, tanto quanto você se beneficiará dos deles. Existem conexões com pessoas que você ainda vai conhecer, que vão enriquecer sua vida (no mínimo) ou transformá-la completamente (na melhor das hipóteses).

Notas Mentais

- Quando você está em um estado de ansiedade, opera com uma mentalidade de escassez.
- Para sair da escassez, comece percebendo o sentimento relativo a algumas ideias, pensamentos e tópicos que lhe pareçam abertos, expansivos e abundantes.
- A partir desta perspectiva mais aberta, é possível começar a ver com novos olhos aquele assunto em que você está empacado com uma visão de escassez.

No trabalho, nos negócios e na carreira, sempre há outro caminho a ser seguido. Sempre há uma maneira de trabalhar que você ainda não considerou. Sempre há alguém que pode mudar tudo abrindo sua mente com uma conversa. Você não tem ideia do que poderia ser possível caso continue, tente algo e não consiga, mas tente novamente. Talvez ao aplicar seu conjunto de habilidades de maneiras que ainda não experimentou. Ou ao aprender novas habilidades e experimentar coisas novas.

Sempre que estiver enfrentando um problema na vida, quando parecer que está cercado por barreiras e sem opções, lembre-se disto: talvez você não consiga ver a solução agora, mas isso não significa que ela não exista. Não é preciso saber exatamente como as coisas acontecerão para acreditar que elas são possíveis. Não é preciso saber todos os passos do seu plano. Ou ter tudo em mente. Você encontrará um caminho. A maior mensagem do pensamento de abundância é saber que, neste mundo infinitamente complexo e incrível, sempre haverá um caminho. Sempre haverá mais. Você está livre para respirar a abundância. Você nasceu para receber.

Prática

Desafie seus padrões de pensamento de escassez ligados aos assuntos que mais lhe parecem insuficientes por meio do processo apresentado aqui. Escreva um contra-argumento para cada um. Reserve o tempo necessário para contemplar sua resposta e elaborar uma forma de pensar lógica que faça sentido para si, para que sua nova mentalidade de abundância possa ser absorvida.

Nutra o Seu Futuro

Naomi voltou para Melbourne depois de morar em outros países por cinco anos. Aos trinta e poucos anos, começou a ficar desesperada para ter um parceiro para que pudesse sossegar e constituir uma família. Ela também tinha uma ideia de negócio incrível que poderia tirá-la do trabalho de design gráfico onde vivia sob alta pressão, e que proporcionaria uma missão e um senso de propósito fora de sua vida pessoal.

Alguns meses depois de voltar para casa, a confiança de Naomi despencou novamente. Havia sido demitida de seu novo emprego, onde lhe haviam dito que não era confiável. Um novo homem com quem estava saindo havia seis semanas, a primeira pessoa com quem havia se entusiasmado em meses, parou de responder suas mensagens. Ela se sentia excluída das próprias amizades, pois suas amigas mais próximas agora estavam ocupadas com a maternidade e cuidados com suas jovens famílias. O futuro parecia um grande buraco vazio; quando ela pensava nele, imaginava desgraça e tristeza incontroláveis. Sua mente alimentava um carrossel de pensamentos do tipo, 'Só vai piorar', 'Acho que não sobrou nenhum homem bom', 'Vou morrer sozinha', 'Eu nunca serei mãe' e 'Os melhores dias da minha vida já aconteceram'.

Eu reconheci aquela sensação quando ela começou a chorar, e descrever a imensa ansiedade que sentia. Naomi estava sendo vítima de um truque da mente ansiosa que, se não for controlado, tem o potencial de criar uma ansiedade paralisante. Juntas conseguiríamos mudar isso, felizmente. Precisávamos simplesmente criar um futuro brilhante para ela – um futuro tão real e vibrante, que aquele futuro de desastre do pior cenário possível não teria tanto peso.

É necessário um esforço consciente para nutrir o seu futuro com imagens, ideias e sonhos que sejam excitantes, calorosos, convidativos e satisfatórios para si. Você deve fazer isso conscientemente, porque nossa mente naturalmente se voltará para um futuro repleto de desgraças e tristezas no qual esperamos o pior, sempre. Este é um mecanismo de sobrevivência, que nos ajuda a procurar ameaças potenciais com atenção aguçada, para que possamos planejar, preparar e evitar que elas aconteçam. Se você automaticamente supuser que algo ruim acontecerá, sempre estará pronto para o pior e terá mais chances de sobreviver. Isso funciona bem quando vamos acampar num ambiente de natureza selvagem e precisamos levar roupas extras para evitar hipotermia caso a o clima mude, ou levar um guarda-chuva quando sair, caso chova. Porém, não é algo bom quando tentamos controlar a jornada futura de uma vida que está meio que completamente fora de nosso controle.

Em algum momento, é preciso aceitar a verdade: o único controle que você realmente tem é estar consciente de sua mente, conhecer os jogos que ela joga e escolher o que realmente lhe serve. Você pode viver toda a sua vida com medo, temer o pior, sofrer e tentar se preparar para desastres – a maioria deles nunca acontecerá. Ou você pode viver sua vida escolhendo puxar o conteúdo de seus pensamentos para aquilo que será útil para si, e viver cada dia com esperança e expectativa positiva de que uma vida brilhante pode estar à sua frente. Mesmo que essa última ideia se revele falsa e as coisas maravilhosas que você deseja nunca aconteçam, não é melhor passar seus dias com um sentimento de esperança, e não de ansiedade, acreditando que tudo será pior daqui em diante? É o momento presente e a forma como você se sente dentro dele que mais importa. O futuro estará sempre a uma certa distância. Esse momento de agora é o único momento em que você existirá.

Imagine seu próprio conceito de futuro terrível e sombrio como uma fera – um monstro com dentes afiados e mandíbulas esmagadoras. Dentro da realidade, isso pode se manifestar como a ideia de perder todo o seu dinheiro, ser abandonado pelo seu parceiro, algo acontecer a seus entes queridos, ter uma doença terminal, nunca ter uma família ou a sua versão da ideia de ser um fracasso. É sempre difícil identificar exatamente o que você tanto teme a respeito do futuro. Tente isso agora. Tente imaginar exatamente do que você está fugindo ou o que está tentando evitar que aconteça. Colocar em palavras esse sentimento é um desafio, porque há pouco pensamento racional, pouca lógica ou razão por trás dele. Agora imagine que cada vez que você considera outro cenário dos piores ou diz a si mesmo que vai morrer sozinho, alimenta a fera do futuro ansioso. Você está nutrindo a visão futura terrível e sombria, dando-lhe sustento e força para perpetuar e penetrar mais profundamente em sua psique.

Pode ser um alívio para sua mente saber que dois pesquisadores analisaram a porcentagem de preocupações que realmente se tornam realidade para pessoas com ansiedade. Durante trinta dias, eles acompanharam um grupo de pessoas ansiosas que anotaram tudo o que as preocupava durante um período de dez dias. O estudo concluiu que 91,4% das preocupações não se concretizaram na realidade.[25] Esta é mais uma prova de que a maior parte dos pensamentos ansiosos e das preocupações na mente são lixo psicológico, que não deve ser levado demasiado a sério. Suas preocupações não são tão reais quanto parecem.

Prática

Todo dia desta semana, escreva uma página inteira em seu diário, e detalhe sua visão de seu futuro brilhante como se ele já estivesse aqui. Isso se chama transitar pelo futuro. Escreva no presente, como se já vivesse naquele momento futuro agora. Ao enfrentar uma situação desafiadora, o que sua versão futura diria sobre como você superou este desafio? Considere seu trabalho, sua família, seus amigos, seu parceiro ou parceira, sua saúde, seus hobbies, seu autodesenvolvimento e seu estilo de vida em geral.

Aqui vai um exemplo:

> Acabei de acordar e tomei uma xícara de chá de ervas, vestida em meu roupão de seda, enquanto ouço os pássaros lá fora no jardim. Sinto-me em paz enquanto reflito sobre meu contentamento com a vida em que levo. Lembro-me de onde estava quando comecei a ler este livro e mal consigo acreditar no progresso que fiz. Estou muito orgulhosa de mim mesma por ter implementado as mudanças que desejava. Ultimamente, reparei que tudo parece mais fácil. A vida só está melhorando.

Seu trabalho é escolher não alimentar esta fera do futuro de ansiedade com mais preocupações que não são verdadeiras e provavelmente nunca acontecerão. Você essencialmente fornece a si mesmo uma série de mentiras. Como disse uma vez o famoso filósofo Sêneca: 'Sofremos mais na imaginação do que na realidade'. Quanto você está se torturando com visões sombrias que nunca acontecerão? Você se pune com fantasias de pesadelo da sua imaginação, que não existem na realidade?

Para recuperar o seu poder e dominar a sua mente ansiosa, é preciso deliberadamente contar mentiras melhores a si mesmo. Deve fazer previsões claras sobre o seu futuro que realmente sejam boas para si nesse momento, e alimentar sua mente com uma imagem futura que seja clara, aberta e cheia de esperança. Foque em matar de fome a fera do futuro ansioso, ao dar a ela menos alimento e menos atenção. Direcione sua energia e nutrição para uma visão de futuro que seja boa.

Comece a construir sua imagem de um futuro cheio de luz e beleza, que o deixe empolgado com o caminho que sua vida estiver tomando. O que você quer que aconteça? Como quer se sentir? Quem deseja ser? Quem você gostaria que estivesse lá? Que pensamentos, emoções e sentimentos você gostaria de vivenciar todo dia? Se não conseguir responder alguma dessas perguntas, tente se perguntar o que *não* quer, depois identifique o oposto a isso e terá sua resposta. É assim que você recondiciona sua mente ansiosa: construindo uma visão totalmente nova de sua vida que o entusiasma e inspira todos os dias.

Faça GABA

Você sabia que existe uma receita nutricional para criar em seu cérebro mais do calmante ácido gama-aminobutírico, carinhosamente conhecido como GABA? É a nutrição mais específica possível, quando se trata de acalmar a ansiedade.

Como deve ter aprendido nos capítulos anteriores, o GABA tem um efeito calmante e relaxante no cérebro e no sistema nervoso, pois desacelera a atividade cerebral, como uma ferramenta fundamental para o sistema nervoso parassimpático. O GABA é seu melhor amigo se quiser ajudar seu corpo e mente a relaxar. Todo mundo quer mais dele. Talvez você já tenha experimentado o efeito tranquilizante de um medicamento ansiolítico benzodiazepínico, como o Valium, que atua facilitando a atividade calmante do GABA no cérebro. No entanto, é fácil cair na dependência de benzodiazepínicos e, com o tempo, precisar de doses cada vez mais altas para conseguir o mesmo efeito calmante. Não é uma solução adequada a longo prazo.

Alguns medicamentos fitoterápicos ajudam a regular a produção de GABA no cérebro e a aliviar os sintomas de ansiedade com efeitos colaterais ou risco de dependência mínimos. São a kava, a valeriana, o lúpulo, a camomila, o Ginkgo biloba, a passiflora, a ashwagandha (ou cereja-de-inverno), a calota-craniana (*Scutellaria*) e a erva-cidreira.[26] Alguns desses fitoterápicos não são apropriados para uso com medicamentos específicos, com certas doenças ou durante a gravidez e a amamentação, portanto, sempre consulte seu médico antes de experimentá-los. Eles podem ser usados para quebrar o ciclo de ansiedade até que você esteja em uma posição onde possa dar conta de fazer as mudanças necessárias para fortalecer seu Escudo de Resistência.

Seu cérebro produz naturalmente mais GABA quando o nervo é acionado e o sistema nervoso parassimpático é ativado. Por exemplo, quando você se deita com as pernas para cima apoiadas na parede, o cérebro libera GABA. No entanto, cada vez que faz isso, seu corpo precisa consumir recursos para produzi-lo. Existem nutrientes de base específicos necessários para o corpo fabricá-lo. Quando o corpo tem muitos recursos disponíveis, a produção e liberação de GABA é muito mais eficiente – e todo o trabalho que você fez até agora pode ser ainda mais eficaz.

Os nutrientes que o corpo necessita para produzir GABA são zinco, magnésio, vitamina B6 e proteínas (incluí algumas informações sobre como funcionam e um exemplo de uma dose diária eficaz nas páginas seguintes). As formas de aminoácidos quelato ou bisglicinato são as melhores para minerais como zinco e magnésio, pois a absorção na corrente sanguínea é melhorada. Você pode encontrar essas informações no rótulo do suplemento ou pedir conselho ao seu médico.

Zinco

O zinco é um mineral importante para muitos processos no corpo, e em particular para permitir a liberação do GABA no cérebro. Você pode tomar zinco como suplemento ou comer mais alimentos ricos em zinco, como ostras, amêndoas, sementes de abóbora, sementes de cânhamo, grão-de-bico, lentilhas, iogurte natural, frango e cordeiro.

Você pode ter deficiência de zinco se suas unhas estiverem quebrando facilmente ou crescendo lentamente, se fica frequentemente resfriado ou se seu olfato e paladar não são muito apurados. As dietas vegetais ou veganas são geralmente pobres em zinco.

Dose de exemplo: 50 miligramas por dia, com intervalo após dois meses para evitar impacto no equilíbrio mineral geral. Sempre consuma suplementos de zinco junto de outros alimentos para evitar náuseas.

Magnésio

Esse mineral pode ajudar a aumentar seus níveis de GABA por facilitar sua produção. Você pode usar um suplemento ou consumir mais folhas verdes escuras, sementes de abóbora, cacau, amêndoas e feijão preto.

Você pode ter uma deficiência de magnésio se sentir dores musculares, se tiver bruxismo, se suas pálpebras vibrarem, se sentir dores menstruais todos os meses ou se notar um tremor na língua quando a coloca para fora em frente ao espelho.

Dose de exemplo: 500 miligramas por dia.

Vitamina B6

Essa vitamina também é chamada de piridoxina e atua como catalisadora das enzimas que produzem o GABA. As melhores fontes são carne de porco, de frango, de peru, ovos, aveia, arroz integral, soja, a maioria dos vegetais e pão. Muitos suplementos de zinco também contêm uma boa dose de vitamina B6.

Dose de exemplo: de 20 a 40 miligramas por dia.

Proteínas

Proteínas são compostas por aminoácidos. A glutamina é um aminoácido chave usado na produção do GABA, enquanto a taurina é outro aminoácido que ativa os receptores de GABA, o que permite que ele funcione melhor. Você encontra esses aminoácidos na maioria das fontes de proteína, como carnes, peixes, ovos, grão-de-bico, lentilha, feijão, iogurte natural, castanhas e sementes. Inclua uma porção de proteína do tamanho da palma da mão a cada refeição. Consulte a seção "Montando um Prato Calmo" na semana seis para mais ideias de fontes de proteína.

Prática

Consuma um punhado de sementes de girassol e abóbora todos os dias, pois são uma ótima fonte de todos os nutrientes necessários ao GABA. Consulte também seu médico para checar qual suplemento pode ser adequado para si.

LISTA DE VERIFICAÇÃO PARA A

Oitava Semana

Na oitava semana, passei a você cinco práticas. Talvez seja necessário revisar o capítulo para entender cada prática em detalhe.

- ☐ Torne-se consciente de suas crenças e pensamentos de escassez que dizem onde há insuficiência na sua vida.
- ☐ Trabalhe com seu novo mantra em relação a receber: 'Quanto mais eu recebo, mais todo mundo se beneficia.'
- ☐ Desafie seus padrões de pensamento de escassez em torno dos pontos que mais lhe parecem insuficientes.
- ☐ Escreva uma página inteira todos os dias e use a técnica do ritmo futuro, na qual você deve detalhar a visão do seu futuro brilhante como se ele já estivesse aqui.
- ☐ Consuma um punhado de sementes de girassol e abóbora diariamente para manter seus níveis de GABA altos.

Semana Nove: Deixa a Natureza Nutri-lo

Atualize sua taxa de 'Vitamina N'

Imagine acordar em um quarto branco. Os sons da cidade cinzenta ressoam lá fora, mas você quase não percebe, pois está acostumado demais com a selva de concreto em que vive. Passa horas do seu dia olhando para uma tela branca, responde e-mails e faz ligações em uma sala branca, cercada por paredes brancas. Já é noite quando finalmente termina o seu trabalho do dia. Considera sair para uma caminhada. Mas está frio lá fora e você está exausto, então liga o aquecedor e fica em casa – liga a TV para desanuviar, e assiste um capítulo de uma série.

É muito fácil levar uma vida desprovida de natureza, ou de "Vitamina N", como gosto de dizer. É por isso que a conexão com a natureza é um componente chave do Escudo de Resistência. A cena que descrevi pode ou não retratar a maneira como você vive sua vida, mas sem dúvida é uma história comum. Mesmo que a sua situação não seja extrema assim, é provável que haja muito pouco tempo disponível na sua agenda lotada um passeio no bosque todos os dias.

Somos parte da natureza, mas encontramos muitas maneiras de nos separar dela. Nós precisamos da natureza, mas podemos passar dias sem nem ver uma árvore ou, quando vemos, um segundo depois já estamos de olho no telefone novamente. Fomos feitos para viver na natureza, conectados de maneiras que descreverei em breve. Sabemos intuitivamente que é bom para nós. Você já experimentou o efeito calmante de um rio delicadamente ondulado, o azul deslumbrante de um oceano a perder de vista, a extensão impressionante de uma cordilheira ou o mistério de uma floresta sussurrante de pinheiros. Essas coisas nos tiram da mente e nos trazem de volta ao momento presente. Sem precisar de nenhuma pesquisa científica para comprovar, sabemos que é certo estar na natureza. Nós, seres humanos, passamos 99,99% dos sete milhões de anos em que existimos na natureza. Eu o encorajo a tornar o tempo na natureza uma prioridade de vida.

Uma coisa que adoro na natureza é a maneira como ela pode nos ensinar sobre a vida. Como disse Albert Einstein: 'Observe a natureza com profundidade, e, então, você compreenderá tudo melhor'. A natureza é ao mesmo tempo a mãe que nos nutre, que acalma o nosso sistema nervoso com as suas qualidades rejuvenescedoras, e a guardiã da sabedoria da vida. Se você dedicar tempo suficiente para sentar em um ambiente natural, com a intenção de uma contemplação profunda, descobrirá os segredos da vida que ela tem para compartilhar.

A natureza nos ensina que o equilíbrio é natural. Tudo na vida busca retornar a um estado de equilíbrio, seja a homeostase do seu corpo, o equilíbrio químico de uma reação entre substâncias ou o equilíbrio do seu estado emocional. Ao se doar demais, você se sente esgotado e não consegue seguir em frente. Se não houver equilíbrio entre o seu doar-se com o receber, no fim das contas, você se esgota, e se verá forçado a parar e descansar. A vida o trará naturalmente de volta ao equilíbrio. Se não escolher o seu descanso, a vida escolherá o descanso para você. Muito trabalho e pouca diversão farão com que se sinta desanimado, sem inspiração e desmotivado. Você não foi feito para ser um burro de carga de produtividade. Seu estado mais natural é trabalhar e descansar em um fluxo que seja bom para si. Se regar demais suas plantas, as suas raízes apodrecerão. Se não regá-las o suficiente, elas secarão. Não se pode expirar sem também inspirar. O equilíbrio que busca em sua vida pode parecer estar fora de alcance, mas ao entrar em sintonia com a ansiedade e compreender sua mensagem, descobrirá que entrar e sair do equilíbrio, ou estar em um estado de fluxo, é a coisa mais natural do mundo. É assim que a natureza respira. Isso é vida.

Tudo muda na natureza. Com os seus ritmos e ciclos evolutivos, a natureza nos ajuda a aceitar essa bela regra fundamental da vida. Ao longo do ano, passam as estações; o verão, o outono, o inverno e a primavera. De forma semelhante, você não foi projetado para viver em seu estado de verão durante o ano todo, no auge da atividade, lutando por seus objetivos. Basta olhar para a natureza para receber a permissão para fluir para suas diferentes estações. Com a constante evolução e constante mudança, você também pode ter certeza de que não importa o que esteja vivenciando, se estiver feliz ou triste, se a vida for boa ou ruim, tudo passará.

A natureza nos ensina que tudo é alcançado no tempo perfeito. Imagine a muda que brota do solo, ganhando vida lentamente, crescendo milímetro a milímetro todos os dias. No fim, ela amadurece e se transforma em um grande carvalho. Não existem prazos ou listas de tarefas na natureza. Não há pressa para alcançar ou realizar as coisas e, ainda assim, de alguma forma, tudo acontece. Na natureza, tudo que precisa ser feito é realizado. Seria possível aplicar esse conceito à sua vida e aos prazos estabelecidos que você acha que deve cumprir e com os quais se preocupa? E quanto à linha do tempo da sua vida – a ideia de que deveria ter feito tal coisa a uma certa idade? Que bela maneira de viver a vida se, diferentemente disso, dedicar o seu tempo fazendo o que lhe parece natural, no seu próprio ritmo, e permitir que o resto se resolva – do seu próprio jeito. A natureza nos ensina a confiar no grande desenrolar de nossas vidas, da forma que for.

A natureza é a mestra da adaptação, independentemente do ambiente circundante. Tal como as pequenas plantas que crescem através das rachaduras no concreto, ou a trepadeira que se enrola nas grades, a natureza sempre encontra uma forma de se adaptar e prosperar em qualquer circunstância. Quanto tempo você não gasta pensando em formas de mudar seu mundo externo – seja ao sonhar com uma casa nova, com férias, um emprego mais sofisticado, um relacionamento melhor ou um guarda-roupa mais moderno? A natureza não tenta mudar o ambiente para adequá-lo a si; ela muda para se adequar ao ambiente. Ela utiliza seus recursos internos para aproveitar ao máximo qualquer situação externa. O mesmo vale para a sua vida. Você sempre pode escolher sua disposição para atuar nela. Você pode decidir se adaptar a qualquer situação ou desafio que surgir em seu caminho.

A natureza é poderosa. Sua profunda força e resiliência também estão em você. As plantas e os humanos são feitos da mesma poeira cósmica – os mesmos átomos que formam moléculas e constituem as nossas células. Quando comemos plantas, elas se tornam parte de nós. Quando morremos, nos fundimos com a terra onde as plantas crescem. Depois que um incêndio florestal ocorre, de alguma forma, ainda há vida nas árvores queimadas. Não demora até que seja possível ver brotos verdes esperançosos, marcantes e vibrantes surgirem por entre a casca queimada. A resiliência da natureza é inspiradora e espalha seus exemplos por todos os lados. É só procurá-los.

Notas Mentais

- A natureza ensina que o equilíbrio é natural e que a mudança é a única constante.
- A natureza nos mostra como podemos nos adaptar ao ambiente em que nos encontramos, em vez de tentar mudá-lo.
- Olhe para a natureza para lembrar que tudo é alcançado no momento perfeito.
- A natureza lhe lembra da resiliência e do poder que também são naturais em você.

Prática

Durante esta semana, encontre um lugar na natureza onde você possa passar pelo menos uma hora em contemplação tranquila. Pode ser qualquer tipo de ambiente natural que desejar: um parque, uma praia, uma floresta, um deserto, a margem de um rio, um penhasco, um campo gramado ou uma montanha. Permita que sua intuição o guie até este lugar – algum lugar para o qual você sinta o chamado para passar algum tempo. Quando estiver lá, envolva ativamente seus sentidos. Absorva tudo com os olhos. Sinta as texturas. Respire o ar. Não se apresse ao chegar em seu espaço. Caminhe vagarosamente. Aproveite a quietude. Quem sabe, leve seu diário de anotações e registre suas próprias lições da natureza, enquanto permanece sentado e mergulha em sua energia nutritiva e restauradora.

Normal Não É Natural

Uma das perguntas que meus clientes mais fazem é: 'Eu sou normal? Isso é normal? Esse é um pensamento que normalmente se tem? Isso é algo que normalmente se diz? O que estou vivenciando é normal?' O que eles realmente querem dizer é: 'Estou fazendo certo? Os outros vão me aprovar? Eu me encaixo com o resto?' Ao se questionar se você se enquadra na zona do normal, está, na verdade, se referindo ao seu senso de pertencimento e autoestima: se pertence ao grupo, se é normal, então é um ser humano digno. Você recebe a aprovação daqueles que vivem a vida do jeito que deve ser, de que a forma como se comporta está correta.

Se você se identifica com isso, espero que seja um grande alívio saber que não existe uma maneira certa de se viver a vida. Nem mesmo para aquelas pessoas que você realmente acredita que conseguiram tudo. Não há um caminho ou plano definido a seguir. Não há como errar.

O conceito de normal é completamente antinatural. É uma ideia construída, criada pelas mentes ansiosas dos seres humanos. A palavra 'normal' só entrou na língua inglesa por volta do século XVII, vinda do latim *normalis*. Essa palavra era usada pelos carpinteiros para se referir a um ângulo reto em um quadrado. Então, no fundo, quando questionamos se somos normais, é isso que todos queremos ser? Um ângulo reto? Para mim soa pouco inspirador. Olhe ao redor para a natureza. A natureza não é feita apenas de ângulos retos, linhas nítidas e categorias fixas. A natureza é uma mistura vibrante de diferentes cores, texturas e formas. E é incrivelmente linda. Ninguém pode argumentar contra isso.

No entanto, existimos dentro de uma cultura de padrões, expectativas e conceitos definidos em torno do que é normal. Logo cedo na vida aprendemos o que é considerado normal e o que não é. A mente jovem busca naturalmente a validação de fontes externas que as orientam, como os pais, os cuidadores, professores, terapeutas e outras figuras de autoridade. Aqueles que o criaram desejavam que você se adaptasse e aprendesse a ser um membro funcional da sociedade, então lhe ensinaram as regras da normalidade. Não fale palavrões. Seja educado. Arrume-se. Sorria. Não chore. Fique bonito para os outros. Controle-se. Não fale sobre sexo. Não seja mal-educado. Seja uma pessoa legal. Sente-se direito. Seja engraçado. Não seja estranho. Faça a mamãe feliz. Deixe o papai orgulhoso. Tenha boas notas na escola. Seja bom. Seja *normal*.

Estas regras são algo que todos nós adotamos, sejam elas explicitamente declaradas ou implícitas em ações e valores. As regras da normalidade começam a nos afetar antes mesmo de nascermos. Nervosos, dois pais sentam-se no consultório médico, no qual esperam a confirmação de que seu bebê é normal. Depois temos as faixas normais de crescimento e desenvolvimento, comportamento e competências sociais normais a serem checadas, resultados acadêmicos normais, níveis de aprendizagem normais e assim por diante. Durante grande parte de nossas vidas, somos analisados em relação a referências de normalidade. No entanto, vivemos dentro dos nossos egos humanos imperfeitos, com mentes "anormais" que têm pensamentos erráticos e estranhos e sentem emoções incontroláveis como um furacão. Não é de se admirar que tantas pessoas pensem que há algo de errado consigo mesmas. Nenhum de nós consegue estar à altura do normal. A ideia de que há algo de errado em você é uma das mentiras da mente ansiosa, e agora,poderá entender por que e de onde saiu isso.

Notas Mentais

- Não existe uma maneira normal ou correta de se viver a vida, apesar da pressão que possa sentir para isso.
- Ser completamente normal e estar dentro de um padrão estabelecido é algo que contraria as regras da natureza.
- Abrace a perfeição e a beleza anormal da natureza dentro de si.

Você é a perfeição. Você é a natureza expressa em forma humana. Considere que existem árvores com casca lisa, árvores com casca áspera, árvores altas, árvores de tronco fino, árvores de tronco grosso e árvores de tronco curvado. Cada uma tem uma aparência muito diferente, mas todas as árvores são lindas. O mesmo vale exatamente para você. A natureza é repleta de belezas únicas e você também é uma expressão da natureza. Seu trabalho é abandonar a mensagem equivocada de que precisa se conformar a um padrão de expectativas pré-existentes. Fazer isso é negar a força e o poder da natureza que correm em suas veias. Da próxima vez que se perguntar 'Isso é normal?', lembre-se de que essa é uma dúvida típica da mente ansiosa.

Prática

É hora de normalizar suas experiências por si mesmo. Ao passar por uma experiência emocional desafiadora, como uma onda de dúvida a respeito de si ou medo, diga a si mesmo: 'Isto é normal. Eu sou normal. Isso é natural. Eu sou a natureza. Esta é uma expressão natural'. Você consegue normalizar tudo o que diz, tudo o que pensa, o que sente e tudo o que faz? Se conseguir fazê-lo, começará a se aceitar do jeito que é, exatamente como a natureza pretendia que você fosse. Nessa aceitação, encontrará muito mais paz.

Compreenda os Benefícios da Natureza

Existem benefícios mensuráveis cientificamente pesquisados que podem acontecer ao se cercar de natureza. Não é preciso um estudo clínico para acreditar que passar tempo na natureza é bom. Sentimos isso de forma inata. No entanto, é fascinante compreender a amplitude de maneiras pelas quais a natureza afeta os nossos corpos positivamente. Ao direcionar sua atenção para passar um tempo na natureza nesta semana, considere o quanto ser cuidado pela Pachamama (a deusa Mãe Terra Inca) pode ser algo poderoso para o seu bem-estar geral.

Para atender à necessidade urgente de tratamentos de saúde mental com melhor custo-benefício, um grupo de pesquisadores do Reino Unido estudou o impacto dos passeios na natureza nos sintomas de depressão e ansiedade. Eles reuniram dados de sobreviventes de câncer, estudantes universitários e pessoas leigas em todo o mundo que enfrentam desafios à saúde mental, e descobriram que os sintomas de ansiedade foram consistentemente reduzidos com caminhadas na natureza.[27]

Em outro estudo, pessoas que faziam uma caminhada de noventa minutos na natureza experimentaram uma queda no pensamento circular – aquele pensamento ansioso inútil – e na ativação do córtex pré-frontal do cérebro, que está ligado ao pensamento racional e na tomada de decisões.[28]

Shinrin-yoku ('banho de floresta', em japonês) é uma prática de cura estabelecida no Japão, na qual as pessoas trazem atenção aos seus sentidos enquanto estão imersas na natureza. Esta é precisamente a base da sua prática desta semana. Existe até uma Sociedade Japonesa de Medicina da Floresta (*Japanese Society of Forest Medicine*) que realiza pesquisas sobre os efeitos terapêuticos das florestas na saúde humana e oferece orientação sobre os banhos de floresta. O pesquisador-chefe Qing Li diz: 'Onde quer que haja árvores, somos mais saudáveis e felizes'. A pesquisa mostrou aumentos no número de células do sistema imunológico, os guerreiros naturais que ajudam no combate às infecções, melhorias na frequência cardíaca e na pressão arterial com os banhos de floresta.[29] Há vários estudos que mostram que esse banho reduz a ansiedade, reduz os níveis de cortisol e ativa o sistema nervoso parassimpático.[30] Passar vinte minutos num parque no meio de uma cidade é tudo que precisamos para ter um impacto significativo na redução dos nossos níveis de cortisol.[31]

Mas como a natureza faz isso? As plantas produzem substâncias químicas chamadas fitocidas, que possuem um efeito calmante no sistema nervoso quando as inalamos. Essas substâncias químicas são os óleos essenciais antimicrobianos exalados pela madeira das árvores e de outras plantas. Há também um maior teor de oxigênio no ar em áreas densamente arborizadas, e acredita-se que isso melhora o nosso estado mental. Alguns pesquisadores propõem que estar num ambiente natural não ameaçador faz parte do efeito desestressante, enquanto outros sugerem que a sensação de conexão com a natureza pode atuar como um emulador para a nossa necessidade de conexão em geral.[32] Outra teoria é que a natureza fornece uma riqueza tão envolvente para nossos olhos que tira nosso foco da ruminação mental. Até mesmo olhar fotos dela pode produzir um efeito calmante[33] em nós. É essencial que você dirija atenção plena à sua experiência com a natureza para aproveitar esses benefícios. Olhar para a vegetação e inalar os aromas com atenção é fundamental para promover uma resposta de relaxamento. Considere todas as maneiras pelas quais ela o alimenta enquanto aproveita seu tempo na natureza nesta semana.

Vitamina D

A vitamina D é um nutriente extremamente importante para um ser humano saudável e resiliente. Todas as células do nosso corpo contêm receptores de vitamina D, o que sugere que ela desempenha algum papel em cada célula. Precisamos estar na natureza, expostos à luz solar (com as precauções necessárias, claro), para gerar vitamina D. Imagine como as plantas cresceriam sem luz solar? Seres humanos também são natureza.

A vitamina D é, na verdade, um hormônio, não uma vitamina. Ajuda a regular o sistema imunológico, pode reduzir o risco de doenças como a osteoporose, estimula a reparação do ADN, apoia o equilíbrio hormonal e desempenha um papel importante numa saúde mental robusta. Níveis adequados de vitamina D no corpo estão associados a menos ansiedade, menos depressão e melhor qualidade do sono. Ela ajuda o cérebro a regular os níveis das substâncias químicas cerebrais calmantes, como a serotonina e a dopamina.

Se a sua pele não é exposta ao sol diariamente (mesmo nos meses mais frios), ou se você usa muitas roupas ou trabalha em ambientes fechados, é provável que não receba luz solar suficiente para produzir a quantidade ideal de vitamina D.

Pessoas com pele mais clara tendem a precisar de menos tempo ao sol para produzir a quantidade ideal de vitamina D, enquanto aqueles com pele mais escura demandam períodos mais longos de exposição ao sol.

Também há suplementos dessa vitamina, e são úteis se não puder passar tempo razoável ao sol. A composição do suplemento não é tão importante aqui.

Dose de exemplo: 1.000 a 4.000 unidades internacionais por dia.

Prática

Além de passar tempo na natureza nesta semana, passe também alguns minutos por dia com os braços, pernas e peito descobertos e expostos ao sol para manter níveis adequados de vitamina D. Tenha cuidado para não queimar a pele e ajuste essa recomendação para um período menor de acordo com suas necessidades e tipo de pele. Considere tomar um suplemento de vitamina D, se necessário.

Ferro e Oxigênio

Deficiência de ferro é algo incrivelmente comum em mulheres que menstruam, pois elas perdem sangue todos os meses. O ferro é necessário para produzir hemoglobina, o centro magnético do glóbulo vermelho ao qual o oxigênio se liga. Sem níveis adequados de ferro, o oxigênio não pode ser transportado facilmente para as células. O oxigênio é a energia delas (incluindo das células cerebrais) e sem ele, não funcionam. Se as células cerebrais não funcionarem direito, pode haver ansiedade, confusão mental, dificuldade de concentração, diminuição da motivação, memória fraca e baixos níveis de energia.

Você também precisa de ferro para produzir serotonina com eficiência, pois ele está envolvido no processo de fabricação química desse neurotransmissor. O ferro é um regulador do GABA no cérebro, e ajuda a reequilibrar o órgão quando ele está superestimulado e ansioso.[34]

Há, principalmente para as mulheres, uma correlação significativa entre a deficiência de ferro e o risco de ansiedade e depressão.[35] Ainda que a correlação não seja igual à causalidade, em função do importante papel que esse mineral desempenha no funcionamento diário das suas células, vale muito a pena considerá-lo no seu arsenal de resiliência à ansiedade. Embora não existam pesquisas específicas que demonstrem que a suplementação de ferro para corrigir uma deficiência também reduzirá a ansiedade, há pesquisas que sugerem que a correção de uma deficiência de ferro pode reduzir o risco de distúrbios de saúde mental em geral.[36]

O ferro é encontrado principalmente na carne vermelha, como carne bovina, de cordeiro, porco ou canguru. Recomendo carne de animais criados no pasto para um teor mais alto de ômega-3. Atum, frango, figos secos, damascos, amêndoas, castanhas-de-caju, avelãs, pinhões, sementes de gergelim, tahine, ovos, salsa, cacau em pó, folhas verdes escuras, coentro, espinafre, espirulina e acelga também são boas fontes. Observe que as fontes animais são mais biodisponíveis para o corpo, o que significa que o ferro é mais facilmente absorvido do que nas fontes vegetais. É importante consumir uma mistura de alimentos de fontes animais e vegetais, a menos que siga uma dieta específica na qual isso não seja possível. Se você é vegano, vegetariano ou raramente come carne vermelha, um suplemento diário pode ser a melhor opção. Também será preciso fazer exames de sangue regulares com seu médico para monitorar seu nível de ferro. Se você é uma mulher que menstrua e não tem ideia de como estão seus níveis de ferro, recomendo que faça um exame de sangue para verificar.

A forma ideal de suplemento de ferro é o bisglicinato, que é mais suave para o trato digestivo e mais facilmente absorvido pelo sangue.

Dose de exemplo: 24 miligramas por dia.

Prática

Se você não verificou seus níveis de ferro nos últimos doze meses, é hora de visitar seu médico e fazer um exame de sangue. Idealmente, os níveis de ferritina (a forma de armazenamento do ferro) devem estar acima de 50 nanogramas por mililitro. Se a concentração em seu sangue estiver abaixo desse nível, pode ser necessário tomar um suplemento e aumentar a ingestão de alimentos ricos em ferro.

LISTA DE VERIFICAÇÃO PARA A

Nona Semana

Na nona semana, convido-o a se conectar profundamente com a natureza por meio de quatro práticas.

- ☐ Encontre um lugar na natureza onde você possa passar pelo menos uma hora em contemplação silenciosa. Envolva seus sentidos ativamente.
- ☐ Nessa semana, pratique a normalização de suas experiências. É possível se aceitar da maneira que você é?
- ☐ Estimule os seus níveis de vitamina D por meio da exposição solar (com as devidas precauções) e suplementos, se necessário.
- ☐ Verifique os seus níveis de ferro e, se necessário, considere tomar um suplemento e aumentar a ingestão de alimentos ricos em ferro.

Semana Dez: O Mundo Externo

Crie um ambiente calmo

A maior parte desse livro foca em encontrar o controle onde ele realmente existe: dentro de você. Esta é a seção onde examinaremos o ambiente externo e de que forma ele pode influenciar a maneira como você se sente. Afinal, suas circunstâncias externas são neutras e sempre é possível escolher a história que conta a si mesmo sobre elas. Você pode se sentir melhor em qualquer ambiente ao usar o poder dos seus pensamentos. Da mesma forma, se puder mudar suas circunstâncias para melhorar sua vida de acordo com suas preferências, é óbvio que deveria fazê-lo.

Já percebeu como, quanto mais ansioso fica, menos sua casa se mantém organizada e se torna cada vez mais bagunçada? À medida que você começa a se sentir melhor, passa a guardar naturalmente as roupas, lavar a louça na pia e passar aspirador no chão. E você também pode perceber que se sente melhor enquanto arruma as coisas, como se o processo de arrumação física o ajudasse a organizar suas emoções e pensamentos. Uma casa arrumada dá base a uma mente organizada.

Marie Kondo, uma conhecida organizadora de casas, costuma dizer: 'O espaço em que vivemos deve ser para a pessoa na qual estamos nos tornando agora, não para a pessoa que éramos no passado.' Considere seu quarto, sua cozinha, sua sala e seu banheiro.

Observe especialmente os locais onde você guarda objetos – as coisas antigas que estão guardadas, *só para garantir*. O que o seu espaço diz sobre você? Para quem é esse espaço? Que ajustes você poderia fazer para criar um espaço que ajude seu sistema nervoso e traga um sorriso ao seu rosto?

Notas Mentais

- Se puder mudar o seu ambiente para melhorar a sua vida e torná-la mais agradável, encorajo-o a fazê-lo.
- As coisas das quais se cerca em sua casa geralmente simbolizam algo sobre você e podem influenciar sua mente subconsciente.

Você está cercado por cores brilhantes que parecem quentes e edificantes, ou as cores são desbotadas e escuras? Seu espaço poderia ser mais organizado? Você permite que seu espaço seja preenchido com coisas que não precisa – coisas pesadas e desnecessárias, às quais se apega inconscientemente? A sua casa é um santuário acolhedor e espaçoso ou um espaço de armazenamento? Dê uma olhada em seu material digital também. Você ficará surpreso com tudo que mantém na nuvem, na forma de fotos, vídeos e conversas que não precisam mais ser guardados.

Se tiver dificuldade em abandonar essas coisas, pergunte-se: 'Por que isso?' Entregue-se à curiosidade em relação a si mesmo. O que significa para você se apegar a algo e o que significa deixar aquilo ir embora? Essas coisas realmente o beneficiam ou a criança assustada dentro de você se sente mais segura cercada por ela? Suas coisas são uma rede de segurança, que reforçam os hábitos e comportamentos da criança interior, e o mantém preso a velhos padrões? O que aquela criança precisa ouvir para se sentir segura mesmo com ou sem essas coisas? Agora que você é um adulto, precisa dessas coisas em sua vida?

À medida que explora essas questões e se movimenta pelo seu espaço, encontrando diferentes objetos, você notará diante de si reflexos de muitos de seus antigos comportamentos e escolhas. A compra por impulso que fez para se animar e afastar algum sentimento triste e vazio. A fotografia que não pode jogar fora, porque gostaria que a pessoa nela ainda estivesse aqui. Os antigos diários, com páginas rabiscadas e manchadas de lágrimas, como relíquias da sua dor, que parecem tão importantes e necessárias – mas que você na verdade nunca mais voltou a ler. Cada objeto simboliza algo. Cada um é uma mensagem para o seu subconsciente sobre quem você é.

Prática

Use o ambiente da sua casa para fazer afirmações de intenção a respeito da pessoa que você está se tornando. O seu espaço reflete seus valores e aquilo em que está se tornando? Que mudanças precisam ser feitas? A que você ainda está se apegando no seu espaço? O que poderia ser jogado fora? O que poderia ser arrumado, limpo, consertado, atualizado ou organizado? É possível abrir espaço para chamar um novo capítulo para a sua vida? Como colocar mais de *si* em seu espaço? Escreva suas respostas a essas perguntas e faça uma lista. Reserve algum tempo nesta semana para fazer isso acontecer.

No meu espaço, gosto de manter uma planta de interior, cristais brutos cortados ou conchas gigantes do oceano, pois adoro a natureza. Priorizo o prazer através dos aromas que coleciono em velas, óleos e loções. Tenho lindas ferramentas ao meu redor que me lembram de desacelerar, como minha tigela tibetana, cobertores aconchegantes e livros cheios de sabedoria. Utilizo cores quentes como dourado, pêssego e rosa, que podem iluminar os dias mais frios. As coisas do meu espaço fazem eu me sentir bem. Elas reforçam meus valores e refletem a pessoa em que estou me tornando.

O que o seu espaço diz sobre você? Em quem você está se tornando? Do que você poderia se rodear para refletir isso?

As Pessoas Ao Seu Redor

Embora a mensagem principal deste livro seja trabalhar dentro da sua verdadeira esfera de controle, em vez de desejar impotentemente que os outros sejam diferentes e ajam da maneira que você gostaria que eles se comportassem, não podemos ignorar o fato de que a vida está cheia de pessoas. Certas pessoas vão provocá-lo. Vão machucá-lo. Vão cutucar suas feridas. Há muitas pessoas que você já conhece e que encontrará, que farão coisas que você não gosta, que dirão coisas que o incomodam e que se comportarão de maneiras que nem sonharia. Há pessoas que nunca poderemos satisfazer, pessoas com quem não se consegue argumentar e pessoas que manipulam. As pessoas ao seu redor proporcionam um cenário perfeito para desencadear ansiedade. É preciso encontrar uma maneira para, de alguma forma, viver pacificamente neste mundo. A busca por permanecer satisfeito e fortalecido por dentro, a despeito das pessoas ao seu redor, é uma das maiores oportunidades de crescimento da vida. Se as pessoas não nos desafiassem, não cresceríamos. Com isso dito, como você lida com as pessoas ao seu redor?

Cada pessoa com quem você entra em contato pode ter um impacto sobre si, especialmente as cinco pessoas mais próximas em sua vida. Observar essas cinco pessoas pode até prever o seu futuro: há coisas que podem ser pré-determinadas com base na probabilidade estatística sobre o que acontecerá com você na sua vida, com base nas pessoas com quem passa o seu tempo. Essa informação pode ser preocupante, eu sei, mas é igualmente fortalecedora. Quando está mais informado, pode fazer escolhas melhores que o levarão aonde deseja ir.

Essa ideia de que as pessoas ao seu redor o influenciam é chamada de influência social. Nicholas Christakis e James Fowler foram os primeiros a estudar a influência social por meio de dados do Framingham Heart Study – um estudo em andamento que segue 5.209 adultos de Framingham, Massachusetts, iniciado em 1948. De acordo com os resultados, se um amigo próximo seu ficar obeso, há 45% mais probabilidade de você ganhar peso nos dois a quatro anos seguintes.[37] Embora eu não queira insinuar incorretamente que a obesidade é simplesmente uma questão de ingestão de alimentos e exercícios, quando, na verdade, ela está mais frequentemente baseada em trauma, este continua a ser um exemplo poderoso de como a influência social funciona. Na minha família, enquanto eu crescia, ninguém era excessivamente atlético ou esportivo. Não que ninguém mexesse o corpo; simplesmente não era uma identidade chave – como era em algumas famílias que faziam caminhadas nos fins de semana, jogavam em todas as equipes esportivas ou participavam de corridas divertidas juntas. Parecia ser algo incomum ficar inteiro suado diariamente. Manhãs tranquilas de fim de semana em frente à televisão assistindo a reprises de *Friends* eram algo normal quando eu era adolescente. Mesmo agora, quando faço exercícios perto dos meus familiares, sinto a influência social quando eles comentam que posso estar exagerando, ou até mesmo quando dizem que é algo impressionante. Isso sempre me faz recordar da norma, de que luto contra a zona estabelecida no meu grupo familiar – e contra a crença de que "não somos pessoas altamente ativas". Desenvolver o hábito de fazer exercícios regularmente foi, para mim, como subir por uma trilha inclinada. Não foi simples como lembrar de tomar suplementos nutricionais, como óleo de peixe, por exemplo. Minha mãe começou a me dar cápsulas de óleo de peixe para engolir depois do café da manhã quando eu ainda estava na escola primária. Tomar suplementos é uma descida natural e fácil para mim. É normal no meu grupo familiar.

A princípio, a influência de um grupo social não é negativa, asseguram-nos Christakis e Fowler. Cercar-se de pessoas felizes também o deixa mais feliz. Se você tem um amigo de um amigo de um amigo que está feliz com a vida, é 6 % mais provável que você seja feliz. Agora, 6 % pode não parecer muito, mas, se colocado em contexto, é, na verdade, algo bastante impressionante. Se você recebesse um aumento extra de US$10.000,00 em seu salário, isso só aumentaria sua felicidade em cerca de 2 %. Também mostra que pode ser poderoso o efeito cascata que ocorre ao fazer uma mudança positiva na vida para criar mais contentamento e satisfação para si mesmo. Isso influencia as pessoas ao seu redor. Embora possa ser verdade um ditado que diz que 'pessoas machucadas machucam outras pessoas', pessoas curadas curam pessoas. Quando você mesmo faz o trabalho ativamente, causa um impacto positivo nas pessoas ao seu redor.

Sua comunidade social tem influência sobre você e a ansiedade que sente. É hora de fazer um inventário a respeito dessa comunidade, trazer o assunto à luz da consciência e, se necessário, fazer mudanças. Não há necessidade de eliminar todo o seu círculo social da noite para o dia ou cortar laços com membros da sua família, a menos, é claro, que eles o prejudiquem. É um processo. À medida que se torna mais consciente e percebe comportamentos que não são bons para si, pode lentamente se distanciar de certas pessoas, criar limites e passar menos tempo com elas. Você pode optar por não atender uma ligação ou fazer planos com essa pessoa. Não é necessário ser amigo de pessoas de quem não gosta. Não é necessário gastar tempo com pessoas que o sugam. Talvez você passe a gastar mais tempo com pessoas que reflitam os seus valores e o tipo de pessoa na qual você está se tornando.

Prática

Quem são as cinco pessoas mais próximas de você? Anote no seu diário. Reserve algum tempo para contemplar suas características e hábitos. Eles apoiam ou atrapalham o seu crescimento? Eles refletem seus valores e quem você deseja ser? Não me refiro a julgar, criticar os outros ou atribuir culpas. Estamos falando perceber o impacto que as pessoas ao seu redor têm sobre si.

De que forma outras pessoas podem estar em contato com você, entrar no seu espaço, influenciá-lo de maneiras que não o servem? Considere os e-mails e mensagens que recebe e as contas de mídia social que segue. Que limites precisa criar? Você precisa cancelar uma assinatura, silenciar, bloquear ou deixar de seguir alguém?

A seguir, considere quem é a pessoa mais autoconfiante, centrada, calma e positiva que você conhece. Conhece alguém que já possui muitas das qualidades e valores que você está trabalhando para desenvolver? Como passar mais tempo com essa pessoa? Onde esse tipo de gente anda? Em aulas de ioga, conferências de bem-estar ou retiros de saúde? São amigos dos seus amigos? Frequentam círculos de mulheres, encontros ou workshops de desenvolvimento pessoal?

Se você não tem contato direto com pessoas assim em sua vida, permita que indivíduos que o inspiram entrem em sua vida de outras formas menos diretas. Ouça seus podcasts, leia seus livros e siga-os nas redes sociais. Mergulhe na energia de pessoas edificantes que já personificam quem deseja ser e absorva deliberadamente sua influência positiva. Você começará a se tornar naturalmente mais parecido com elas. Com o tempo, notará mais e mais pessoas que incorporam esses valores aparecerem em sua vida.

Limites e Saber Dizer Não

Já se sentiu ressentido, como se todo mundo o valorizasse pouco e ninguém realmente o ouvisse? Você se sente desvalorizado e sente que as pessoas simplesmente o atropelam, que se aproveitam de sua gentileza e generosidade? Nesse caso, este é um sinal de que você precisa trabalhar em seus limites. O ressentimento, muitas vezes associado à ansiedade, é um sinal do seu corpo de que seus limites estão sendo ultrapassados. Mesmo que já tenha feito esse tipo de trabalho antes, revisar seus limites é sempre relevante, pois essas regras pessoais estão em evolução constante.

Seus limites são as regras que você define, que governam o seu mundo e a forma como os outros devem se comportar dentro dele. Seus limites são determinados por você e somente você. Eles são desenvolvidos através de suas experiências passadas, de sua bússola moral, de seus costumes e cultura, de seu entendimento sobre a maneira correta de fazer as coisas, da forma como deseja ser tratado e de como trata os outros. São diferentes para cada pessoa. Ninguém pode lhe dizer que seus limites são bobagem ou algo sem importância. É você quem decide isso. O interessante sobre limites é que presumimos automaticamente que outras pessoas têm os mesmos limites. Pensamos: 'Por que você trataria alguém assim? Eu nunca faria isso'. Ficamos chateados e preocupados porque outra pessoa tem limites diferentes. Mas é claro que as pessoas terão limites diferentes, e tudo bem. É direito delas. Seu trabalho é presumir que elas não conhecem os seus e gentilmente avisá-las de quais são. Quando alguém cruza seus limites de forma consciente e intencional, aí é outra história.

Já ofendeu alguém sem perceber? Você odiaria entrar na casa de alguém calçado quando é uma casa em que as pessoas entram sem sapatos. É preciso que alguém lhe diga o que é e o que não é apropriado. Imagine estar na sala de estar da casa de alguém, e perceber o rosto dessa pessoa se fechar ao olhar para os sapatos que você não tirou. Você não tem ideia do que fez de errado, mas sente que a aborreceu de alguma forma. Não é sua culpa que ninguém lhe disse quais são as regras, e você adoraria que alguém tivesse lhe contado. Quando conhece as regras, você se sente confortável na casa de outra pessoa. Portanto, se você se sentir desconfortável em falar sobre um limite que tenha, lembre-se de que é uma gentileza da sua parte compartilhar esse limite com a outra pessoa.

Se não estabelecer limites, as pessoas passarão por cima de você. Elas invadirão seu espaço. Você se tornará um sujeito que agrada as pessoas, ressentido e impotente. Você terá menos para doar, menos energia e muito mais ansiedade. Ao dizer sim para todo mundo, essencialmente diz não para si mesmo. Você deve aprender a dizer não para quantas pessoas forem necessárias para evitar dizer não para si mesmo. Isso faz parte de viver uma vida mais autêntica e alinhada, na qual é o mestre de sua mente ansiosa.

Você não será uma pessoa má se estabelecer limites. As pessoas mais compassivas são, na verdade, aquelas com limites realmente fortes. Essas pessoas têm espaço em seus corações para sentir mais compaixão pelos outros, para sair do julgamento, das fofocas e de discussões mesquinhas, porque protegem sua energia. Elas simplesmente têm mais para doar. Não permitem que todos usurpem sua energia. Você provavelmente conhece a sensação de estar exausto demais para se lembrar de trazer seu pai amoroso interior quando precisa. Com limites bem definidos, você pode praticar prontamente a compaixão por si mesmo, o que possibilita com que seja uma ótima pessoa para se conviver.

Tenha em mente que estabelecer limites não significa fazer com que outras pessoas mudem o próprio comportamento a seu respeito. Aquilo que outras pessoas fazem não é um indicador do seu sucesso em estabelecer limites. As pessoas podem fazer o que querem e você não tem controle sobre isso. É possível escolher apenas quanto tempo passamos com pessoas que respeitam ou que não respeitam nossos limites. O importante é que você faça uma afirmação clara sobre seu valor próprio. Em última análise, isso se trata de melhorar relacionamentos, sentir-se respeitado e aproximar-se daqueles que respeitam seus limites.

Você sabe que precisa estabelecer um limite quando alguém faz algo que cria uma sensação de tensão, de estômago embrulhado dentro de si. Você saberá quando sentir isso. Imagine agora como se sentiria ao ver alguém entrar em sua casa limpa com botas enlameadas e colocar os pés em seu novo sofá encapado com linho branco. Esse é o sentimento. Pode parecer ansiedade ou frustração, raiva, nojo ou ressentimento. É assim que você sabe que um limite foi ultrapassado e é hora de se manifestar. É hora de dizer: 'Isso não é bom para mim'.

Expressar seus limites é uma arte. Tenha em mente que você não precisa alcançar o diálogo perfeito aqui, mas usar essas diretrizes pode ajudá-lo a se sentir mais confiante e apoiado conforme se familiariza com essa prática. O objetivo principal é tentar comunicar suas necessidades em uma situação em que normalmente você se conteria e deixaria que um limite fosse ultrapassado. Fale, mesmo que se sinta mal. Fale, mesmo que sinta que está sendo anormalmente direto. Fale, mesmo que isso lhe cause ansiedade.

Declare Sua Intenção

Pode ser útil começar declarando a intenção geral daquilo que você tem a dizer, o que pode ser sua intenção de dar suporte, nutrir ou melhorar aquele relacionamento de algum jeito. Você poderia dizer, por exemplo: 'Estou tocando no assunto porque quero que nosso relacionamento seja o melhor possível'.

Ofereça Apreço

Dependendo da pessoa com quem estiver falando, em seguida, ofereça algumas palavras de apreço por algo que ela faz que lhe agrada – algo que você admira ou respeita nela. Isso elimina instantaneamente a atitude defensiva da interação. Por exemplo, 'Provavelmente eu não digo o quanto deveria dizer, mas o seu compromisso com a sua carreira é realmente admirável'.

Faça um Pedido

A seguir, estabeleça seus limites na forma de um pedido. A arte de estabelecer limites está totalmente relacionada com uma comunicação cristalina. É preciso fornecer instruções claras sobre como gostaria que essa pessoa se comportasse no futuro, mesmo que pareça óbvio para si. Você poderia dizer: 'Eu realmente preciso da sua ajuda para manter minha casa limpa. Poderia tirar os sapatos antes de entrar?' Outro exemplo poderia ser: 'Eu adoraria sua ajuda para encontrar uma solução, mas não posso continuar a conversa se falar comigo nesse tom', ou, 'Seria bem melhor se você pudesse desligar o telefone e olhar para mim quando eu compartilhar algo importante com você'. Outra maneira de fazer uma solicitação é dizer à pessoa como as ações dela o fazem se sentir e as consequências disso, ao dizer: 'Quando você faz aquilo, eu faço isso'. Por exemplo, 'Quando você entra em casa com as botas sujas, sinto que você não me respeita e eu me fecho. Podemos mudar isso?' Não basta apenas dizer a ela que o que ela faz o incomoda. Não pare no que sente. Sem um pedido claro, nossos sentimentos são turvos e confusos para os outros.

Como Alternativa, Diga Apenas Não

Não se esqueça de que estabelecer um limite também pode ser algo muito simples. Pode demandar apenas uma frase, ou até mesmo uma palavra: não. Você pode dizer 'Não consigo mais' ou 'Funcionaria melhor se...' ou 'Isso me deixa desconfortável'. Assim, você comunica que algo não está certo para si nesta interação e remove o potencial de ressentimento. Tudo depende da situação e você saberá quando uma conversa mais longa for necessária.

Por favor, esteja preparado para o caso de pessoas mais próximas na sua vida, como velhos amigos, parceiros e familiares muitas vezes não apoiarem os seus novos limites. Espere isso. Eles estão acostumados com você dizendo sim passivamente a todas as demandas deles. São pessoas que se beneficiaram ao ultrapassar seus limites no passado, pensando: 'Ah, ela aceitará isso'. Então, quando começa a se posicionar, um conflito pode acontecer. Espere se sentir desconfortável. Tudo faz parte do processo e é uma evidência de que está crescendo. Cada vez que ver os outros reagir, tenha orgulho de si mesmo. Parabenize-se por defender seu próprio valor.

Notas Mentais

- Um limite é uma regra que você estabelece, que governa o seu mundo e a forma como os outros se comportam dentro dele.
- Se você não estabelecer limites em sua vida, as pessoas tirarão vantagem de si e drenarão sua energia.
- O estabelecer bem seus limites não tem nada a ver com a forma como a outra pessoa reage. A parte importante é valorizar a si mesmo o suficiente para definir esses limites.

Algumas pessoas podem tentar fazê-lo se sentir mal e chamá-lo de egoísta. Também me deparei com a mesma objeção da minha família. O importante é que você saiba que tomou a decisão certa para si e desperte aquele pai amoroso interior para lembrá-lo de que é uma boa pessoa. Você sabe que está partindo de um desejo de ter energia, capacidade de compaixão, relacionamentos melhores e algo para dar. Está fazendo isso porque não quer se deixar levar pelo ressentimento, algo que prejudica seus relacionamentos mais preciosos.

Seu parente, parceira ou parceiro ou amigo apenas rejeita o fato de você se colocar em primeiro lugar porque não respeita seus próprios limites. É meio como se a pessoa dissesse, 'Bem, isso não é justo, afinal, eu não tenho respeito por mim mesmo'. Não é sua obrigação permanecer neste mesmo nível inconsciente, por mais que eu tenha certeza que você pode amar a pessoa e querer que ela cresça. Nada disso faz do seu parente uma pessoa má. Ele é apenas humano e não vem de uma posição de poder. Talvez nunca venha, mas você ainda pode alcançar essa posição.

Prática

Um limite é uma regra estabelecida a respeito de como deseja ser tratado. Escreva uma lista de seus limites. Quais comportamentos você aceitará e quais não aceitará em seus relacionamentos? O que está bem e o que não está? Até onde você está disponível? O que não será mais tolerável?

A Influência Genética Na Ansiedade

Já se perguntou como a genética influencia a ansiedade? Muito disso se resume à metilação, que é controlada pelos seus genes. A metilação é uma série de reações químicas essenciais que ocorrem em todas as células do corpo. Suas células estão realizando esse processo agora, enquanto você lê isto. Nessas reações químicas, um grupo metil é adicionado ao DNA, às proteínas e a outras moléculas, como as substâncias químicas cerebrais que melhoram o humor e acalmam a ansiedade.[38]

A metilação pode impactar positiva ou negativamente uma série de diferentes processos no corpo, incluindo a saúde do coração, seus hormônios, a desintoxicação do fígado, o reparo do DNA, a produção de células imunológicas e a inflamação. Os problemas relacionados a ela têm, portanto, sido associados a abortos recorrentes, demência, doenças cardíacas, câncer, perturbações do humor e doenças autoimunes.[39] A sua susceptibilidade a problemas de metilação se relaciona às suas variantes genéticas individuais, e algumas delas podem ter impacto na ansiedade. Se você tiver algum desses problemas em seu histórico médico ou se ocorrerem em sua família, uma investigação mais aprofundada e a abordagem de problemas de metilação passam a ser muito mais importantes, pois é mais provável que seus genes estejam envolvidos.

Estima-se que de 20 a 40%das pessoas carregam um polimorfismo genético no gene MTHFR que pode retardar o processo de metilação nas células.[40] Existem muitas variantes genéticas diferentes que podem impactar o processo, portanto, não coloque muito peso no MTHFR, se você realmente o tiver. Tenha em mente que cada pessoa tem diferentes combinações de variações genéticas, da mesma forma com que todos nós temos diferentes pontos fortes e fracos. Se você não possui um polimorfismo genético que afete a metilação, ou qualquer ligação com as condições listadas anteriormente, provavelmente não precisará levar essa parte em consideração.

Se sentir que há algo errado, você pode testar problemas de metilação visitando seu médico, naturopata ou outro profissional de saúde para verificar seus níveis de homocisteína. Um nível elevado de homocisteína geralmente sugere que a metilação não está funcionando muito bem. Recomendo que verifique também seus níveis ativos de B12 e folato; você entenderá os motivos para isso em breve. Há testes de DNA para verificar se você possui algum dos polimorfismos genéticos que podem torná-lo mais propenso a problemas de metilação. Observe, porém, que seus genes não o vinculam a um resultado de saúde específico no futuro. Os genes são simplesmente marcadores que indicam a quais problemas você pode estar mais suscetível, se não cuidar de si. Os genes são o programa de computador, mas é você que aperta a tecla para ativar ou desativar esses genes de acordo com a maneira como se alimenta e vive sua vida. Você tem muito poder sobre seu destino genético.

Manter a metilação funcionando sem problemas é simples: controle o estresse, faça exercícios regularmente e faça uma dieta com alimentos integrais com bastantes vitaminas do complexo B. Faça isso e ela não deverá ser uma grande preocupação. Ao seguir uma dieta predominantemente não processada, com abundância de verduras, carnes de qualidade, ovos, lentilhas, nozes e sementes, estará ingerindo o espectro amplo de vitaminas B de que necessita. Vitamina B6, folato, B12 e B2 são particularmente significativos. Consulte um profissional de saúde para discutir se a suplementação é adequada para você.

Vitamina B12

A deficiência de vitamina B12 está associada à ansiedade. Ela é muito mais provável naqueles que seguem uma dieta vegana, já que essa vitamina só é encontrada em alimentos de origem animal ou produzidos por bactérias. Algas como a espirulina são uma das raras exceções que contêm vitamina B12, mas, a menos que queira adicionar colheres de uma substância com gosto de água suja às suas refeições, um suplemento é uma boa escolha.

As fontes de vitamina B12 são: carne vermelha de animais alimentados a pasto (boi, cordeiro, canguru), porco, frango, peixe, ovos, atum, leite, iogurte e queijo.

Folato

Você provavelmente consumirá folato suficiente na maior parte do tempo se utilizar alimentos integrais em sua dieta. O folato é essencial para uma gravidez saudável e também está associado à melhoria dos sintomas de ansiedade e depressão quando uma deficiência é corrigida.[41] Esta é uma das razões pelas quais as pessoas se sentem melhor rapidamente quando começam a comer mais alimentos integrais.

Fontes de folato podem ser: todos os vegetais, folhas verdes escuras, carnes e grãos.

Prática

Você ingere vitamina B12 e folato suficientes na sua dieta? Se você não consome produtos de origem animal, será que não precisa tomar um suplemento de vitamina B12? Se suspeitar que a metilação é relevante para si, consulte seu médico, naturopata ou outro profissional de saúde para investigar.

LISTA DE VERIFICAÇÃO PARA A

Décima Semana

Há quatro práticas principais para explorar na décima semana. Consulte as seções relevantes deste capítulo para obter informações e orientação.

- ☐ Arrume, limpe, atualize e organize o ambiente de sua casa para refletir a pessoa na qual você está se tornando.
- ☐ Conclua a prática ao avaliar as cinco pessoas mais próximas. Em seguida, pense em como trazer pessoas mais positivas e centradas para sua vida.
- ☐ Escreva uma lista de seus limites.
- ☐ Considere o papel que a genética e a metilação podem desempenharem você e obtenha suporte nutricional, se necessário.

Semana Onze: Expressão Emocional Saudável

Para Equilibrar as Emoções, Sono

Como você se sente quando acorda de manhã? Você acorda durante a noite? É difícil adormecer, com sua mente sempre ruminando pensamentos? O sono é uma prioridade na sua vida? O sono de qualidade faz parte do Escudo de Resistência e é essencial para desenvolver a resistência à ansiedade. Seu cérebro está pronto para ativar a ansiedade se você não dorme o suficiente ou seu sono não tem qualidade o suficiente. Isso é algo que ainda me afeta. Quando durmo mal, sei que a ansiedade que passo a sentir é uma resposta fisiológica do meu corpo. Meu cérebro sabe que meu corpo está em um estado comprometido devido a falta de descanso adequado, então muda o botãozinho para o modo de alerta máximo para me proteger. O termo técnico para isso é função cerebral antecipatória. Sabendo disso, é possível descartar a culpa e fazer da experiência de ansiedade uma experiência esperada – e fácil de corrigir, com um sono melhor na noite seguinte.

Uma noite de privação de sono afeta a função cerebral tanto quanto uma ingestão de álcool com leitura no sangue de 0,05 a 0,10. Quando não dormimos, o cérebro fica tão faminto pelo estado do sono que o nutre com sonhos (o chamado sono REM, de movimentos rápidos dos olhos), que começamos a sonhar acordados. Podemos ter alucinações. A falta de sono prejudica a memória e o processamento de informações. Faz com que o cérebro intensifique as reações antecipatórias – um mecanismo de sobrevivência que nos faz antecipar potenciais ameaças à nossa segurança. Isso nos mantém presos a um ciclo de pensamentos futuros sombrios e ansiedade. As substâncias químicas cerebrais que nos deixam calmos e mantêm um humor estável também são prejudicadas. Então, como otimizar nosso sono para termos mais resiliência perante a ansiedade?

Horário Regular de Sono

Tente manter horários regulares de sono e vigília todos os dias, e não varie em mais que uma ou duas horas. As células do seu corpo prosperam com uma programação regular todos os dias. Com que frequência você perturba o ritmo circadiano de suas células ao dormir três horas a mais nas manhãs de domingo? Isso resulta em uma espécie de *jet lag*, chamado *jet lag social*, ao ficarmos acordados até tarde da noite e dormir até tarde nas manhãs dos fins de semana. Isso não quer dizer que você não deve mudar seus padrões de sono nunca, mas ter isso em mente e tentar mantê-los relativamente equilibrados pode fazer uma grande diferença.

Durma Longe do Seu Telefone

Crie limites a respeito do seu telefone. Coloque-o no modo avião enquanto dorme para minimizar as notificações recebidas durante a noite e a tentação de checá-las. A tela do telefone é estimulante demais para o cérebro. Ele foi projetado para capturar sua atenção de toda forma possível, com suas cores brilhantes e a promessa de outra dose de dopamina, fazendo com que você sempre volte para ele. Reduzir o tempo de tela no começo da noite é uma boa ideia, principalmente a partir das 21 horas, pois isso o ajudará a produzir mais melatonina (o hormônio do sono). As telas produzem uma luz azul que pode interromper a produção desse hormônio no corpo e impedir que você sinta sono. O uso do telefone também pode acordá-lo quando estiver tentando dormir. Ainda não se chegou a um consenso em relação ao impacto das frequências eletromagnéticas emitidas pelos telefones no sono, mas há muitas evidências que sugerem que manter o telefone por perto enquanto dorme reduz a qualidade do sono e aumenta a probabilidade de você experimentar ansiedade.[42]

Temperatura Amena, Ambiente Escuro e Silencioso

Mantenha seu quarto com temperatura baixa e completamente escuro. Seus globos oculares são capazes de detectar a luz mesmo quando as pálpebras estão fechadas, e então enviar um sinal ao cérebro de que o sol ainda está alto ou começando a nascer, mesmo no meio da noite. Mantenha os animais de estimação e crianças fora do quarto o quanto puder. Use máscara para os olhos e protetores de ouvido, para melhorar o sono e bloquear o excesso de sons e luz.

Crie uma Rotina de Diminuição do seu Ritmo

Você pode criar uma rotina de relaxamento se notar que a qualidade do seu sono diminuiu. Isso significa reservar uma janela de meia hora antes de dormir, depois de realizar todas as suas tarefas de casa e de higiene, como escovar os dentes. Sua rotina pode incluir reduzir a intensidade das luzes, escrever num diário, deitar com as pernas apoiadas na parede, ler um livro, inalar óleo essencial de lavanda, meditar ou alongar-se levemente. Tomar um banho quente antes de dormir pode ajudá-lo a ter um ótimo sono: a temperatura do seu corpo sobe e depois esfria, deixando-o naturalmente sonolento.

Outros Fatores a se Considerar

Aqui estão mais alguns fatores a serem considerados quando se trata de dormir:

- O álcool e a cafeína afetam a qualidade do seu sono e você já deveria estar consumindo-os com moderação, uma vez que está ciente dos efeitos sobre si e sobre sua resistência à ansiedade.
- Evite jantar tarde; se possível, não coma nada por duas horas antes de dormir.
- Limite a ingestão de líquidos uma hora antes de ir para a cama, para não acordar para ir ao banheiro durante a noite.
- Tome sol e exponha-se à luz forte durante o dia, para que fique bem claro para o seu cérebro quando é dia e quando é noite. Seu cérebro precisa ter essa conexão com o sol para regular o ciclo hormonal do sono.
- Se você tem dificuldades para dormir, evite atividades estressantes, como trabalho e exercícios, bem antes de dormir. Não faça exercícios três horas antes de dormir.

Nutrição para um Bom Sono

Alguns alimentos podem melhorar a qualidade do sono, ajudando nos seus níveis de melatonina e permitindo um sono mais profundo e restaurador:

- **Amêndoas e nozes:** Comer amêndoas e nozes pode ajudá-lo a dormir, pois são fontes naturais de melatonina.
- **Suco de cereja:** há pesquisas que demonstram os benefícios para o sono decorrentes do consumo de suco de cereja, outra fonte de melatonina.[43]

- **Kiwis:** Outro estudo mostrou que adultos com problemas de sono que consumiram dois kiwis antes de dormir melhoraram a qualidade do sono.[44]
- **Peixes oleosos:** Num estudo, aqueles que comeram 300 gramas de salmão do Atlântico três vezes por semana durante seis meses adormeceram, em média, dez minutos mais rápido do que aqueles que comeram apenas carne de frango, vaca ou porco.[45]

Prática

Ainda precisa tornar seu sono uma prioridade? Que mudanças você poderia implementar esta semana? Experimente as sugestões aqui e veja se elas melhoram a qualidade do seu sono e fortalecem o seu Escudo de Resistência.

Ansiedade em Horários Específicos do Dia

Já percebeu que você sente mais ansiedade em diferentes momentos do dia? Para algumas pessoas isso acontece quase como se fosse marcado no relógio. Talvez você sinta mais ansiedade logo após acordar, ou à noite, antes de dormir. Tanto a ansiedade matinal quanto a noturna tendem a resultar de um sentimento de pavor em relação ao dia – tanto do dia que está prestes a começar, como de um novo dia que precisa ser enfrentado depois da noite de sono. Aqui vão algumas estratégias para começar.

Ansiedade Matinal

Compreender que há um aumento natural do cortisol pela manhã vem sendo de grande ajuda para muitos dos meus clientes. O nível de cortisol aumenta pela manhã para acordá-lo e ajudá-lo a começar o dia. Ele lhe proporciona uma explosão de energia e um estado de alerta que pode facilmente ser percebido como ansiedade.

Se estiver treinado para entrar em pânico assim que notar a sensação desconfortável e inquieta em seu corpo, você iniciará um ciclo de ansiedade e pode pensar: 'Ah, não, estou ansioso! Tem alguma coisa errada'.

Diferente disso, eu recomendo que você relaxe com a sensação de alerta ao acordar, lembrando-se de que isso é apenas um aumento no cortisol para despertá-lo. Seu corpo faz o trabalho natural para ajudá-lo a acordar, e você faz a sua parte ao permitir que o processo aconteça. Diga a si mesmo: 'Isso é normal. Estou sentindo uma onda de cortisol e isso é ótimo. Isso me diz que meu corpo é saudável e está em equilíbrio. Não é maravilhoso que meu corpo me ajude a começar o dia?' Ao fazer isso, você suaviza sua resposta à sensação de ansiedade. É possível, então, realizar a prática de sintonizar-se para aliviar ainda mais a experiência.

A próxima coisa que recomendo é resistir ao impulso de pegar o telefone durante os primeiros quinze a trinta minutos do dia. Isso dá ao seu cérebro a chance de acordar lentamente e orientá-lo para o novo dia. Você pode usar esse tempo para tomar banho, meditar, dançar, praticar exercícios físicos ou alongar o corpo. É mais fácil se desapegar do telefone se deixá-lo carregando durante a noite, fora do seu próprio alcance e longe da cama, do outro lado do quarto ou em um quarto diferente.

Não se demore na cama. Levante-se logo depois de acordar, pois quanto mais demorar, mais tempo terá para ruminar pensamentos e preocupar-se com o sentimento de ansiedade.

Se você fizer tudo isso e ainda estiver ansioso, poderá descobrir que precisa expressar suas emoções mais profundas, falar com sua criança interior, ou questionar histórias inconscientes baseadas em medo que passam por sua mente, indagando o que o dia o trará. Escrever num diário pela manhã pode ser uma boa maneira de fazer isso.

Ansiedade Noturna

Se você sente mais ansiedade à noite, é possível que tenha medo, inconscientemente, de dormir e enfrentar o dia seguinte, em que terá que fazer tudo de novo. Ou é possível que você tenha a sensação de que não trabalhou o suficiente durante o dia e, portanto, sentir que não pode permitir que ele termine com uma boa noite de sono. Além das recomendações para um bom sono discutidas anteriormente, existem alguns suportes adicionais para a ansiedade noturna.

A primeira coisa a fazer se estiver se revirando e não conseguir dormir é sair da cama – especialmente se esse ciclo estiver se intensificando. Se você divide a cama com uma parceira ou parceiro, levante-se e vá para um quarto diferente. Use iluminação fraca entre amarelo e laranja para proteger sua produção de melatonina e realize algumas atividades relaxantes, como leitura, alongamento ou registro no diário. Luz semelhante à luz de uma vela ou do fogo é algo mais próximo da que nossos ancestrais usavam à noite e não interfere nos níveis de melatonina. Não use uma tela ou dispositivo eletrônico. A luz azul das telas e qualquer outra iluminação branco-azulada à noite pode reduzir a produção de melatonina e resultar em um sono pior. Mover-se para outro ambiente e eliminar a pressão da necessidade de adormecer logo ajuda a interromper os ciclos de pensamento que alimentarão a onda de ansiedade seguinte. Somente quando sentir sono você pode voltar para a cama.

Implementar uma rotina de redução na atividade e práticas para acionar o nervo vago para entrar no modo de descanso da digestão pode ser útil. Uma prática específica que recomendo para a ansiedade na hora de dormir é abrir seu diário e anotar tudo que o preocupa. Comece com a frase: 'Não consigo dormir e relaxar agora porque...' e deixe as palavras fluírem a partir disso. Isso pode levá-lo à elaboração de um plano para os dias a seguir e a reservar tempo para cada tarefa, para que você possa visualizar como fará tudo que não foi feito no dia. Ou você pode questionar seu pensamento. Este também é um ótimo momento para trazer à tona seu pai amoroso interior. Lembre-se – assim como o pai mais incrível e compassivo faria – que você já fez o suficiente por hoje e fez por merecer uma boa noite de sono. Assegure-se de que todos os seus problemas serão de alguma forma resolvidos – você apenas não sabe ainda os detalhes de como isso acontecerá. Neste momento, a esta hora da noite, neste estado emocional, não é o momento ideal para encontrar soluções. Confie que elas virão até si depois de um bom sono, quando seu cérebro for realmente capaz de reconfigurar informações e encontrar soluções criativas. É isso que uma ótima noite de sono faz. Portanto, resolva seus problemas e preocupações ao convidar o sono a acontecer.

Não importa a hora do dia em que você normalmente sente ansiedade em maior intensidade, essas soluções são, em sua maioria, suportes temporários. Trabalhar com o seu Escudo de Resistência e as práticas guiadas deste livro proporcionará a mudança mais profunda que está buscando.

Desapegue-se

Por muito tempo eu me agarrei à história de culpa e raiva em relação ao meu pai. Eu estava viciada nela. De certa forma, me acalmava sentir algum poder em um estado tão impotente, sentir tanta coerência na minha posição de estar certa enquanto ele estava errado. Eu não poderia permitir que sua traição de alguma forma fosse aceitável. Ele tinha que ser punido pela dor que havia causado. No entanto, acreditava que a vida queria que eu me expandisse para além daquele evento, e o usasse como uma catapulta para alcançar mais liberdade e amor, para além dos medos da minha mente. Havia muitos outros presentes de alegria que o Universo enviava para mim.

Alguns anos depois daquela viagem a Bali, eu me vi sentada na praia com meu diário e um livro nas mãos. O livro era um clássico do autodesenvolvimento: *Você pode curar sua vida*, de Louise Hay. Eu me encolhi de amargura ao perceber que acontecia um casamento na praia atrás de mim. Meu pai se casaria novamente em algumas semanas.

Meu coração estava fechado, e ainda mais apertado pela felicidade que irradiava da cerimônia próxima de mim. No meu estado, eu não poderia ficar feliz pelos outros. Não se aquilo disparasse meus gatilhos, e cutucasse minha ferida dolorosa. Eu não conseguia sentir alegria. Não conseguia deixar o amor que estava ao meu redor se aproximar da minha vida. Estava cega para o lado mais iluminado. A beleza da vida aumentava cada vez mais minha dor. Olhando para o oceano, passei para o capítulo sobre o desapego. Com um longo suspiro, percebi que eu bloqueava minha própria paz.

Desapegar-se não significa dizer de alguma forma que o que outra pessoa fez contigo foi aceitável. Por favor, perceba que não há necessidade de usar essa prática se não lhe parecer útil ou desejável em sua jornada de cura pessoal. Você está convidado a considerar em que área pode superar um pouco mais as mágoas do passado. Esta prática consiste em se libertar do fardo do apego a uma história que pesa sobre si e faz com que entregue seu poder a outra pessoa. Há pessoas que você deve ter encontrado ao longo da vida, às quais pode estar agarrada, como eu estava. Você pode não pensar nelas frequentemente, mas em algum lugar, nas profundezas da sua mente, esses rancores estão lá, acumulando peso como lixo psicológico. Se essa pessoa aparece, ou alguém a menciona em uma conversa, ou se você se lembra dela de alguma forma, seu humor muda. Sua energia é drenada e você se sente inquieto. A ansiedade é desencadeada.

Guardar rancores pode fazer com que se sinta pequeno, como se não merecesse mais da vida. Isso reforça a crença autopunitiva de que a vida está contra você – que foi injustiçado e que outra pessoa pode aparecer e roubar toda a sua luz e poder. A verdade é que você permanece com seu poder, não importa o que vivencie.

Todos nós temos muitas pessoas que precisamos superar. Nós as colecionamos à medida que passamos pela vida. O valentão do colégio que o humilhou, o cara que o rejeitou na festa, o ex-companheiro que o traiu, a irmã que o criticou, o amigo com quem brigou, o chefe que não o pagava bem e assim por diante. Você entendeu a ideia, não? A lista de rancores cresce mais e partes do seu poder ficam mais dispersas por cada um deles.

Considerando a sua situação, há alguém com quem obviamente precisa conversar – mesmo que apenas na sua cabeça? Há alguém com quem você tem assuntos pendentes, e para quem precisa escrever uma carta que nunca enviará? Se houver, nesta semana talvez você queira fazer o que for necessário para se desapegar dessas pessoas, como um ato de amor por si mesmo. Não que haja alguma exigência de que é necessário concluir esta prática para poder seguir em frente, de forma alguma, pois todos nós temos experiências únicas. Mas muitas pessoas acham esse passo útil. Cabe a você decidir se será algo de valor para si e se você deseja trabalhar com um terapeuta para orientá-lo com isso.

Ao considerar aqueles que gostaria de superar, você consegue enxergar que essa pessoa também teve erros, dor, medo e sofrimento na vida dela? Consegue perceber que essa pessoa aprendeu seus comportamentos, absorveu suas crenças e modos de ser de alguma outra fonte? Este conjunto de um ser humano e o que ele fez é a tragédia da humanidade como um todo – a música doce e ao mesmo tempo amarga da vida em si. E portanto, você consegue sentir pena dessa pessoa? Acha que consegue tirar os óculos embaçados da sua mente e se conectar com o seu verdadeiro eu?

Prática

Escreva uma carta para si mesmo. Nesta carta, escreva as palavras 'Eu me desapego de...' seguidas do nome de cada pessoa e de cada ação que você possa imaginar que ela cometeu. Quando não conseguir pensar em mais ninguém, escreva: 'Eu me perdoo...' e permita que venham as palavras que precisam fluir. Se você for tomado por emoção durante esse processo, permita que esses sentimentos venham à tona.

Trabalho Corporal Emocional

Se quer se sentir melhor, precisa melhorar a expressão dos seus sentimentos. É bem comum encontrar clientes que têm dificuldades em expressar suas emoções. Se este for seu caso, é possível que sinta que há uma muralha, ou um bloqueio, quando se trata de sentimentos. Mesmo aqueles que dizem abertamente que choram muito, ou que costumam chorar com facilidade, frequentemente não se permitem espaço para liberar totalmente a emoção. Se você acredita que é muito sensível, muito emotivo ou frágil demais, pode acabar tentando se recompor mais cedo do que deveria, antes de ter realizado o processo todo. Você não se sente merecedor do tempo e espaço necessários para realmente lidar com seus sentimentos. Ainda segura sutilmente suas lágrimas.

Emoção é energia em movimento – uma nuvem cinzenta e tempestuosa que passa pelo céu azul. As emoções se movem naturalmente através de um processo semelhante a uma onda que passa pelo corpo, uma que ganha impulso, atinge o pico e desaparece. Contudo, na maioria das vezes, nós não permitimos que a onda emocional emerja. Reprimimos os nossos sentimentos e forçamo-nos a trabalhar. Nós nos distraímos deles e entorpecemos-nos com comida, álcool, compras online, redes sociais, drogas recreativas ou outros vícios.

Quando a tristeza, o medo e a raiva não são expressados, essas emoções não são liberadas. Quando não são liberadas, para onde elas vão? Aquelas que não são liberadas permanecem dentro do seu corpo, acumuladas e represando energia. Essa energia é desconfortável, incômoda e fica contida no corpo. No fim das contas, ela vaza de você, como uma represa transbordando com tanta água, cujas paredes estremecem com a pressão. A inquietação da emoção não expressada é o que muitas vezes chamamos de ansiedade.

Em alguns casos, esta energia atinge tal intensidade que explode como um vulcão, num ataque de pânico ou de depressão. A boa notícia é que isso não precisa acontecer se você conseguir ficar mais confortável ao se permitir sentir.

Sedeseja explorar de onde vem sua resistência aos sentimentos, pergunte-se: o que aconteceu quando expressou emoções quando era criança? Alguém lhe disse que era de alguma forma errado? O suposto erro de se ter sensibilidade emocional ficava implícito sem palavras com atos de pessoas ao seu redor que nunca o deixavam enxergar as emoções delas? Houve alguém que lhe demonstrasse o que é uma expressão emocional saudável? Quando estava chateado, alguém lhe disse para seguir em frente, ou sorrir e ser feliz? Quem estava lá para ajudá-lo quando sentimentos intensos surgiram, para o ensinar como navegar na onda da emoção com segurança? Quando se trata de expressar emoções, a maioria de nós não recebeu apoio adequado.

Liberar efetivamente suas emoções é liberar o estresse e a ansiedade do seu sistema nervoso, o que o leva a um estado natural de calma. Ao derramar lágrimas ou gritar por causa de seus sentimentos, reduz os níveis de cortisol do seu corpo, libera substâncias químicas opióides que aliviam a dor e ativa o sistema nervoso parassimpático. É um processo de permitir que seus sentimentos estejam presentes, aceitar sua humanidade e permitir-se sentir quando for necessário (e com frequência será). O luto é um processo que pode durar uma vida. Não se limita a um período de seis meses após a morte de um ente querido. Sempre há algo para sentir à medida que passamos por constantes mudanças e perdas. Isso não significa que você deva permanecer nas profundezas da tristeza o dia todo, todos os dias; mas nos momentos em que a tristeza aparecer como uma pontada nos olhos, uma sensação de peso no peito ou um nó na garganta, veja se consegue abrir espaço para que ela venha e seja liberada.

Existem outras maneiras de transformar as emoções sem precisar derramar lágrimas.

Respiração

A respiração é uma maneira poderosa de liberar aquela energia pesada e acessar camadas profundas suprimidas por você. Talvez deseje explorar uma jornada mais profunda participando de uma aula de respiração ministrada por um facilitador treinado – em meus programas online elas são realizadas mensalmente – ou por meio de algumas práticas de respiração por conta própria. Agora mesmo, onde quer que esteja, você pode tentar uma técnica simples de respiração em quatro tempos para acalmar o sistema nervoso. Basta inspirar pelo nariz e contar até quatro, segurar e contar até quatro, expirar e contar até quatro, segurar novamente e contar até quatro. Repita esse processo por algumas rodadas, pelo tempo que precisar. Você também pode tentar a respiração de reset, na qual se marca um minuto num cronômetro de contagem regressiva e se inspira e expira pela boca, com os lábios curvados em forma oval, em um ritmo relativamente rápido – como se fizesse uma caminhada com intensidade. Use a força que usaria para apagar uma vela. No final do minuto, prenda a respiração o máximo que puder. Repita o ciclo três vezes. Existem muitas outras técnicas de respiração a serem exploradas, algumas das quais podem durar de dez a trinta minutos. Todas o deixarão com uma profunda sensação de calma.

O Grito no Travesseiro

Gritar no travesseiro é outro exercício potente de liberação emocional. Esse método o auxilia a acessar a raiva que muitas vezes se sobrepõe à tristeza. Encontre um espaço privado onde possa se dedicar ao exercício com toda a sua capacidade. Você pode descobrir que, depois de três ou mais gritos, sentirá a vontade de chorar aumentar naturalmente. Também pode socar o travesseiro e agarrá-lo firmemente com as mãos, e permitir com que uma fúria selvagem saia de dentro de si – a raiva de gerações de pessoas oprimidas antes de você. Concentre-se na injustiça, nas pessoas que o prejudicaram e o trataram com desrespeito. Podem ser pessoas próximas a você ou figuras distantes da sociedade que o enfurecem. Veja seus rostos e fale com elas enquanto grita. Eu o encorajo a gritar mais alto do que acha que precisa e realmente colocar energia nisso, para canalizar a raiva profunda que a sociedade pode não permitir que expresse. Essa prática funciona bem para pessoas de todos os gêneros, mas descobri que as mulheres (e aqueles ou aquelas que tiveram suas vozes oprimidas) consideram-na particularmente curativa. Se uma mulher se expuser com raiva, ela será automaticamente rotulada como louca. As mulheres não querem parecer loucas, por isso, nós nos contemos. Esta é a sua oportunidade de reivindicar o seu poder e fazê-lo a despeito de tudo. Grite alto, ocupe espaço, faça barulho e deixe tudo aquilo sair.

Notas Mentais

- As emoções são um sinal de que a energia precisa se movimentar. Se você não a mover, ela transbordará de si como ansiedade ou explodirá em um ataque de pânico.
- Expressar suas emoções é liberar o estresse do seu corpo. Faz bem para você!
- Todos nós precisamos dar espaço à dor nas nossas vidas. Devemos permitir continuamente que a tristeza flua enquanto nos despedimos de pessoas, lugares, animais e partes de nós mesmos que amamos.

Prática

Debruce-se sobre suas emoções e se permita senti-las. Se você se permitir chorar muito esta semana, e deixar todo o espaço necessário para chegar ao fundo da onda emocional, será melhor ainda. Experimente as técnicas de respiração e grito no travesseiro descritas aqui.

LISTA DE VERIFICAÇÃO PARA A

Décima Primeira Semana

Na décima primeira semana, há três práticas importantes a serem implementadas. Releia as descrições no capítulo e confira a explicação mais detalhada de cada uma.

- ☐ Experimente otimizar seu sono e faça dele uma prioridade em sua vida.
- ☐ Escreva uma carta de desapego e liste os nomes daqueles que você precisa liberar, bem como as coisas pelas quais precisa se perdoar.
- ☐ Concentre-se nas suas emoções e permita-se senti-las, por meio das técnicas aqui descritas.

Semana Doze: Escolha o Seu Mundo

Confie na jornada da vida

Como seria confiar plenamente em sua jornada pela vida? Pare um momento para sentir o que essa ideia lhe diz. Quando você confia na vida, dedica toda a sua presença a curtir o que estiver à sua frente, a cada momento. Seus sentidos estão a todo vapor. Você bebe toda a essência da vida ao seu redor. Quando algo parece dar errado ou acaba por ser diferente de suas preferências e expectativas, você permanece em paz. Sabe que algo melhor sempre estará reservado para si. Deleita-se com a próxima oportunidade de crescimento. Quando o caminho faz uma curva desvairada e chega a um canto sombrio, você segura firme e confia que a estrada está sempre a seu favor e trará tudo o que precisa. Você vive num estado de fé cega todos os dias, pois está ciente de que será levado a algo maior do que jamais conseguiu imaginar.

Um desafio surge. Você confia. E então consegue o emprego dos seus sonhos, mas depois de três semanas é despedido. Você confia. Conhece 'A pessoa' da sua vida; e planejam todo seu futuro juntos, mas depois de três anos, o relacionamento desmorona. Você confia. O apartamento novo que comprou há um mês inunda. Você confia. Finalmente está grávida, mas perde o bebê na décima semana. Você confia. Recebe um diagnóstico de saúde assustador e as probabilidades estão contra si. Você confia. A sua pessoa favorita no mundo inteiro falece cedo demais. Você confia. Vê guerras, crises financeiras, desastres naturais e pandemias nos noticiários. Você confia.

Eu mesma vivi muitos desses desafios. Se não os vivi diretamente, conheci pessoas que os vivenciaram e trabalharam com eles. De alguma forma, e não importa o esforço de imaginação necessário para acreditar, prometo que a tranquilidade de confiar na jornada estará ali, sempre disponível para você.

Conheci alguém que eu achava que seria o amor da minha vida. Estávamos havia pouco mais de um ano em nosso turbulento romance internacional, quando larguei meu emprego, vendi meu carro, paguei milhares de dólares por um visto e me mudei para o outro lado do mundo para ficar com ele. Estava convencida de que passaríamos a vida inteira juntos. Quando nosso relacionamento não deu certo, mergulhei num dos desafios ao jogo da confiança mais profundos desde que comecei esse trabalho interno. A dor me levou a dias completamente sem apetite, em que eu não via sentido em sair da cama. Meu coração ficou despedaçado. A dor era tão física, que parecia uma ferida real da qual eu precisava cuidar. Foi uma pena não ter podido fazer um curativo nela ou aplicar uma pomada anestesiante para ela passar, mas tudo que pude fazer foi chorar até que a dor no meu coração fosse substituída por uma dor na minha cabeça. Tudo que pude fazer foi me render ao processo e me lembrar de não lutar contra ele. Por um tempo, minha mente se debatia todos os dias perante o erro da situação. Havia uma parte de mim que sentia que havia sido deixada no escuro. Parte de mim se sentiu esquecida pelo Universo, como se talvez todos os meus sonhos com o tipo de vida que eu queria fossem tolos. E, ainda assim, ao mesmo tempo, confiei.

Naturalmente, eu entrava e saía dessa confiança, enquanto meus planos futuros se dissolviam em uma confusão cinzenta. Minha mente entrava numa espiral de medo por horas, até que eu conseguisse me centrar novamente. Mas eu consegui. Apesar da dor no coração na escuridão, fiquei surpresa ao constatar que ainda conseguia ter esperança com tanta intensidade. Foi como imagino que seria saltar de um avião de paraquedas, com uma mistura de terror e alegria excitante. Eu sussurrava para mim mesma: 'Não consigo enxergar isso agora, mas está funcionando para mim. De alguma forma. Ainda posso viver uma vida maravilhosa, com ou sem ele. Há mais que não consigo enxergar ainda. Tem que haver mais. Deve haver algo ainda melhor'. Nas semanas e meses que se seguiram, devo ter escrito mais de cem vezes palavras nesse sentido em meu diário. Eu me imaginava contando o que havia acontecido um dia – como a história poderia ajudar outra pessoa. Assumi como minha missão provar que a minha perspectiva esperançosa era verdadeira, provar que poderia confiar nos presentes ocultos que aquela devastação me traria. Pensei muito na maneira como aqueles brotos verdes de vida nova irrompem das árvores enegrecidas depois que os incêndios as queimam. Confiei no meu renascimento. Confiei na sabedoria que ganharia com a dor. Confiei no que não conhecia, para além dos limites e mentiras da minha mente ansiosa. Confiei que a vida me surpreenderia mais uma vez com uma reviravolta linda que eu não esperava, à altura das reviravoltas dolorosas que ela havia trazido. Confiei na incerteza que se estendia diante de mim – não como o vazio que era tão fácil de perceber, mas como uma tela em branco esperando para ser preenchida com cores. E confiei na pessoa que segurava o pincel. Eu mesma.

A ansiedade é, em sua essência, uma incapacidade de se sentir confortável e seguro na vida. Quando se trata de trabalhar com o medo, é essencial encontrar alguma maneira de confiar na montanha-russa da vida. Você deve criar um sistema de crenças que lhe sirva nesse empreendimento. Martin Luther King Jr disse uma vez: 'Fé é dar o primeiro passo, mesmo que você não consiga ver toda a escadaria'. Mas como confiar em um mundo imprevisível que o machucou, que lhe lançou tantos imprevistos e levou pessoas queridas embora? Pode haver monstros no final daquela escada. Como dar o primeiro passo quando o resto dos degraus estão escondidos? Como relaxar nessa jornada da vida quando ela também pode traumatizá-lo e deixá-lo sozinho no escuro?

A única possibilidade é render-se e confiar nela. Você confia que, mesmo que existam monstros, será capaz de combatê-los ou se afastar deles. Que a dor e o desafio são temporários e estão em constante evolução. Que o crescimento é benéfico e que não há evolução estiver confortável. Você confia que, em última análise, tudo o que acontece na vida é neutro. Seja bom ou ruim, isso depende apenas do significado que você dá àquilo. É tudo uma questão da história que você conta.

Há algo no jogo mental de compreender a neutralidade dos acontecimentos da nossa vida – equilibrar tragédia com a esperança, não importa quão devastadora seja a situação, quão profundo seja o trauma ou quão desconfortável seja a dor – que desperta um fogo em mim. Eu o utilizo para enfrentar os desafios de minha própria vida inúmeras vezes, e oriento meus clientes da mesma forma. Adoro perguntar: 'Como isso também pode funcionar a seu favor? Onde está o lado bom neste mal? O que não estou vendo agora? Tem uma estrela brilhante neste céu noturno negro?' Essa pode muito bem ser a parte mais gratificante e edificante do meu trabalho. Até agora, nunca deixei de encontrar um presente em qualquer circunstância dolorosa e trágica. Sempre há algo de valor a ser ganho. Pode levar vários anos até que esse valor se manifeste plenamente, mas ele está sempre lá.

Sua mente é uma alquimista; em vez de transformar metal em ouro, ela pode transformar sua dor em beleza. No meu caso, no momento em que escrevo este livro, um sonho meu há tanto tempo, realmente não desejo que minha história tivesse seguido por nenhum outro caminho. Levou tempo, custou sofrimento, demandou trabalho interno e mudanças de perspectiva para eu chegar neste lugar de confiança autêntica. Ganhei tudo o que tinha esperança que receberia naqueles momentos sombrios – e muito mais. Havia muito mais para mim – mais do que a minha mente limitada poderia ter imaginado – esperando para ser descoberto. A vida sempre deu certo para mim, assim como está dando certo para você.

Notas Mentais

- Confiar na jornada da vida é passar por decepções após decepções e continuar perguntando: 'Como isso funciona a meu favor?'

Prática

Será que você consegue assumir a missão de encontrar gratidão, uma centelha, luz e esperança em algo que pareceu sombrio e trágico em sua vida? É possível realmente testar os limites da sua imaginação e perguntar-se: 'Como aquela situação de alguma forma funcionou a meu favor? E se isso for possível mesmo numa tragédia como aquela? Onde estava o valor daquela experiência?' Se tiver paciência para resolver isso e estiver aberto a essa possibilidade, no fim, eu prometo, você sempre encontrará esse valor.

Supere Problemas De Confiança

Certa vez, estava convencida de que nada disso era verdade. Cresci numa família de advogados ateus; acreditar em algo além daquilo que a mente pode racionalizar com evidências científicas sólidas não era algo exatamente encorajado. Depois que terminei o ensino médio e comecei a dar meus passos no mundo, descobri um espaço vazio em meu coração. Eu ansiava por algo em que acreditar, um lugar para descansar dos meus medos e da realidade fria e sombria das tragédias da vida. Quando criança, adorava brincar de faz de conta e criar mundos cheios de magia na minha imaginação. Na transição para a idade adulta, ainda sentia a necessidade de me conectar com a magia e desejava colocar minha fé para além do que meus olhos conseguiam ver. Eu tinha inveja das pessoas que iam à igreja nos fins de semana, não apenas pela comunidade que tinham, mas pela crença inabalável de que, depois da morte, existe o paraíso, e de que alguém está sempre cuidando de nós. Minha opinião pessoal é que, como seres humanos, precisamos acreditar em algo maior do que nós para alcançarmos nosso mais alto nível de saúde, bem-estar e resiliência mental. Eu sentia a falta disso em minha vida; era como um anseio silencioso, como a semente de um conhecimento mais profundo de que havia mais do que *isso*. Talvez você possa se identificar com esse sentimento.

Quanto mais velha fico, mais forte se torna minha fé. Quanto mais experimento a vida, mais reúno evidências de que os momentos difíceis funcionaram perfeitamente. Quanto mais permito que emoções negativas passem por mim, mais confio no glorioso alívio do outro lado delas. Não luto mais contra os momentos escuros contrastantes, e assim, a luz volta para mim com mais facilidade. Quanto mais me aprofundo na gratidão pelo que tenho agora, em vez de me apegar ao que posso perder no futuro, mais contente me sinto com a vida. Deliberadamente criei um sistema de crenças que me serve. E percebi há algum tempo que isso não é bobagem. Não é algo ingênuo. Faz todo sentido tê-lo, se deseja dominar sua mente ansiosa.

Talvez existam coisas em que você já acredite, um sistema de crenças que segue e nem percebe que equivale a acreditar em coisas para as quais não têm evidências. Poderia ser acreditar na lei do carma; que tudo que vai, volta; que existe boa e má sorte; que algumas coisas são simplesmente 'predestinadas'; as regras da astrologia; a ideia de destino, de que as coisas acontecem por alguma razão; a influência da lua; previsões psíquicas incríveis; até mesmo almas gêmeas. Poderia ser mais óbvio, como praticar uma religião. Ou talvez você tenha suas próprias ideias sobre se existe ou não um deus e sobre o que Deus significa. Você pode acreditar em seu eu espiritual e em sua conexão com a Fonte, o lugar de onde vem tudo o que temos nesse mundo. Pode ser que, através da sua prática de meditação, tenha descoberto mundos inteiros para explorar dentro de si. Você já sabe que é mais do que os pensamentos em sua mente. Você é a presença observadora que assiste ao fluxo dos pensamentos. É necessário um nível mínimo de fé para se desligar do ruído externo e render-se para seu interior. Assim, é provável que você acredite em *alguma coisa*. É demasiado humano se sentir impelido a confiar em algo maior a respeito da vida, mesmo quando não há uma razão racional para isso.

Como você sabe, a história que contamos sobre nossas vidas é o que cria a nossa realidade. Todos nós vivemos em algum tipo de ilusão, na qual enxergamos o mundo através das lentes estreitas das experiências passadas, dos condicionamentos sociais e das crenças. É tudo mentira. É tudo uma história. Você pode optar por acreditar na ilusão de que é a vítima da sua vida, que está sozinho e que foi escolhido para sofrer. Ou pode contar uma história que o sirva e lhe traga força, na qual o Universo o apoia e sempre proporciona o que você necessita para crescer e se desenvolver pelo caminho que escolheu na vida. Se decidir viver em uma ilusão, pelo menos escolha uma que lhe seja útil. Para mim, a parte mais convincente do argumento não é se esta crença é ou não fundamentalmente verdadeira ou se está baseada em evidências. O que me inspira a mergulhar de cabeça ao confiar no Universo é saber que, se eu contar essa história da minha vida, *a tornarei realidade*.

Se você sonha em trabalhar por conta própria e construir um negócio baseado em sua criatividade, e acredita que a paixão que queima em seu coração lhe foi dada por uma razão – que é um sinal do desejo do Universo de que você traga suas criações à vida – é mais ou menos provável que você desista quando as diversidades surgirem? Se disser a si mesmo que as primeiras dez pessoas que lhe dizem *não* são apenas obstáculos no caminho, e sente-se confiante de que o Universo trará o *sim* para você no momento perfeito, é mais ou menos provável que você ouça esse sim no fim das contas? Se você realmente não tem dinheiro agora para o próximo passo lógico, mas acredita que, ao arriscar e investir em si mesmo, o Universo sempre lhe fornecerá tudo que precisa, há uma maior ou menor probabilidade de vencer? Sem dúvida, o talento em você precisa vir à berlinda para que seja possível aproveitar estas oportunidades, mas talento não é nada sem oportunidade. E de onde vieram seu talento, seus dons, sua inteligência e suas ideias geniais para começar?

Ao acreditar que a vontade do Universo está a seu favor, você realiza ações mais ousadas, torna-se mais confiante em suas atitudes, exerce uma atração magnética nos outros, vê mais possibilidades, pede mais, cria mais oportunidades e faz a sua própria sorte. Não para quando as coisas não acontecem do seu jeito. Você fica resistente ao fracasso. Não para até chegar onde deseja. Você confia que a vida o guiará até que consiga o que deseja, ou que o levará a um destino ainda melhor do que aquele que imaginou.

Você tem uma escolha. Pode desconsiderar o superpoder que é confiar no Universo e contar a história que desenvolve sua confiança e incendeia seu coração. Ou pode apenas permanecer na abordagem científica, em um mundo seguro e controlado por dados e números. Mas a ciência é apenas uma linguagem para traduzir a magia. Sabemos que existem frequências sonoras que não podemos detectar com os nossos ouvidos humanos. Sabemos, através da física quântica, ao observarmos os átomos no nível do elétron, que todas as regras newtonianas previsíveis sobre como a matéria se comporta vão para o lixo. Sabemos que existem mistérios neste universo que nunca seremos capazes de resolver. Você realmente acredita que sua mente medrosa é mais sábia do que a inteligência infinita do Universo que o criou? Quem é você para pensar que pode prever os piores resultados para si mesmo, num mundo extremamente complexo e em constante mudança? Quem é você para acreditar que essa vida está mais direcionada para resultados ruins, para a dor e a tragédia? Quem é você para dizer que sabe mais que os outros? Quem é você para dizer que não se pode confiar na jornada da vida?

Confiar que o Universo está do seu lado é uma das decisões mais sábias que se pode tomar na vida. Você é muito bem-vindo para continuar contando a história limitada e baseada no medo de que tudo aquilo que consegue enxergar é tudo o que existe nessa vida. Entre no barco do medo delirante de todas as outras mentes que o cercam. Não vou impedi-lo. No entanto, eu o despertarei para a limitação inerente a essa abordagem. Quando se trata do que é possível para si em sua vida, acreditar naquilo para o qual você não tem evidências é tomar uma decisão sagaz e inteligente para si mesmo. É ativar um poder dentro de si que permite que todo o seu potencial se concretize. Você descobrirá que sua vida se torna muito mais interessante e divertida.

Explore o que acontece quando você segue aquela pequena centelha de esperança em seu coração. Veja o que acontece quando alimenta essa fome dentro de si por uma crença em algo que pode apoiá-lo e mantê-lo seguro. Aceite tudo que a vida pode proporcionar, incluindo a inteligência infinita do Universo. Se deseja se sentir livre, direcione o foco da sua mente ansiosa com as histórias que conta a si mesmo sobre essa realidade, e dê um salto de confiança para tudo que for possível.

Notas Mentais

- Para atingir o nível mais alto de resistência aos choques e desafios da vida, os seres humanos necessitam de algum sistema de crenças.
- Você conta uma história delirante sobre sua vida, quer tenha a baseado no que pode ver e tocar ou não.
- Se vai viver uma ilusão, é melhor que conte uma história sobre sua vida que lhe seja útil.

Prática

Você conseguiria experimentar essa ideia de aceitar a fé por uma semana ou um mês, só para ver o que acontece? Não é preciso continuar depois disso. Você pode voltar ao seu modo antigo de pensar, se quiser. Mas por que não brincar com isso? Pense em algo que realmente gostaria de criar em sua vida, e confie que, se agir com isso em mente, der um passo lógico após o outro, e dizer a si mesmo que está sendo ajudado nesse processo, tudo funcionará.

Pode não funcionar exatamente como espera que funcione. Pode não incluir as circunstâncias exatas que você pensa que são necessárias. Mas você certamente pode retirar a essência dessa experiência a partir disso. Tudo o que acha que sentiria por fazer essa criação incrível ganhar vida é possível, porque a sensação de vivê-la é a única razão pela qual você a deseja.

Por exemplo, se deseja um carro novo, o que você realmente quer é liberdade e emoção - a sensação luxuriante de se sentar nos bancos de couro e a satisfação de dirigir em uma estrada com o teto solar aberto e a pessoa mais querida para si ao seu lado. Não é bem o carro. Não é pelo dinheiro. Não se trata nem mesmo daquela pessoa específica. É tudo uma questão dos sentimentos que você deseja sentir. E você pode ter tudo isso.

Escolha o Seu Mundo

Você tem o poder de tornar o seu mundo tão seguro, maravilhoso, bonito e emocionante quanto desejar. Então vamos brincar com isso. A vida pode ser um grande jogo quando lidamos com ela dessa forma. Provavelmente, você sente que o jogo está *jogando com você* há muito tempo. Acorde para o fato de que é você quem dita as regras. Você permitiu que este jogo o usasse como um peão, acreditando em uma ilusão que não lhe serve. O que aconteceria se você decidisse acreditar que o

Universo trabalha a seu favor? Como seria se confiasse que a vida está pronta para lhe ajudar e fazer tudo dar certo? É hora de selecionar uma perspectiva de vida que lhe seja útil e começar a escolher o seu mundo. Você não é mais escravo das circunstâncias externas ao seu redor. Você está retomando seu poder.

As expectativas que estabelece para o seu futuro determinam o que acontecerá para si. Semelhante à nossa prática de transitar pelo futuro na semana oito, é possível determinar sua derrota ou seu sucesso com base naquilo que diz a si mesmo a respeito de como será a sua experiência. Quando decide que não há opção, e que não tem como tudo dar certo, é isso que você vivenciará, pois procurará evidências que comprovem que sua história é verdadeira.

Vamos supor que esteja nervoso em antecipação a um evento social. Imagina que todos lá serão mais marcantes e mais bonitos do que você. Dessa forma, antecipa o julgamento que eles farão de si como alguém inferior a eles. A ansiedade já está zumbindo em seu peito. Mas, espere – você ainda nem conheceu essas pessoas. Ainda nem foi ao evento. Tudo isso é uma projeção inventada em sua mente. Se pensar assim, ao chegar ao evento, buscará o julgamento nos olhos dos outros automaticamente. Você os perceberá como se estivessem pensando: 'Ele parece um idiota quando fala'. Será influenciado pela sua própria ilusão e se sentirá ainda mais desconfortável. Não será possível confirmar se aquilo que você pensa é verdade; mas estará *provando* que aquilo é verdade: que é alguém que não pertence àquele lugar.

Seja o que quer que for que esteja vivenciando em sua vida e que não seja desejável para si, como um trabalho chato que o faz ficar receoso de como será sua semana, *você* contribui para a perpetuação desta situação indesejável ao acreditar que não há nada que possa ser feito a respeito disso. Você vive em um estado de desamparo aprendido, por ter se sentido tão abatido e decepcionado com a vida que nem tenta mais mudá-la. Desiste do seu poder sem pensar duas vezes. Diz: 'Ah, bem, não há nada que eu possa fazer'. E então, sem querer, escolhe isso para si e permite que continue. Esse é o mundo que você está escolhendo para si.

Para mudar isso, é preciso se perguntar em que tipo de mundo gostaria de viver. Que tipo de vida profissional você gostaria de vivenciar? Mesmo que não haja nada que possa fazer a respeito de sua situação neste momento, sem dúvida é melhor saber que agora você está ativamente procurando mudar. Não é bom sair do desamparo para alcançar algo mais poderoso? Pratique abrir sua mente para a possibilidade de que há outras maneiras de fazer isso, de que qualquer circunstância indesejável pode ser alterada a seu favor. Tudo se resume ao significado que você atribui à situação e ao ponto no qual foca sua atenção.

O que aconteceria se você escolhesse se concentrar nos elementos do seu trabalho que considera toleráveis, ou talvez até agradáveis? Talvez exista um colega de trabalho que se tornou um amigo muito próximo e você sente que possuem uma conexão agradável. Talvez seja muito bom ver o pagamento que cai na sua conta bancária. Talvez exista algo ao encerrar seu dia de trabalho que o ajude a sentir que realizou algo.

O que aconteceria se você mudasse a história? Talvez, nesse momento, diga a si mesmo:

> *Estou preso nesse trabalho que sugará minha alma para sempre. Isso está literalmente me matando. Não aguento mais a ideia de trabalhar aqui nem mais um dia, mas preciso pagar as contas. Estou me sentindo totalmente preso. Não há outra opção. Não posso sair, porque o mercado de trabalho está péssimo neste momento. O que vou fazer?*

Não é melhor começar a contar a história assim?

> *Estou no momento perfeito para pedir mais daquilo que desejo na minha carreira. Nunca tive tanta certeza sobre o que não quero vivenciar. Usarei o poder de direcionar meu foco para enxergar o que dá certo para mim nesse trabalho. Serei grato por aquilo que está dando certo para mim. Também pedirei mais. Estou no processo de resolver*

isso e nem tudo precisa estar claro e planejado agora. Uma coisa que tenho certeza é que estou a caminho de algo melhor, porque a vida sempre dá certo para mim. Meus olhos e ouvidos estão agora bem abertos para todas as possibilidades virem até mim, e eu ainda nem consigo imaginar algumas delas. Estou muito animado para ver aonde esse novo caminho me levará.

Ao decidir que sempre há opções ainda não descobertas e que as coisas sempre funcionarão para você, é isso que experimentará. O véu que cobria seus olhos cairá, aquele que o impedia de ver com clareza, e você direcionará seu foco de forma a enxergar soluções. Permitirá a chegada de respostas. Poderá ver o que já está indo bem na sua vida. Seu entusiasmo por essa busca pelo melhor em sua vida, ao mesmo tempo em que fica grato por estar onde está, fará com que mencione o assunto em conversas. Você mencionará isso a alguém, talvez em um evento social, onde contará com segurança a história de que encontrará pessoas amigáveis naquela noite, que realmente se conectarão com você. E descobrirá que a pessoa com quem está conversando está procurando alguém como você para assumir uma função na empresa dela, um emprego que lhe permita viajar pelo mundo e que até pague mais do que seu cargo anterior. Uma função que lhe dá toda a liberdade e entusiasmo que você deseja, que seu outro trabalho não oferecia.

Agora, essas palavras escritas só podem lhe ensinar até certo ponto. Você terá que experimentar isso em sua própria vida para mergulhar na confiança, à medida que reúne suas próprias evidências e aprofunda sua fé. Mas há uma coisa que tenho certeza que logo descobrirá: é assim que funciona o jogo da vida. Você é muito mais poderoso do que a sua mente ansiosa o fez acreditar que é. Você pode escolher viver a vida dos seus sonhos. Agora que sabe de tudo isso, está disposto a tentar?

Prática

Escolha um dia desta semana para simplesmente decidir que as pessoas serão muito gentis, calorosas e amigáveis consigo. Escolha esta experiência para si. Escreva algumas frases sobre como seria passar o dia recebendo tanto carinho das pessoas. Permaneça consciente dessa intenção ao longo do dia. Procure sorrisos. Espere testemunhar a gentileza de estranhos. Espere ver pessoas estendendo as mãos, oferecendo-se para ajudá-lo. Tenha expectativa de enxergar evidências de indivíduos bons e amorosos. Ao procurar isso e definir sua intenção, você vivenciará o que escolheu. Esse é um excelente ponto de partida enquanto reúne mais evidências de que o processo funciona e aprofunda sua confiança. Continue estabelecendo expectativas positivas e procure o que deseja ver. Em breve, poderá se perguntar onde mais gostaria de ver mudanças. Escolha também outros elementos do seu mundo para que mudem a seu favor - saúde, riqueza, carreira ou vida amorosa.

Gratidão pela Ansiedade

Você está quase pronto para completar essa jornada de cura comigo. A etapa final é sentir-se grato pela experiência dolorosa e desafiadora da ansiedade, aquela que pretendia transformar quando iniciou esse trabalho. Dominar a mente é ver todos os lados da sua experiência ao longo da vida. É saber que a ansiedade não é apenas um sintoma a ser curado. Ela é, ao mesmo tempo, a ferida e a fonte da cura. A ansiedade trouxe muita sabedoria e crescimento para sua vida. É possível passar a sentir essa gratidão pela ansiedade e pelo papel que ela desempenhou em sua vida agora?

Será que sua mente ansiosa não deseja uma relação de muito mais confiança com o Universo? Será que a ansiedade o aproximou da magia, da expansão para todas as possibilidades que o aguardam em sua vida? A ansiedade não o levou a fazer mudanças que lhe proporcionam uma saúde melhor? Será que a ansiedade o ajudou a ser mais gentil e muito mais amoroso consigo mesmo, agindo como um lembrete quando você hesita em se servir da melhor forma possível? A ansiedade não o levou a crescer e se tornar a melhor versão de si mesmo, que pode superar o medo e ver através dos limites da mente? Ela não o levou mais profundamente à fé de que o Universo realmente o apoia, de que você é guiado, de que está seguro e de que é muito amado?

Será que a ansiedade esteve cuidando de você, chamando-o de volta ao seu eu mais verdadeiro, esse tempo todo?

A ansiedade é um sinal de que você não está alinhado com aquilo que é verdadeiro para o seu eu mais elevado. É um sinal de que você pode confiar, de que *deveria* confiar. Não é mais preciso se separar desse saber seguro. A ansiedade é o sistema de navegação da sua vida, que o avisa quando você se afasta de onde realmente deseja estar. É hora de agradecer à ansiedade por tudo que ela trouxe para sua vida.

Prática

Escreva uma carta de gratidão pela ansiedade que você sentiu em sua vida. Solidifique seu novo relacionamento com ela de uma vez por todas, e mude para uma aceitação respeitosa do papel que ela tem que desempenhar. Comece escrevendo: 'Querida ansiedade, obrigado por me deixar tão desconfortável que não consegui ficar onde eu estava. Obrigado por estar lá para me guiar...' Escreva todas as maneiras pelas quais a ansiedade trouxe novos e maravilhosos insights, crescimento, sabedoria, experiências e mudanças positivas para sua vida. Sem a ansiedade para fazê-lo se sentir tão desconfortável, será que você teria mudado, ou crescido? Sinta-se grato pela ansiedade agora.

LISTA DE VERIFICAÇÃO PARA A

Décima Segunda Semana

Nesta última semana, você encontrará quatro práticas poderosas com as quais poderá se divertir. Leia as orientações práticas todas para ter mais clareza. E parabéns por chegar à décima segunda semana!

- ☐ Considere um acontecimento sombrio ou trágico em sua vida e abra-se à possibilidade de encontrar algo de valor nele.
- ☐ Arrisque-se com confiança. Brinque com a ideia de confiar que é possível criar algo que você adoraria vivenciar.
- ☐ Experimente criar a expectativa de que as pessoas serão calorosas e amigáveis com você. Veja o que acontece.
- ☐ Escreva uma carta de gratidão à ansiedade. Mude sua atitude para uma aceitação respeitosa quanto ao papel que ela precisa desempenhar.

Palavras Finais

É uma conquista imensa chegar ao final deste livro. Espero que você tenha aplicado o máximo de práticas possível e tenha sentido que eram certas para si. Reserve um momento para refletir sobre como avançou desde que começou. Quem era aquela pessoa de antes? Como era sua vida? Que tipos de pensamentos você vinha pensando? O que você sentia? No que acreditava? Como via a si mesmo e ao mundo? Como isso mudou para você agora?

Este processo exigiu consistência e um compromisso real da sua parte. Por isso, por chegar até este ponto de conclusão, você deveria estar muito orgulhoso. É normal passar direto por algumas partes e não sentir ressonância com todas as práticas deste livro. Não deixe que a imperfeição de sua jornada neste trabalho o impeça de comemorar o fato de ter chegado tão longe. Tenha orgulho de si. Diga essas palavras em voz alta para si mesmo agora. Permita que seu pai amoroso o abrace. Não é uma tarefa fácil enfrentar os problemas que juntos encontramos aqui, e atravessar o fogo da ansiedade. Reserve um momento para reverenciar o que foi incinerado e nunca mais poderá voltar. Estou tão orgulhosa de você! Foi uma honra escrever este livro para que você o usasse.

Nas últimas doze semanas, aprendeu que:

- É possível entrar em sintonia com seu corpo para encontrar aquela perspectiva pacífica do observador sempre que precisar. Sempre há um lugar onde você pode ir para tirar férias da sua mente.

- É possível desenvolver e nutrir a resistência da sua saúde mental. Não é algo fixo e você pode influenciar isso pela maneira como cuida de si mesmo.
- Você é muito mais do que uma pessoa ansiosa.

Agora você está armado com as ferramentas necessárias para desenvolver sua resistência. Será possível preencher essas lacunas em seu Escudo de Resistência sempre que se sentir desafiado ou derrotado pela vida. Quando a ansiedade surgir, você saberá exatamente o que precisa fazer.

Na seção seguinte – a Lista de Verificação de Resistência – encontrará um resumo das etapas a serem seguidas. Você sempre pode voltar ao seu verdadeiro eu, à presença calma e observadora, quando se sentir ansioso. Mantenha esta folha guardada em algum lugar para que possa revisá-la facilmente. Com essas orientações, você sempre saberá como descobrir o que a ansiedade está lhe dizendo e como respondê-la.

Lista de Verificação de Resistência

Ao se sentir estressado e ansioso, verifique as áreas do seu Escudo de Resistência que precisam de apoio.

☐ **Consciência dos pensamentos:** Que tipos de pensamentos está tendo? Que histórias vem contando a si mesmo que precisam ser reescritas? Que crenças de escassez o desafiam? Você precisa liberar suas emoções? Tem se sintonizado com seu corpo? Por qual aprovação você busca? Seus pensamentos são a verdade absoluta? Como enxergar essa situação com mais compaixão, amor e perdão? O que sua criança interior precisa que seu pai amoroso proporcione? Será que você não está colocando muita ênfase no pior cenário possível? E se tudo der certo? E se existirem soluções, possibilidades e oportunidades que você ainda não consegue enxergar?

- ☐ **Relações significativas:** Com que tipos de pessoas você vem passando o seu tempo? É possível passar mais tempo com pessoas queridas e pessoas que o inspiram?
- ☐ **Conecte-se à natureza:** Quanto tempo você vem passando na natureza? Não seria melhor passar algum tempo sozinho num ambiente natural?
- ☐ **Sono, descanso e diversão:** Quantas horas você dorme à noite? Vem vivenciando algo que lhe dá prazer no seu dia a dia? Como se permitir a sentir mais alegria?
- ☐ **Movimento:** Você movimenta seu corpo diariamente? É possível sair para uma caminhada de quinze minutos? Não acha que pode estar se esgotando com exercício em excesso?
- ☐ **Uso prudente de estimulantes:** Qual é o seu nível atual de consumo de cafeína (café, chá preto, chocolate, energéticos e assim por diante) e álcool? Será que você não precisa fazer alguma alteração nisso?
- ☐ **Equilíbrio hormonal:** Está perto de menstruar? Você vem monitorando seus ciclos? É necessário tomar suplementos para manter seus níveis de progesterona?
- ☐ **Saúde digestiva ótima:** Seus movimentos intestinais são regulares? Você se sente inchado com frequência? Suas fezes estão moles? Será que seu sistema digestório não precisa de suporte com um caldo de osso, fibras e probióticos?
- ☐ **Necessidades nutricionais:** Você faz refeições regulares? É necessário tomar algum suplemento nutricional?

Uma Vida Inteira de Cura

Embora essa seja a conclusão de sua visita guiada pelo Método de Reset da Ansiedade, não é o fim do seu processo de cura. Alcançar a maestria aqui é um processo que dura a vida toda, durante o qual você cairá e depois se erguerá inúmeras vezes, à medida que os desafios da vida continuam a surgir.

Agora começa o resto da sua jornada. É sua responsabilidade continuar observando esta mente ansiosa, trabalhar seus pensamentos e crenças, e continuar agindo por si. Você sempre pode encontrar suporte ao voltar à Lista de Verificação de Resistência, apoiar-se em seu diário de anotações e repetir as práticas deste livro. Se desejar ir mais longe, pode participar da experiência ao vivo nos meus programas, e trabalhar comigo pessoalmente.

Espero que, daqui para frente, você possa consultar este livro como um guia útil, mas que também aprenda a incorporar e praticar os princípios do Método de Reset da Ansiedade – e integrá-los adequadamente à sua vida conforme necessário, de acordo com o que soa bem para si.

Obrigado por ter seguido por esta jornada comigo. E agradeço pela ansiedade, que nos traz todos de volta para nossa casa, para quem realmente somos.

Recursos Para Ir Mais Fundo

Recursos da Georgie[*]

- **The Anxiety Reset Podcast** (Podcast do Reset da Ansiedade) – Recursos de áudio importantes, disponíveis gratuitamente onde quer que você ouça seus podcasts.
- **The Anxiety Reset Program** (Programa de Reset da Ansiedade) – A jornada online completa pelo Método de Reset da Ansiedade, aplicando as ferramentas e práticas com apoio.
- **Site da Georgie** – Para saber mais sobre meus mais recentes recursos disponibilizados e eventos para ajudá-lo a resetar sua mente ansiosa, por favor acesse: www.georgiecollinson.com .
- **Georgie no Instagram** – É possível me encontrar no Instagram em @georgiethenaturopath.

Livros Que Mudam Vidas

Para ansiedade em geral:

- *A sabedoria da ansiedade*, de Sheryl Paul.
- *Lost Connections*, de Johann Hari.

* Os Recursos da Georgie são todos conteúdo em inglês.

- *Organize sua desordem mental*, da Dra. Caroline Leaf.
- *First, We Make the Beast Beautiful*, de Sarah Wilson.

Para conselhos para a vida:

- *I Am Enough*, Marisa Peer.
- *Fearlessly Failing*, de Lola Berry.
- *Grande magia*, de Elizabeth Gilbert.
- *O poder das conexões*, de Nicholas Christakis e James Fowler.
- *Expectation Hangover*, de Christine Hassler

Para desenvolvimento espiritual:

- *O poder do agora*, de Eckhart Tolle.
- *O livro iibetano do viver e do morrer*, de Sogyal Rinpoche.
- *You Already Know*, de Helen Jacobs.
- *Você pode curar sua vida*, de Louise Hay.

Para ansiedade financeira:

- *It's Not Your Money*, de Tosha Silver.
- *She's on the Money*, de Victoria Devine.

Para ansiedade nos relacionamentos:

- *Apegados*, de Amir Levine e Rachel Heller.

Para ansiedade ligada a hormônios:

- *O que nunca te contaram sobre seu ciclo menstrual*, de Lara Briden.
- *Hormone Repair Manual*, Lara Briden.

Apoio Durante Crises de Saúde Mental*

Se você estiver em perigo imediato ou precisar de assistência urgente, ligue para 000.

Se precisar de conversar com alguém sobre a sua saúde mental, você pode contatar os seguintes serviços:

- **Lifeline** – Linha direta de apoio em crises e prevenção de suicídio disponível 24 horas por dia em toda a Austrália, pelo telefone 13 11 14.
- **Beyond Blue** – Informações e suporte para uma série de questões de saúde mental estão no site beyondblue.org.au; você pode ligar para um conselheiro no número 1300 22 4636.
- **Suicide Call Back Service** – Aconselhamento gratuito por telefone e on-line para pessoas afetadas por suicídio, pelo telefone 1300 659 467 ou no site suicidecallbackservice.org.au.

* N. do E: Os recursos disponibilizados nesta seção não estão disponíveis no Brasil.

Notas de Referência

1. Rinpoche S (2020) *The Tibetan Book of Living and Dying*, HarperSanFrancisco.

2. Wipfli BM, Rethorst CD e Landers DM (2008) 'The anxiolytic effects of exercise: a meta-analysis of randomized trials and dose-response analysis', *Journal of Sport and Exercise Psychology*, 30(4): 392–410.

3. Aylett E, Small N e Bower P (2018) 'Exercise in the treatment of clinical anxiety in general practice – a systematic review and meta-analysis', *BMC Health Services Research*, 18(1): 559.

4. Felmingham KL, Dobson-Stone C, Schofield PR, Quirk GJ e Bryant RA (2013) 'The brain-derived neurotrophic factor Val66Met polymorphism predicts response to exposure therapy in posttraumatic stress disorder', *Biological Psychiatry*, 73(11): 1059–63; Kobayashi K, Shimizu E, Hashimoto K, Mitsumori M, Koike K, Okamura N, Koizumi H, Ohgake S, Matsuzawa D, Zhang L, Nakazato M e Iyo M (2005) 'Serum brain-derived neurotrophic factor (BDNF) levels in patients with panic disorder: as a biological predictor of response to group cognitive behavioral therapy', *Progress in Neuropsychopharmacology & Biological Psychiatry*, 29(5): 658–63.

5. Jones KM, Brown L, Houston EE e Bryant C (2021) 'The role of self-compassion in the relationship between hot flushes and night sweats and anxiety', *Maturitas*, 144: 81–86.

6. Lovallo WR, Farag NH, Vincent AS, Thomas TL e Wilson MF (2006) 'Cortisol responses to mental stress, exercise, and meals following caffeine intake in men and women', *Pharmacology, Biochemistry, and Behavior*, 83(3): 441–47.

7. Rohleder, N (2019). 'Stress and inflammation – The need to address the gap in the transition between acute and chronic stress effects', *Psychoneuroendocrinology*, 105: 164–71.

8. Magnon V, Dutheil F, e Vallet G T (2021) 'Benefits from one session of deep and slow breathing on vagal tone and anxiety in young and older adults', *Scientific Reports*, 11(1): 1–10.

9. Rankhambe HB e Pande S (2020) 'Effect of "Om" chanting on anxiety in bus drivers', *National Journal of Physiology, Pharmacy and Pharmacology*, 10(12): 1138–41.

10. Dogan MD (2020) 'The effect of laughter therapy on anxiety: a meta-analysis', *Holistic Nursing Practice*, 34(1): 35–39.

11. Banskota S, Ghia JE e Khan WI (2019) 'Serotonin in the gut: Blessing or a curse'. *Biochimie*, 161: 56–64.

12. Agirman G, Yu KB e Hsiao EY (2021) 'Signaling inflammation across the gut-brain axis', *Science*, 374(6571): 1087–92.

13. Fasano A (2020) 'All disease begins in the (leaky) gut: role of zonulin-mediated gut permeability in the pathogenesis of some chronic inflammatory diseases', *F1000Research*, 9.

14. Mei F, Duan Z, Chen M, Lu J, Zhao M, Li L, Shen X, Xia G e Chen S (2020) 'Effect of a high-collagen peptide diet on the gut microbiota and short-chain fatty acid metabolism', *Journal of Functional Foods*, 75: 104278.

15. Deters BJ e Saleem M (2021) 'The role of glutamine in supporting gut health and neuropsychiatric factors', *Food Science and Human Wellness*, 10(2): 149–54.

16. Lopresti AL (2018) 'The problem of curcumin and its bioavailability: could its gastrointestinal influence contribute to its overall health-enhancing effects?', *Advances in Nutrition*, 9(1): 41–50.

17. Rostami-Nejad M, Taraghikhah N, Ciacci C, Pourhoseingholi MA, Barzegar F, Rezaei-Tavirani M, Aldulaimi D e Zali MR (2020) 'Anxiety symptoms in adult celiac patients and the effect of a gluten-free diet: an Iranian nationwide study', *Inflammatory Intestinal Diseases*, 5(1): 42–48.

18. Caio G, Lungaro L, Segata N, Guarino M, Zoli G, Volta U e De Giorgio R (2020) 'Effect of gluten-free diet on gut microbiota composition in patients with celiac disease and non-celiac gluten/wheat sensitivity', *Nutrients*, 12(6):1832.

19. Kose J, Cheung A, Fezeu LK, Péneau S, Debras C, Touvier M, Hercberg S, Galan P e Andreeva VA (2021) 'A Comparison of Sugar Intake between Individuals with High and Low Trait Anxiety: Results from the NutriNet-Santé Study', *Nutrients*, 13(5): 1526.

20. Mahdavifar B, Hosseinzadeh M, Salehi-Abargouei A, Mirzaei M e Vafa M (2021) 'The association between dairy products and psychological disorders in a large sample of Iranian adults', *Nutritional Neuroscience*, 25(11): 2379–89.

21. Sadeghi O, Keshteli AH, Afshar H, Esmaillzadeh A e Adibi P (2021) 'Adherence to Mediterranean dietary pattern is inversely associated with depres- sion, anxiety and psychological distress', *Nutritional Neuroscience*, 24(4): 248–59; Ventriglio A, Sancassiani F, Contu MP, Latorre M, Di Slavatore M, Fornaro M e Bhugra D (2020) 'Mediterranean diet and its

benefits on health and mental health: a literature review', *Clinical Practice and Epidemiology in Mental Health*, 16(Suppl-1): 156.

22. Dobersek U, Wy G, Adkins J, Altmeyer S, Krout K, Lavie CJ e Archer E (2021) 'Meat and mental health: a systematic review of meat abstention and depression, anxiety, and related phenomena', *Critical Reviews in Food Science and Nutrition*, 61(4): 622–35.

23. Kris-Etherton PM, Petersen KS, Hibbeln JR, Hurley D, Kolick V, Peoples S, Rodriguez N e Woodward-Lopez G (2021) 'Nutrition and behavioral health disorders: depression and anxiety', *Nutrition Reviews*, 79(3): 247–60.

24. Roberts RL, Rhodes JR e Elkins GR (2021) 'Effect of hypnosis on anxiety: Results from a randomized controlled trial with women in postmenopause', *Journal of Clinical Psychology in Medical Settings*, 28(4): 868–81.

25. LaFreniere LS e Newman MG (2020) 'Exposing worry's deceit: Percentage of untrue worries in generalized anxiety disorder treatment', *Behavior Therapy*, 51(3): 413–23.

26. Savage K, Firth J, Stough C e Sarris J (2018) 'GABA-modulating phyto- medicines for anxiety: A systematic review of preclinical and clinical evidence', *Phytotherapy Research*, 32(1): 3–18.

27. Kotera Y, Lyons M, Vione KC e Norton B (2021) 'Effect of nature walks on depression and anxiety: A systematic review', *Sustainability*, 13(7): 4015.

28. Bratman GN, Hamilton JP, Hahn KS, Daily GC e Gross JJ (2015) 'Nature experience reduces rumination and subgenual prefrontal cortex activation', *Proceedings of the National Academy of Sciences*, 112(28): 8567–72.

29. Kotera Y, Richardson M e Sheffield D (2022) 'Effects of shinrin-yoku (forest bathing) and nature therapy on mental health: A systematic review and meta-analysis', *International Journal of Mental Health and Addiction*, 20(1): 337–61.

30. Bielinis E, Takayama N, Boiko S, Omelan A e Bielinis L (2018) 'The effect of winter forest bathing on psychological relaxation of young Polish adults', *Urban Forestry & Urban Greening*, 29: 276–83; Hunter MR, Gillespie BW e Chen SYP (2019) 'Urban nature experiences reduce stress in the context of daily life based on salivary biomarkers', *Frontiers in Psychology*, 10: 722.

31. Hunter MR, Gillespie BW e Chen SYP (2019) 'Urban nature experiences reduce stress in the context of daily life based on salivary biomarkers', *Frontiers in Psychology*, 10: 722.

32. Martin L, White MP, Hunt A, Richardson M, Pahl S e Burt J (2020) 'Nature contact, nature connectedness and associations with health, wellbeing and pro-environmental behaviors', *Journal of Environmental Psychology*, 68: 101389.

33. Nguyen J e Brymer E (2018) 'Nature-based guided imagery as an intervention for state anxiety', *Frontiers in Psychology*, 9: 1858.

34. Kim J e Wessling-Resnick M (2014) 'Iron and mechanisms of emotional behavior', *The Journal of Nutritional Biochemistry*, 25(11): 1101–07.

35. Buita ENG, Castor DAR, Condat ES, Cuaderno MLE, Cunan JMG, Danao FAV, Daya ML e Villegas VG (2021) 'Association of symptoms-based iron deficiency anemia to anxiety and depression related criteria symptoms among the 3rd year medical technology students of the University of Santo Tomas during the COVID-19 pandemic', *International*

Journal of Progressive Research in Science and Engineering, 2(10): 62–71.

36. Lee HS, Chao HH, Huang WT, Chen SCC e Yang HY (2020) 'Psychiatric disorders risk in patients with iron deficiency anemia and association with iron supplementation medications: a nationwide database analysis', *BMC Psychiatry*, 20(1): 1–9.

37. Christakis NA e Fowler JH (2011) *Connected: The surprising power of our social networks and how they shape our lives – how your friends' friends' friends affect everything you feel, think, and do*, Little, Brown Spark.

38. Kader F, Ghai M e Maharaj L (2018) 'The effects of DNA methylation on human psychology', *Behavioural Brain Research*, 346: 47–65.

39. *Ibid.*

40. Moll S e Varga EA (2015) 'Homocysteine and MTHFR mutations', *Circulation*, 132(1): e6–e9.

41. Rainka M, Meaney J, Westphal ES, Aladeen T, Landolf K, Stanford S, Galdun P, Asbach N, Gengo F e Capote H (2019) 'Effect of L-methylfolate on depressive symptoms in patients with MTHFR mutations', *Neurology*, 92 (Suplemento 15).

42. Zhang J, Zhang X, Zhang K, Lu X, Yuan G, Yang H e Zhang Z (2022) 'An updated of meta-analysis on the relationship between mobile phone addiction and sleep disorder', *Journal of Affective Disorders*, 305: 94–101.

43. Howatson G, Bell PG, Tallent J, Middleton B, McHugh MP e Ellis J (2012) 'Effect of tart cherry juice (Prunuscerasus) on melatonin levels and enhanced sleep quality', *European Journal of Nutrition*, 51(8): 909–16.

44. Lin HH, Tsai PS, Fang SC e Liu JF (2011) 'Effect of kiwifruit consumption on sleep quality in adults with sleep problems', *Asia Pacific Journal of Clinical Nutrition*, 20(2): 169–74.

45. Hansen AL, Dahl L, Olson G, Thornton D, Graff IE, Frøyland L e Pallesen S (2014) 'Fish consumption, sleep, daily functioning, and heart rate variability', *Journal of Clinical Sleep Medicine*, 10(05): 567–75.

Georgie Collinson é coach em mindset contra a ansiedade, hipnoterapeuta, e graduada em nutrição e naturopatia. Georgie é também uma perfeccionista em fase de recuperação que sempre busca ir além, e já foi um exemplo perfeito de alguém com ansiedade de alto funcionamento.

Em sua busca por respostas, ela fez uma descoberta perene, para si e para seus clientes: uma abordagem holística de mente e corpo que considera a ansiedade e o estresse como fatores decorrentes de pensamentos, da alimentação, da saúde intestinal, dos hormônios e do estilo de vida da pessoa. Ela elaborou essa abordagem e transformou-a no Método Reset da Ansiedade® e em seu bem-sucedido Programa Online de Reset da Ansiedade. Georgie é conhecida por ser aberta, honesta e prática ao falar sobre saúde mental. É apresentadora de seu Podcast Reset da Ansiedade e já fez aparições ao vivo em redes nacionais de televisão, como convidada de blogs e em inúmeras entrevistas de podcast. Nascida em Melbourne, na Austrália, Georgie mora na Península Mornington, em Victoria, e orienta clientes de todo o mundo.

Índice

E

F

G

H

I

K

L

M

Este livro foi impresso nas oficinas gráficas da Editora Vozes Ltda.,
Rua Frei Luís, 100 – Petrópolis, RJ.